Cours de Thèmes
et exercices latins

4me éd

1876

COURS DE THÈMES

ET

EXERCICES LATINS

COURS DE THÈMES

ET

EXERCICES LATINS

ADAPTÉS

À LA GRAMMAIRE LATINE DÉ LHOMOND

Pour l'usage des classes de grammaire

AVEC

DES OBSERVATIONS GRAMMATICALES, DES NOTES EXPLICATIVES

ET UN DICTIONNAIRE DES NOMS PROPRES

PAR

M. GEORGES ÉDON

AGRÉGÉ DE L'UNIVERSITÉ, PROFESSEUR AU LYCÉE HENRI IV

———

QUATRIÈME ÉDITION

REVUE, CORRIGÉE ET AUGMENTÉE DE NOMBREUSES OBSERVATIONS

PARIS

LIBRAIRIE CLASSIQUE D'EUGÈNE BELIN

RUE DE VAUGIRARD, Nº 52.

———

1876

SAINT-CLOUD. — IMPRIMERIE DE Mme Ve EUG. BELIN.

PRÉFACE.

Nous avons suivi pas à pas la grammaire de Lhomond, non par un motif de préférence exclusive, mais parce qu'au milieu des conflits de doctrine dont elle a été dans ces derniers temps l'occasion ou l'objet, elle est demeurée en possession d'une incontestable popularité. D'ailleurs la plupart de ses formules ayant été scrupuleusement conservées par les autres grammaires, nous avons pensé que ce cours de thèmes pourrait s'adapter de lui-même à tous les systèmes d'enseignement quels qu'ils fussent.

Notre plan est extrêmement simple.

En premier lieu, nous avons groupé, sous forme de *tableau*, un certain nombre d'exemples de la grammaire, destinés à rappeler les règles qui découlent du même principe et forment une théorie complète. Ces exemples, relus attentivement et au besoin appris par cœur, deviennent pour l'élève une sorte de *memento* qui prédispose son attention en fixant ses souvenirs.

Chaque tableau est suivi d'un *exercice* préparatoire, c'est-à-dire de phrases détachées, courtes et simples, calquées en quelque sorte sur les exemples eux-mêmes, faites en un mot pour lui faciliter l'application des règles, en les lui présentant comme autant de cas particuliers et indépendants.

Ce premier essai lui permet d'aborder plus sûrement la traduction d'un *thème* proprement dit, c'est-à-dire d'un morceau homogène et suivi qui lui offre, sous une forme moins élémentaire mais toujours méthodique, l'occasion de recommencer le même travail et de se fortifier sur les mêmes principes.

Après chacune des grandes divisions de la grammaire, nous avons intercalé des thèmes ou des exercices de récapitulation : l'élève y retrouve dans leur ensemble les particularités de syntaxe qui n'ont d'abord été pour lui que l'objet d'applications graduelles et isolées, et se prépare ainsi par une révision sérieuse à l'étude de règles nouvelles. Enfin, à titre de récapitulation générale, nous avons terminé l'ouvrage par une série de thèmes imités ou tirés directement des meilleurs prosateurs français.

Nous avons donné à nos textes toute la variété et tout l'intérêt qu'ils pouvaient comporter; car nous savons par expérience que, chez les écoliers, l'attrait du devoir est une garantie de bonne volonté et de succès.

Quelques notes nous ont paru indispensables; les unes, placées sous le titre d'*Observations* à la suite des tableaux d'exemples, ont pour but de rectifier ou de compléter le texte de Lhomond; les autres, renvoyées au bas des pages, servent à indiquer certains procédés de traduction qui ne pouvaient être connus qu'ultérieurement. Ces dernières, d'abord assez nombreuses, deviennent naturellement plus rares dans la seconde partie de l'ouvrage, où l'élève, plus familier avec les habitudes de la langue latine, doit commencer en quelque sorte à faire acte d'initiative, et trouver dans son intelligence ou dans ses souvenirs les tournures qu'il convient d'employer.

COURS

DE

THÈMES LATINS.

PREMIÈRE PARTIE

SYNTAXE.

SYNTAXE DES NOMS.

ACCORD DE DEUX NOMS. — RÉGIME DES NOMS.

RÈGLES.

Ludovicus rex. *Louis roi.*
Urbs Roma. *La ville de Rome.*
Liber Petri. *Le livre de Pierre.*
Bonitas divina. *La bonté de Dieu.*
Puer egregiâ indole *ou* egregiæ indolis (1). *Un enfant d'un bon naturel.*

Tempus legendi. *Le temps de lire.*
Tempus legendi historiam *ou* legendæ historiæ. *Le temps de lire l'histoire.*
Culpa est mentiri. *C'est un péché de mentir.*

OBSERVATION. — (1) En latin, tout nom de qualité doit être accompagné d'un adjectif. Quand il n'y en a pas en français, on en rétablit un en latin, ou l'on remplace le nom lui-même par un adjectif dérivé. Ex. : Un homme d'esprit, *vir egregii ingenii* ou *egregio ingenio,* ou encore *vir ingeniosus.*— La couleur de feu, *igneus color.* — Des qualités de roi, *dotes regiæ.* (Dotes regis signifie les qualités du roi.)

Exercice 1.

Adorons Dieu, créateur de toutes choses. — Le fleuve du Tibre [1] traverse la ville de Rome. — Les deux armées

---

1. Voyez à la fin du volume le dictionnaire des noms propres.

combattirent auprès de la ville de Philippes. — La crainte du Seigneur est le principe de la sagesse. — Le sénat de Carthage admira la constance de Régulus, général romain. — Solon, homme d'une sagesse accomplie, donna de nouvelles lois aux Athéniens. — Les hommes de cœur ne connaissent pas l'art de flatter. — Scipion avait toutes les qualités de général. — Catilina, citoyen d'un caractère méchant et dépravé, cherchait le moyen de renverser la république. — C'est une honte de violer un serment. — C'est une science difficile de gouverner des peuples d'origine différente. — Avertir et être averti est le propre de la véritable amitié. — C'est un acte de courage[que]de protéger les faibles.

Thème 1.

LA GUERRE DE TROIE.

Troie, ville d'Asie Mineure, sur [1] le fleuve du Scamandre, avait été bâtie par Tros, père d'Ilus et de Ganymède. Elle était riche et puissante sous [2] le règne de Priam. Mais Pâris, fils de ce roi, enleva Hélène, princesse [3] d'une naissance illustre et d'une rare beauté, et femme de Ménélas, roi de Sparte. Les Grecs, qui cherchaient une occasion d'attaquer les peuples de l'Asie, préparèrent contre eux une expédition formidable. Troie fut défendue par Hector, fils de Priam, Enée, fils de la déesse Vénus et d'Anchise, Sarpédon, roi de Lycie, et beaucoup d'autres guerriers fameux. L'armée grecque était conduite par les Atrides, Agamemnon et Ménélas. Ils avaient amené les principaux chefs des cités grecques, Ajax, Ulysse, Diomède et Nestor, vieillard d'une expérience consommée et d'une éloquence merveilleuse. Le plus célèbre était Achille, modèle de la valeur impétueuse. Mais offensé par Agamemnon, il resta longtemps dans [4] sa [5] tente, et préféra à la gloire de soutenir la cause commune le triste plaisir de venger une injure personnelle.

---

1. *Ad*, acc. — 2. *Sub*, abl. — 3. *Mulier. eris.* — 4. *In*, abl. — 5. *Suus.*

Thème 2.

LA GUERRE DE TROIE. — (*Suite.*)

C'était une entreprise difficile de vaincre les Troyens sans le secours d'Achille. Le désir de venger Patrocle le ramena aux combats [1]. Il tua Hector, meurtrier de son [2] ami ; mais lui-même [3] périt peu après [4], [victime] de la trahison [5] de Pâris. Enfin Ulysse trouva un moyen de terminer la guerre. Sous prétexte d'acquitter un vœu, il introduisit dans [6] la ville un cheval de bois, perfide machine de guerre, qui perdit les Troyens. La colère d'Achille sous [7] les murs de Troie est le sujet d'un poëme célèbre, l'Iliade. Vous connaissez tous de nom [8] Homère, l'auteur de cet ouvrage. Ceux qui ont envie d'étudier [9] les mœurs et la religion des anciens Grecs, doivent comprendre la nécessité de lire cette œuvre de génie. Cette lecture [10] est le meilleur moyen d'exercer l'esprit et d'enrichir la mémoire.

SYNTAXE DES ADJECTIFS

ACCORD DE L'ADJECTIF AVEC LE NOM.

RÈGLES.

Deus sanctus. *Dieu saint.*	Deus est sanctus. *Dieu est saint.*
Pater et filius boni. *Le père et le fils bons.*	Credo Deum esse sanctum. *Je crois que Dieu est saint.*
Mater et filia bonæ. *La mère et la fille bonnes.*	Mihi non licet esse pigro (1). *Il ne m'est pas permis d'être paresseux.*
Pater et mater boni. *Le père et la mère bons.*	Refert adolescentis esse impigrum. *Il importe à un jeune homme d'être laborieux.*
Virtus et vitium, contraria. *La vertu et le vice, contraires.*	Graculus rediit mœrens (2). *Le geai revint tout chagrin.*
Vere sapientes. *Les vrais sages.*	
Turpe est mentiri. *Il est honteux de mentir.*	

OBSERVATIONS. — (1) Au lieu de *mihi non licet esse pigro*, on pourrait dire tout aussi bien *mihi non licet esse pigrum. Pigrum*, dans cette dernière phrase, est à l'accusatif masculin et se rapporte à *me* sous-entendu ; c'est comme s'il

---

1. *Tournez :* vers les combats. — 2. *Suus.* — 3. *Ipse.* — 4. *Paulo post.* — 5. *Tournez :* par la trahison, *abl.* — 6. *In,* acc. — 7. *Sub,* abl. — 8. *Nomine.* — 9. *Inspicere, io,* acc. — 10. *Tournez :* lire cela.

y avait : *mihi non licet me esse pigrum,* il ne m'est pas permis moi être paresseux. Cette dernière construction est même préférable, quand au lieu de *licet* on a un autre verbe gouvernant le datif, comme : *contingit, evenit, accidit,* il arrive ; *datur, conceditur,* il est accordé, il est donné ; *prodest,* il est utile ; *satius est,* il est préférable ; *necesse est,* il est nécessaire ; *vacat,* on a le loisir de. — (2) Quand l'adjectif ou le nom, placé après le verbe *sum,* après un verbe passif ou un verbe neutre, et se rapportant au nom ou pronom placé devant, est précédé des mots *pour, comme, en qualité de, à titre de,* ces mots ne s'expriment pas en latin. Ex. : Crésus passait pour, était regardé comme très-riche, *Crœsus habebatur ditissimus.* Verrès est envoyé en qualité, à titre de préteur, *Verres mittitur prætor.*

Exercice 2.

Dieu a donné à l'homme un corps périssable et une âme immortelle. — Les véritables amitiés sont éternelles. — Quel malheur nous accable ! — Il n'y a personne [1] [de] naturellement pervers. — César poursuivit Pompée et Caton vaincus et fugitifs. — Sabinus et Eponine furent conduits à [2] l'empereur Vespasien. — Cicéron naquit [3] d'un père et d'une mère obscurs. — Le chagrin et le plaisir sont voisins. — Soldats, femmes, enfants, troupeaux furent emmenés par l'ennemi. — Les vrais riches sont bienfaisants. — Il est souvent dangereux de dire la vérité aux rois. — Il ne fut pas permis à Mithridate de se retirer [4] sain et sauf. — Il importait à Auguste d'être prince du sénat. — Homère vécut ignoré et mourut pauvre. — Curtius s'élança [tout] armé dans [5] le gouffre entr'ouvert. — Aristide passait pour le plus juste des Grecs. — Apollon déclara Socrate le plus sage des hommes. — L'homme de bien se rendra utile à la république, à [sa] famille, à [ses] amis. — Théodose eut [pour] successeurs ses [6] fils Arcadius et Honorius.

Thème 3.

LES SEPT SAGES DE LA GRÈCE.

Chez les anciens, la sagesse était regardée [7] comme le

---

1. *Tournez :* personne [n]'est. — 2. *Ad.* — 3. *Nasci, or, eris, natus sum,* abl. —
4. Se retirer, *recedere.* — 5. *In,* acc. — 6. *Suus.* — 7. *Haberi, eor, eris, bitus sum.*

fruit de la science. Aussi le nom de sages désignait-il les hommes qui montraient à la fois un caractère et un esprit élevés. Les philosophes qui ont été appelés les Sept Sages de la Grèce étaient contemporains. Vous savez que Solon [1] fut un législateur; mais vous ignorez peut-être qu'il était poëte [2]. La poésie et la politique ne sont pas ennemies; et il sera toujours permis aux poëtes d'être citoyens. Le peuple d'Athènes ne se montra pas [3] assez reconnaissant envers ce grand homme. Il eût été juste d'élever des statues à l'adversaire du tyran Pisistrate; et cependant Solon mourut obscur et délaissé au milieu de [ses] concitoyens ingrats. Thalès vécut plus heureux, mais non pas plus sage. Il quitta fort jeune [sa] patrie, et resta toujours étranger aux affaires publiques. Il se consacra tout entier à l'étude de la nature et de la sagesse. On dit [4] qu'il est l'auteur [5] de ce précepte célèbre : « Connais-toi toi-même [6]. »

Thème 4.

LES SEPT SAGES DE LA GRÈCE. — (*Suite*).

La bonté et la sagesse de Bias sont également renommées. Ses [7] amis le trouvaient toujours serviable et dévoué. Il importait peu [8] à ce philosophe d'être riche. Lorsque Priène, sa [9] patrie, fut prise par Cyrus, roi de Perse, il s'en alla ruiné, mais content : « J'emporte tout avec moi, » disait-il. Pittacus doit être regardé [10] comme un vrai sage et comme un grand citoyen. Il délivra Mitylène, sa [11] patrie, opprimée par des tyrans. Il lui aurait été permis de devenir puissant parmi ses [12] concitoyens; mais il aima mieux rester simple particulier, et il composa des discours et des poëmes estimables. Il est vraisemblable qu'il mourut [13] avancé en âge. Quels furent les trois autres sages de la Grèce? Il est difficile de le [14] dire. Cléobule, Chilon, Épiménide, Myson, Arcésilaus, Périandre, et même le Scy-

---

1. *Tournez* : vous savez Solon (*acc.*) avoir été. — 2. *Tournez* : lui (*acc.*) avoir été. — 3. *Tournez* : ne montra pas soi. — 4. *Aiunt.* — 5. *Tournez* : lui (*acc.*) être. — 6. *Traduisez* : Connais toi-même. — 7. *Suus.* — 8. *Parvi.* — 9. *Ejus.* — 10. *Haberi.* — 11. *Suus.* — 12. *Suus.* — 13. *Tournez* : lui (*acc.*) être mort. — 14. *Id.*

the Anacharsis ont été désignés tour-à-tour comme les émules de Solon, de Bias, de Thalès et de Pittacus. Tous paraissent dignes de cet honneur[1], excepté Périandre. Il composa à la vérité quelques préceptes et quelques maximes utiles; mais ses[2] paroles et [ses] actions étaient fort différentes. Père de famille, il rendit malheureux [sa] femme et [son] fils; tyran de Corinthe, il devint odieux par [son] injustice et [sa] cruauté.

RÉGIME DES ADJECTIFS.

ADJECTIFS QUI GOUVERNENT { **LE GÉNITIF.**
{ **LE GÉNITIF OU LE DATIF.**

RÈGLES.

Avidus laudum. *Avide de louanges.*	*voir.*
Cupidus videndi. *Curieux de*	Similis patris *ou* patri. *Semblable à son père.*

Exercice 3.

Scipion était passionné pour les études libérales, Mummius était indifférent à toute science. — Les Romains étaient jaloux de la puissance des autres nations. — Les peuples alliés prenaient part[3] aux guerres entreprises par les Romains. — Jugurtha avait soif[4] de gloire.— Les bêtes[5] [n']ont en partage[6] ni la raison ni la parole. — Cimon se souvenait[7] du nom de son[8] père Miltiade.— Ne soyez pas insensibles aux grands spectacles de la nature. — La route du plaisir est pleine d'écueils. — Nous avons conscience[9] de notre immortalité.—Virgile dit que l'Italie[10] est riche en arbres de toute espèce. — Annibal était habile à disposer un camp. — César désirait[11] entreprendre une nou-

---

1. *Ablatif.* — 2. *Ejus.* — 3. *Tournez :* étaient (*erant*) prenant-une-part de (*particeps, cipis,* gen.). — 4. *Tournez.* était (*erat*) altéré de (*sitiens,* gén.). — 5. *Bestia, æ,* f. — 6. *Tournez :* sont (*sunt*) ayant-une-part de (*particeps, cipis,* gén.). — 7. *Tournez :* était (*erat*) se-souvenant (*memor*). — 8. *Suus.* — 9. *Tournez :* nous sommes (*sumus*) ayant-conscience de (*conscius, a, um,* gén.). — 10. *Tournez :* dit l'Italie (acc.) être.... — 11. *Tournez :* était désireux de...

velle guerre. — Les Numides étaient inhabiles à combattre en bataille rangée. — Pompée ne pouvait pas souffrir un citoyen qui lui [1] fût égal. — Philippe souhaitait un fils qui lui [2] fût semblable. — Timon était l'ennemi de tous les hommes. — Le chagrin et le plaisir sont communs aux vieillards et aux enfants.— La clémence fut un mérite propre à César.

ADJECTIFS QUI GOUVERNENT { LE DATIF, L'ACCUSATIF AVEC AD, L'ACCUSATIF SANS PRÉPOSITION

RÈGLES.

Id mihi utile est (1). *Cela m'est utile.*	*la douceur.*
Corpus assuetum tolerando labori (2). *Corps accoutumé à supporter le travail.*	Pronus ad irascendum. *Prompt à se mettre en colère.*
Propensus ad lenitatem. *Porté à*	Populabundus agros. *Ravageant les campagnes.*

OBSERVATIONS. — (1) Le régime d'*utilis* et d'*inutilis* se met à l'acc. avec *ad*, s'il indique à quel usage un objet est propre ou non. — (2) Après *assuetus, consuetus, suetus*, on doit mettre l'infinitif : *Assuetum tolerare.*

Exercice 4.

Le silence est utile à l'étude, et l'émulation favorable au progrès. — Les enfants des Perses étaient accoutumés à la vie commune. — Jugurtha se rendit [3] cher à ses [4] compagnons.— Le méchant est irrité contre les autres et contre lui-même [5].—L'inaction était [une chose] dure pour les Gaulois. — Le nom de la patrie est bien doux pour l'exilé. — Menons une vie conforme à la nature. — Le bruit des villes est pernicieux à la méditation. — La flatterie est un poison funeste aux rois. — Annibal vivait exposé à d'innombrables périls. — Cyrus enfant était accoutumé à dire la vérité. — La troupe de Léonidas n'était pas en état de [6] soutenir l'attaque de Xerxès. — Miltiade choisit un terrain propre à arrêter la cavalerie des Perses. — Les Spartiates étaient nés pour la vie des camps. — L'oiseau est né pour voler, le cheval pour courir, l'homme pour penser et agir.

---

1. *Tournez :* à soi. — 2. Même tournure.— 3. *Tournez :* rendit soi. — 4. *Suus.* — 5. *Tournez :* soi-même. — 6. *Tournez :* était impuissante à (*impar* et le dat.).

— L'éloquence de Marius était faite[1] pour remuer la foule.
— Les loups parcourent le pays, observant la trace des troupeaux, ravageant les bergeries, évitant les villes.

ADJECTIFS QUI GOUVERNENT L'ABLATIF.

RÈGLES.

Præditus virtute. *Doué de vertu.* Mirabile visu. *Chose admirable à voir.*	Difficile est studere lectioni meæ. *Ma leçon est difficile à étudier.*

Exercice 5.

L'âme est douée d'un mouvement éternel. — La vie des hommes est pleine de périls. — Voyez les campagnes dégarnies de laboureurs. — Quel homme vit content de son[2] sort ? — Les Spartiates assiégeaient une place abondamment pourvue de vivres. — Celui qui est étranger aux affaires, ne vit pas pour cela[3] libre de toute inquiétude. — À Rome[8], les prolétaires étaient exempts du service militaire. — C'est la marque d'un petit esprit d'être fier de [sa] naissance et de [ses] richesses. — Pline était digne de l'amitié de Tacite. — La voix de Démosthène enfant était désagréable à entendre. — La flotte romaine, quittant le port, était admirable à voir. — La morsure de la vipère est difficile à guérir. — Une vertu parfaite n'est pas facile à rencontrer. — Un bon conseil est difficile à donner, et encore plus difficile à suivre.

Thème 5.

SUR LE RÉGIME DES ADJECTIFS.

LES PREMIERS ROMAINS.

Un écrivain, qui fut contemporain de César et de Cicéron, décrit ainsi les mœurs des premiers Romains. Ils étaient, dit-il, attachés au culte des dieux, amis de la justice, avides de gloire, portés à pardonner les injures, fidèles à [leurs] serments, ennemis de la discorde, contents et

---

1. *Tournez :* propre à. — 2. *Suus.* — 3. Pour cela, *ideo.* — 4. *Romæ.*

fiers de leur[1] pauvreté. La jeunesse surtout paraît à cet historien digne de tout éloge. Accoutumée à vivre dans[2] les champs, elle savait supporter[3] le froid, la faim, les veilles. Dans[4] les combats, elle était soumise à [ses] chefs, ardente à l'attaque et prodigue de [sa] vie. Dans la paix, elle se montrait indifférente au luxe et aux plaisirs, maîtresse de [ses] passions, uniquement soucieuse de l'intérêt commun. Il est aisé de remarquer que ces mœurs sont[5] assez semblables à celles[6] de Lacédémone. Nous voyons les Romains, comme les Spartiates, étrangers et même hostiles aux arts de la paix. [C'est] pour cela [que] le peuple de Rome garda toujours une certaine rudesse de caractère, si opposée à la politesse des Athéniens. Du reste, les éloges de l'historien ne sont pas toujours conformes à la vérité; et nous savons que la politique des Romains fut[7] souvent contraire à l'équité et à l'honneur.

COMPARATIFS ET SUPERLATIFS.

COMPARATIFS.

RÈGLES.

Doctior Petro *ou* quàm Petrus. *Plus savant que Pierre.*

Neminem novi doctiorem quàm Paulum (1). *Je ne connais personne plus savant que Paul.*

Felicior quàm prudentior. *Plus heureux que prudent.*

Magis pius quàm tu. *Plus pieux que vous.*

Majori virtute præditus. *Plus vertueux.*

Doctior est quàm putas. *Il est plus savant que vous ne pensez.*

OBSERVATION. — (1) On peut dire également *quàm Paulus est.* — Cette dernière tournure est indispensable toutes les fois que le verbe du premier membre ne peut être sous-entendu dans le second. Ex. : *Vicinus tuus habet meliorem equum quàm tuus est.* Votre voisin a un meilleur cheval que le vôtre (que n'est le vôtre). On ne peut pas dire *quàm tuum;* car il faudrait sous-entendre *habet,* et le voisin n'a pas votre cheval.

---

1. *Suus.* — 2. *In*, abl. — 3. *Tournez :* elle était (*erat*) sachant-supporter (*patiens*, gén.). — 4. *In*, abl. — 5. *Tournez :* ces mœurs (*acc.*) être. — 6. *Tournez :* aux mœurs.... — 7. *Tournez :* nous savons la politique (*acc.*) avoir été....

Exercice 6.

Rien [de] plus doux que la patrie. — Lacédémone n'a pas produit [de] plus grand homme que Lycurgue. — Il est certain que la terre est [1] plus grande que la lune. — Thémistocle n'eut pas une fin plus heureuse que Miltiade. — Furius Crésinus récoltait une moisson plus riche que ses [2] voisins. — Aucun orateur [n']était supérieur à Démosthène. — Je regarde Pompée [comme] inférieur à César. — L'excuse est parfois pire que la faute. — Les discours d'Isocrate étaient plus élégants que persuasifs. — L'armée des Thessaliens remporta une victoire plus brillante que fructueuse. — Maîtriser ses [4] passions est plus glorieux que difficile. — Les Athéniens délibérèrent avec plus de précipitation que de jugement [5]. — Nul [n']était plus propre à relever le courage des Lacédémoniens que Tyrtée. — Je [ne] connais rien [de] plus nécessaire que de se connaître soi-même. — La chasse est un exercice plus salutaire que vous [ne le] pensez. — Le consul romain trouva[6] [dans] Viriathe [un] ennemi plus dangereux qu'il [ne l'] avait craint. — Cicéron était trop vain [7]. — Le champ de bataille parut un peu trop vaste.

SUPERLATIFS.

RÈGLES.

Altissima arborum *ou* ex arboribus *ou* inter arbores. *Le plus haut des arbres.*

Ditissimus urbis. *Le plus riche de la ville.*

Validior manuum. *La plus forte des deux mains.*

Maxime omnium conspicuus. *Le plus remarquable de tous.*

Unus militum *ou* ex militibus *ou* inter milites. *Un des soldats.*

---

1. *Tournez :* il est certain la terre (*acc.*) être. — 2. *Ejus.* — 3. Supérieur à, Inférieur à, Antérieur à, Postérieur à, Préférable à s'expriment par les comparatifs *Superior, Inferior, Prior, Posterior, Potior* qui suivent les règles des autres comparatifs. — 4. *Suus.* — 5. *Tournez :* plus précipitamment que judicieusement. — 6. *Experiri, ior, ertus sum*, dép. (*acc.*). — 7. Le comparatif se prend aussi dans le sens de *trop, un peu trop.* Ex. : *Senectus est loquacior*, la vieillesse est *un peu trop* bavarde. — On peut rendre raison de cet emploi du comparatif en sous-entendant *æquo, justo* : *Violentior æquo*, plus violent qu'il n'est juste.

Exercice 7.

Socrate fut appelé le plus sage des mortels. — Polycrate, tyran de Samos, se croyait le plus heureux des hommes. — La langue, disait Esope, est la pire et la meilleure des choses. — L'hypocrisie est le plus dangereux des vices. — Rome devint la ville la plus puissante du monde entier. — L'animal le plus redoutable des forêts[1] est le tigre. — Le plus jeune des [deux] Scipions attendait une occasion de signaler [sa] valeur. — La plus grande des [deux] Syrtes est la plus voisine de l'Egypte. — Les citoyens les plus magnanimes et les plus bienfaisants ne sont pas toujours les plus populaires. — Cambyse, le plus impie des hommes, est aussi regardé comme un des rois les plus sanguinaires. — Sardanapale fut le dernier des princes assyriens. — Les Athéniens vainqueurs prirent sept des vaisseaux perses. — De toutes les vertus royales, aucune n'est plus aimable que la clémence. — Qui de nous ne désire la gloire, [comme] récompense de ses[2] peines?

Thème 6.

SUR LES COMPARATIFS ET LES SUPERLATIFS.

SAINT LOUIS.

Saint Louis est l'un des plus grands, et peut-être le meilleur de nos rois : supérieur même aux plus célèbres, parce qu'il joignit aux qualités du monarque toutes les vertus de l'homme et du chrétien. Elevé par la plus pieuse des mères, il montra lui-même la piété la plus admirable. Il entreprit deux guerres contre les Sarrasins, mais il combattit avec plus d'ardeur que de succès. Il mourut dans[3] la dernière de ces expéditions, et cette mort consterna la France plus qu'on [ne] saurait dire[4]. En effet, il s'était toujours montré[5] plus soucieux des intérêts du peuple que les princes même les plus populaires. Quoi [de] plus beau que ce roi assis à[6] l'ombre d'un chêne, prêtant l'oreille

---

1. Bien que le nom qui, dans cette phrase, suit le comparatif soit un *nom pluriel*, il ne peut se mettre qu'au génitif. — 2. *Suus.* — 3. *In,* abl. — 4. *Tournez :* qu'il est croyable. — 5. *Tournez :* il avait montré soi. — 6. *In,* abl.

aux plaintes du moindre de [ses] sujets, et rendant la justice à tous, au plus opulent de la ville comme au plus pauvre du village? Sous [1] cet humble dais de feuillage, il paraissait plus grand et plus auguste que sous les lambris dorés de son [2] palais; car il était alors, comme [l'] a dit un de nos grands écrivains, roi, père et juge [tout] ensemble.

RÉCAPITULATION DE LA SYNTAXE
DES NOMS ET DES ADJECTIFS.

Thème 7.

DES FOURMIS ET DES ABEILLES.

L'homme est trop indifférent à certains spectacles de la nature. Il est surtout enclin à dédaigner les mœurs des plus petits animaux. Il perd ainsi l'occasion d'admirer la puissance et la sagesse éternelles de Dieu, et de recueillir les enseignements les plus salutaires. Considérons les fourmis. Passionnées pour le travail, parce qu'elles sont soucieuses de l'hiver, elles sont pour nous [3] un modèle de prévoyance. Quoi [de] plus intéressant que leur [4] petite république? Chacune d'elles participe [5] à l'œuvre de toutes; nulle [ne] demeure inactive. Cet amour du travail leur est commun avec les abeilles. La ruche est semblable à la fourmilière : il y règne une activité et une discipline admirables. Cependant l'industrie des abeilles nous paraît plus digne d'intérêt. C'est qu'elle [6] est utile à nos besoins. Il est facile de tirer de là une nouvelle leçon. Homme, dit un Père de l'Eglise, imite la conduite de l'abeille. Si ton travail t'a fait plus riche ou plus savant que les autres, mets en commun [7] ta richesse ou ta science. C'est le propre du chrétien de s'oublier [8].

---

1. *Sub*, abl. — 2. *Suus.* — 3. *Tournez :* à nous. — 4. *Earum.* — 5. *Tournez :* est (*est*) ayant-une-part de (*particeps, cipis,* gén.). — 6. *Tournez :* en effet elle.... — 7. *In medium.* — 8. *Tournez :* d'être oublieux de soi.

Thème 8.

LE LION.

Chez tous les peuples et dans [1] tous les temps, le lion a été regardé comme le roi des animaux. Aucun [n']a le port et l'air plus imposants que lui. Il est d'une force extraordinaire et d'une intrépidité égale à [sa] force. Mais [c']est un préjugé de croire qu'il est [2] capable de magnanimité et de clémence. L'éléphant paraîtrait plus digne de cette réputation. Les mœurs du lion se rapprochent beaucoup de [3] celles [4] du tigre; cependant le tigre est le plus féroce [des deux]. L'un et l'autre sont habitués, non à poursuivre leur [5] proie, mais à l'attendre et à l'attaquer par surprise. Bœufs, chevaux, gazelles sont en un instant terrassés, mis en pièces et dévorés. L'homme lui-même est exposé à leurs [6] attaques. Les Indiens et les Arabes, réunis en troupes [7], leur font une guerre acharnée, mais ils n'en [8] reviennent pas toujours vainqueurs. De nos jours [9], les lions de l'Afrique ont trouvé [10] [un] adversaire redoutable [dans] un de nos concitoyens. Son [11] courage et [son] adresse sont justement célèbres, et il a mérité le surnom de *Tueur de Lions*.

SYNTAXE DES VERBES.

ACCORD DU VERBE AVEC LE NOMINATIF OU SUJET.

RÈGLES.

Ego audio. *J'écoute.*
Tu rides, ego fleo. *Vous riez et je pleure.*
Petrus et Paulus ludunt (1). *Pierre et Paul jouent.*

Ego et tu valemus. *Vous et moi nous nous portons bien.*
Turba ruit *ou* ruunt (2). *La foule se précipite.*

OBSERVATIONS. — (1) Lorsque, en français, les sujets sont unis par les conjonctions *ni, ou* (*neque, nec, aut, vel*), et qu'ils sont à la même personne, en

---

1. Ablatif sans préposition. — 2. *Tournez :* lui (*acc.*) être capable. — 3. *Tournez :* sont très-semblables à. — 4. *Tournez :* aux mœurs. — 5. *Suus.* — 6. *Eorum.* — 7. Réunis en troupes, *catervatim.* — 8. En, *inde.* — 9. *Nostrâ ætate.* — 10. *Habere, eo, es, bui, bitum, acc.* — 11. *Ejus.*

latin le verbe s'accorde ordinairement avec le sujet placé le dernier. Ex. : Sans gouvernement, ni une famille, ni une cité, ni une nation ne peuvent subsister, *sine imperio nec domus ulla, nec civitas, nec gens stare potest*, Cic. — Eaque ou Minos dira, *Æacus aut Minos dicet*. Cic. — (2) En général, on ne met le verbe au pluriel que lorsque le sujet collectif a pour complément un génitif pluriel. Ex. : *Turba militum ruunt.* — Dans ces sortes de phrases l'adjectif ou le participe servant d'attribut s'accorde ordinairement en genre et en nombre avec ce complément exprimé ou sous-entendu. Ex. : Une partie des vaisseaux furent engloutis, *pars navium haustæ sunt*. La plupart furent tués, *major pars cæsi sunt;* sous-ent. *hostium.*

Exercice 8.

L'hiver a fui, le printemps est[1] arrivé; déjà naissent les roses. — [C'est] en prison [que] mourut Miltiade, le vainqueur des Perses. — Quand sont venues les pluies d'été, et [que] le Nil est sorti de [son] lit, tout dans[2] la plaine disparaît sous[3] les eaux. — Déjà florissaient Rome et Carthage, ces rivales futures. — Le médecin Ménécrate, surnommé Jupiter, écrivait à Philippe : «Tu gouvernes la Macédoine, et moi, je suis le roi de la médecine. Tu peux tuer les hommes bien portants, et moi, je puis guérir les malades. » — Cicéron terminait ainsi ses[4] lettres à[5] sa[6] femme Térentia : « Si toi et Tullia, vous êtes en bonne santé, mon fils Cicéron et moi, nous nous portons bien. » — Ni la pauvreté, ni l'exil, ni la maladie, ni la mort ne peuvent effrayer l'homme de cœur. — La peur ou l'ivresse grossit les objets. — [Il] était accouru une troupe nombreuse de brigands. — Les vaisseaux de Xerxès regagnèrent la pleine mer; mais déjà une partie avait été coulée à fond. — Chacun de nous se croit maître du lendemain. — César et Caton avaient une grande autorité dans[7] le sénat : jeunes encore, l'un et l'autre étaient parvenus à[8] une glorieuse renommée.

---

1. A l'occasion de cet exercice, nous rappelons aux élèves 1° que le sujet se reconnaît à la question *qui est-ce qui?* et qu'en français comme en latin il peut se placer après le verbe. Ex. : Ainsi vécut Aristide, *sic vixit Aristides;* 2° qu'une certaine quantité de verbes neutres se conjuguent avec l'auxiliaire *être* employé pour *avoir*, forme qui n'a rien de commun avec la voix passive. Ex. Je suis tombé, être descendu, nous étions arrivés, *cecidi, descendisse, adveneramus.* — 2. *In*, abl. — 3. *Sub*, abl. — 4. *Suus.* — 5. *Ad.* — 6. *Suus.* — 7. *In*, abl. — 8. *Ad.*

Thème 9.

DISGRACE D'EUTROPE.

Eutrope, d'abord esclave, était devenu le ministre de l'empereur Arcadius. La haine de l'impératrice ou la jalousie des courtisans ébranla bientôt son[1] crédit. Enfin, ruiné et proscrit, cet homme, qui avait toujours été impitoyable pour[2] les chrétiens, se réfugia un jour dans[3] une des églises de Constantinople. Derrière lui accourait une populace furieuse. Ni l'humble attitude du fugitif, ni la sainteté du lieu ne paraissaient propres à calmer l'irritation générale[4]. La présence de l'évêque Chrysostome arrêta les bras prêts à frapper ; et tous gardèrent un respectueux silence. Il se tourna d'abord vers le ministre disgracié et suppliant : « Eutrope, lui dit-il, je te répétais sans cesse : la puissance et la richesse sont fugitives ; et tu ne m'écoutais pas. Tes flatteurs te trompaient, et moi, je te disais la vérité. Aujourd'hui tes flatteurs se sont enfuis ; mais nous, nous n'agissons pas de même[5]. Tu nous as persécutés, et nous t'accueillons ; nous te tendons la main, au moment où[6] disparaît cet essaim de faux amis. » Ensuite il implora la pitié de la foule en faveur de[7] cet homme encore plus malheureux que criminel. Son[8] éloquence vraiment divine apaisa les cœurs les plus furieux, et rendit Eutrope inviolable, tant qu'il resta dans[9] le lieu sacré.

---

1. *Ejus.* — 2. *In*, acc. — 3. *In*, acc. — 4. *Tournez :* l'irritation de tous. — 5. *Sic.* — 6. *Tournez :* lorsque... — 7. En faveur de, *ergo*, acc. — 8. *Ejus.* — 9. *In*, abl.

RÉGIME DES VERBES.

VERBES QUI GOUVERNENT L'ACCUSATIF.

RÈGLES.

Amo Deum. *J'aime Dieu.*	Musica me juvat *ou* delectat. *La*
Imitor patrem. *J'imite mon père.*	*musique me fait plaisir.*

Exercice 9.

Métellus battit Jugurtha, et poursuivit les fuyards. — Achille vengea Patrocle et tua Hector. — Quand Alexandre eut soumis les Perses, ses[1] mœurs changèrent[2]. — La roue de la fortune tourne sans cesse; et cependant chacun se croit maître du lendemain. — Les chaleurs avaient augmenté l'épidémie; le mal gagnait de jour en jour; enfin il diminua aux approches de l'automne. — Diminue tes dépenses, et tes revenus augmenteront. — O homme, tourne tes regards vers la voûte céleste, et ton âme grandira. — Les Athéniens, qui avaient chassé Alcibiade comme un impie, le vénéraient ensuite comme un dieu. — Une troupe de loups parcourut les campagnes et dépeupla les bergeries. — Les récits merveilleux charmaient l'esprit des Grecs. — L'orgueil messied même aux grands hommes. — Aux hommes vertueux sont réservées les récompenses divines. — Une partie des merveilles de la nature échappe à nos regards. — Nous ignorons les principaux événements de la vie d'Homère. — Les vues de la Providence sont cachées aux mortels.

---

1. *Ejus.* — 2. Les règles qui font l'objet de cet exercice étant déjà connues et par conséquent d'une application facile, nous y avons introduit un genre de difficultés contre lequel les élèves ne sont pas toujours assez en garde. Avant de traduire les phrases qui suivent, ils devront se rappeler qu'un certain nombre de verbes français s'emploie dans le sens actif et dans le sens neutre, mais qu'en latin ils doivent être traduits tantôt par un verbe actif, tantôt par un verbe passif ou neutre, suivant leur signification. Tels sont les verbes *augmenter, diminuer, finir, approcher,* etc. Ex. César approcha son camp, *Cæsar castra admovit.* Le jour approche, *lux appropinquat.* — La peur augmente le mal, *pavor dolorem auget.* Le fléau augmentait, *pestis augebatur* ou *crescebat.*

Thème 10.

MORT DE CYRUS.

Cyrus, devenu vieux, mais toujours maître de [sa] raison, manda ses[1] deux fils, ainsi que les magistrats les plus considérables : « [Mes] amis, dit-il, mes forces m'abandonnent ; mais j'attends la mort sans crainte. Regardez-moi comme un homme heureux ; car je laisse mes amis florissants, mes ennemis abattus, et ma patrie maîtresse de l'Asie entière. » Puis, considérant [ses] fils, il continua : « Je vous aime avec une égale tendresse[2] ; mais un État ne peut avoir deux chefs. Cambyse est l'aîné : à lui est réservé l'empire. Toi, Tanaxoare, tu auras en partage le gouvernement de la Médie. Votre union me réjouira même après [ma] mort. Car tout ne finit pas avec nous ; et mon âme, libre des liens terrestres, vivra [d']une vie meilleure et plus pure. Je serai caché à vos regards ; mais aucune de vos actions ne m'échappera. » A ces mots[3], il étendit [sa] main déjà froide ; tous la saisirent et l'embrassèrent. Ainsi mourut Cyrus, le fondateur de la monarchie des Perses.

VERBES QUI GOUVERNENT LE DATIF.

RÈGLES.

Studeo grammaticæ (1). *J'étudie la grammaire.*

Defuit officio. *Il a manqué à son devoir.*

Calamitas tibi imminet. *Un malheur vous menace.*

Id mihi accidit. *Cela m'est arrivé.*

Homo irascitur mihi. *L'homme se fâche contre moi.*

Est mihi liber. *J'ai un livre.*

Hoc erit tibi dolori. *Cela vous causera de la douleur.*

Vitio vertere aliquid alicui. *Blâmer quelqu'un de quelque chose.*

OBSERVATION. — (1) Le verbe *studeo*, ainsi que beaucoup de verbes neutres, gouverne à l'accusatif les pronoms et adjectifs neutres, *hoc*, *illud*, *unum*, *pauca*, etc. Ex. : Je m'attache à cela seul, *id unum studeo*. — Nous avons les mêmes peines, *eadem dolemus*.

---

1. *Suus.* — 2. Ablatif sans préposition. — 3. Ablatif sans préposition.

Exercice 10.

Les citoyens ambitieux ou pervers favorisaient les desseins de Catilina. — Alexandre rencontra les Perses auprès d'Arbèles. — Epargnez un ennemi abattu. — Personne ne fut plus habile que César pour commander une armée. — Paul-Emile assistait à tous les exercices de ses [1] enfants. — Lorsqu'il combattit Octave auprès de Philippes, Brutus était à la tête de l'aile gauche de son [2] armée. — César était absent de la Gaule, lorsque Vercingétorix souleva les Gaulois. — Le rocher menace la ville. — La mort ou la maladie est toujours suspendue au-dessus de nos têtes. — Rien de mal ne peut arriver à l'homme de cœur ; tout lui est avantageux, même l'adversité. — Ne pas s'irriter contre la fortune, maîtriser [ses] passions, secourir les faibles, [tel] est le devoir du vrai sage. — Le temps guérit les douleurs les plus cuisantes. — Alexandre avait un cheval, appelé Bucéphale. — Quintilien eut toutes les qualités d'un bon maître. — L'homme oisif est à charge aux autres et à soi-même. — La vue des éléphants causa un grand effroi à la cavalerie romaine. — Les Athéniens faisaient à Aristide un crime de son [3] équité.

Thème 11.

DÉMOSTHÈNE.

Dès l'âge le plus tendre [4], Démosthène éprouva le plus grand malheur qui puisse arriver à un enfant : il perdit [son] père. Le soin de veiller à ses [5] intérêts échut à des hommes cupides et pervers ; ils dilapidèrent son [6] patrimoine, qui était considérable. Une bonne éducation aurait pu suppléer à la perte de sa [7] fortune ; mais Démosthène avait une complexion faible et délicate : il ne put étudier les sciences et les arts qui convenaient à un citoyen de condition libre. Les autres enfants lui faisaient un crime de sa [8] misère, de [sa] faiblesse et de [son] ignorance, et

---

1. *Suus.* — 2. *Suus.* — 3. *Suus.* — 4. *A teneris.* — 5. *Ejus.* — 6. *Ejus.* — 7. *Ejus.* — 8. *Suus.*

même l'injuriaient sans ménagement. Lui-même se défiait de ses [1] [propres] forces, et n'avait pas conscience de
son [2] génie. Mais un jour il assista à une audience du tri-
bunal, où plaidait un orateur célèbre appelé Callistrate.
Il ne put maîtriser son [3] émotion, et céda à l'entraînement
général. Dès lors il renonça à tous les jeux et à tous les
exercices de l'enfance, et se livra tout entier à l'étude de la
rhétorique.

Thème 12.

DÉMOSTHÈNE — (*Suite*).

La nature n'avait pas favorisé le jeune orateur. Il avait
une voix faible, un bégaiement intolérable et une timidité
extrême. La première fois qu'il [4] parla en public, il fut la
risée des auditeurs. Cet échec lui servit de leçon et de sti-
mulant. Il résolut de remédier à [ses] défauts naturels,
et ne ménagea pour cela [5] ni [son] temps ni [sa] peine.
Lorsqu'il reparut dans [6] les assemblées politiques, il l'emportait sur tous les orateurs. Ceux qui l'avaient insulté
d'abord l'applaudirent avec enthousiasme. Bientôt il do-
mina cette foule mobile qui cède toujours à l'ascendant
du génie ; et cependant il ne la flatta jamais. A cette époque [7], l'ambition de Philippe menaçait la liberté des Grecs.
Démosthène lutta énergiquement contre la politique adroite
de ce prince et contraria tous ses [8] desseins. Le roi de Macédoine rencontra toujours et partout cet infatigable adversaire, et souvent il répéta : « L'éloquence de Démosthène
nous fait plus de mal [9] que toutes les armées et toutes les
flottes d'Athènes. »

---

1. *Suus.* — 2. *Suus.* — 3. *Suus.* — 4. La première fois que, *quùm primum.* —
5. *Hujus rei causâ.* — 6. *In*, acc. — 7. Abl. sans préposition. — 8. *Ejus.* —
9. *Tournez :* nous nuit plus.

VERBES QUI GOUVERNENT { **L'ABLATIF.** / **LE GÉNITIF.**

RÈGLES.

Abundat divitiis. *Il regorge de biens.*	Miserere pauperum. *Ayez pitié des pauvres.*
Fruor otio. *Je jouis du repos.*	

Exercice 11.

L'Italie abonde en arbres de toute espèce. — Dans le principe [1], les Romains manquaient de vaisseaux. — Ma maison manque d'argent, mais regorge d'amis, disait un sage. — La place était abondamment pourvue de vivres.— Les Pythagoriciens s'abstenaient de viande. — L'envieux se réjouit du malheur des autres et s'afflige de leur [2] prospérité. — La jeunesse a toujours besoin de conseils. — Pompée se fiait trop à la fortune. — Acquittons-nous de notre tâche et jouissons du temps présent. — Les Lacédémoniens ne se servaient ni d'or ni d'argent. — L'homme a souvent abusé des dons de la nature. — Des peuples nommés Ichthyophages se nourrissaient uniquement de poisson. — Xerxès s'empara d'Athènes, qui était dépeuplée. — Octave voulait se rendre maître du pouvoir suprême. — Le sot se glorifie de sa [3] naissance, comme le paon s'enorgueillit de son [4] plumage. — Démocrite avait pitié de tous les hommes. — César oubliait facilement une injure et se souvenait volontiers d'un service. — Un orateur romain perdit le souvenir de son [5] nom.

Thème 13.

ROBINSON CRUSOÉ.

La vie de Robinson, qui sans doute vous est connue, n'est pas une série de fables puériles et d'aventures dépourvues d'intérêt, mais une fiction ingénieuse et féconde en enseignements utiles. Délaissé dans [6] une île déserte, cet

---

1. Ablatif sans préposition. — 2. *Eorum.* — 3. *Suus.* — 4. *Suus.* — 5. *Suus.* — 6. *In,* abl.

homme, qui naguère a possédé des biens en abondance, manque tout à coup des choses les plus nécessaires à la vie. Il s'afflige d'abord de son [1] isolement et de [sa] détresse; mais il n'a pas oublié ce précieux précepte : « Aide-toi et le Ciel t'aidera. » C'est pourquoi il se confie à son [2] courage et à l'appui de la Providence. Bientôt il sait se passer du superflu, et se contente du nécessaire. Dans [3] cette île, qui paraissait être dépourvue de toute ressource, il découvre chaque jour de nouvelles richesses; et il jouit paisiblement de ce coin de terre où il n'attendait que [4] l'esclavage ou la mort. Cependant quelque chose manque à son [5] bonheur; il se souvient des douceurs de l'amitié, et voudrait rencontrer un compagnon de ses [6] joies et de [ses] peines. Enfin un homme se présente à lui; Robinson se réjouit de son [7] sort : désormais il ne manquera de rien.

RÉGIME INDIRECT DES VERBES.

RÈGLES.

Do vestem pauperi. *Je donne un habit au pauvre.*
Minari mortem alicui. *Menacer quelqu'un de la mort.*
Hæc via ducit ad virtutem. *Ce chemin conduit à la vertu.*

Doceo pueros grammaticam. *J'enseigne la grammaire aux enfants.*
Scribo ad te *ou* tibi epistolam. *Je vous écris une lettre.*

Exercice 12.

Vercingétorix, vaincu et suppliant, livra ses [8] armes à César. — La Providence nous a prodigué des biens inestimables. — Ma lettre fut remise à l'esclave de notre ami. — Jupiter, dit la fable, enleva les cornes au chameau. —

---

1. *Suus.* — 2. *Suus.* — 3. *In,* abl. — 4. *Tournez :* ne... que... par *seulement.* —
5. *Ejus.* — 6. *Suus.* — 7. *Suus.* — 8. *Suus.*

Phocion préféra toujours l'honneur à l'argent.— Cyrus menaçait les Ioniens de l'esclavage. — Le peuple romain félicita Varron de sa [1] constance. — Le silence des forêts nous invite à la méditation. — Spartacus poussa ses [2] compagnons à la révolte. — Le sentier conduisait au camp de Léonidas. — Les Crotoniates furent ramenés par Pythagore à la justice et à la tempérance. — Les Grecs enseignaient aux enfants la musique et la danse. — Les rhéteurs apprenaient à la jeunesse une science souvent frivole et dangereuse. — J'ai tout dissimulé à mon père. — Je vous demande une seule chose. — Sur quoi avez-vous été interrogé ?— Nous demandons trop de choses[3] à Dieu. — Pline a écrit plusieurs lettres à Tacite. — Brutus envoya ses [4] fils à la mort. — Des provisions de toute espèce furent portées aux Syracusains investis.

Thème 14.

PAUL-ÉMILE.

L'exemple de Paul-Emile peut être proposé à tous les pères. Ce grand homme consacra à l'éducation de ses [5] deux fils, tout le temps que lui laissaient les affaires de l'Etat. Il n'imita pas ces Romains qui abandonnaient à d'indignes esclaves le soin d'élever leurs [6] enfants. Il confia cette tâche importante à des hommes à la fois vertueux et éclairés, qui la remplirent consciencieusement. Tandis qu'il donnait lui-même aux deux jeunes gens les premiers principes de l'art militaire, les maîtres qu'il avait choisis les instruisaient dans les lettres latines et grecques, et les amenaient ainsi peu à peu à l'intelligence et au culte des beaux sentiments et des grandes actions. Le père assistait d'ordinaire à leurs [7] exercices, les félicitant de leur [8] zèle ou les blâmant de leurs [9] fautes, et ne négligeant aucune occasion de les encourager au bien. Après la défaite de Persée, roi de Macédoine, tous les trésors de ce prince

---

1. *Suus.* — 2. *Suus.* — 3. *Tournez :* des [choses] trop nombreuses. — 4. *Suus.* — 5. *Suus.* — 6. *Suus.* — 7. *Eorum.* — 8. *Suus.* — 9. *Suus.*

furent apportés au vainqueur. Paul-Emile donna l'argent au peuple, et garda pour[1] ses[2] fils la bibliothèque du vaincu. En un mot, il voulait faire d'eux[3] des hommes utiles à la patrie, dignes de [leurs] ancêtres, passionnés pour la vertu : c'est la seule grâce qu'il demandait aux dieux[4].

RÈGLES.

Accepi litteras à patre meo. *J'ai reçu une lettre de mon père.*

Accepi magnam voluptatem ex tuis litteris. *J'ai reçu une grande joie de votre lettre.*

Id audivi ex amico *ou* ab amico meo. *J'ai appris cela de mon ami.*

Christus redemit hominem à morte (1). *Jésus-Christ a racheté l'homme de la mort.*

Implere dolium vino. *Emplir un tonneau de vin.*

Admonui eum periculi *ou* de periculo. *Je l'ai averti du danger.*

OBSERVATION. — (1) Les verbes neutres qui marquent la séparation ou l'éloignement se construisent également avec l'ablatif précédé de *à* ou *ab*. Tels sont *differre, distare, abhorrere*, etc.

Exercice 13.

Annibal attendait vainement du secours de son[5] frère Asdrubal. — Hercule demanda à Pluton la permission de descendre dans[6] le royaume souterrain. — L'homme emprunte son[7] lustre à son mérite, non à sa naissance. — Nous retirons un grand charme de la culture des lettres. — Un voleur alluma [sa] lanterne à l'autel de Jupiter. — Jugeons les livres à leur[8] utilité. — Thésée délivra les Athéniens du tribut qu'ils payaient aux Crétois. — La philosophie nous préserve des préjugés et des erreurs. — La crainte du châtiment ne détourna pas Catilina de [son] projet criminel. — La Gaule est séparée de l'Espagne par les Pyrénées. — Nitocris emplit un bassin avec l'eau de l'Euphrate. — Les fossés qui entouraient la ville furent comblés avec de la terre et des sarments. — L'automne dépouille les arbres de [leur] feuillage. — César

---

1. *Tournez :* à ses fils. — 2. *Suus.* — 3. *Tournez :* les rendre. — 4. *Tournez :* il demandait cela seul aux dieux. — 5. *Suus.* — 6. *In*, acc. — 7. *Suus.* — 8. *Suus.*

qui était absent de la Gaule, fut informé des projets de Vercingétorix. — Avant la bataille, Alexandre donna quelques avertissements[1] à [ses] soldats; il leur rappelait leurs[2] victoires passées.

Exercice 14.

Phaéton obtint du soleil la permission de conduire le char paternel. — Un affranchi acheta au dictateur les biens des citoyens proscrits. — Des services contraires à l'honneur sont quelquefois demandés à l'honnête homme. — Mécène demandait pour les poëtes[3] des bienfaits et des dons à l'empereur Auguste. — Démarate fut chassé de sa[4] patrie, et demanda un asile au roi de Perse. — Les corps des pirates furent suspendus au mât du navire. — Nous pressentons le printemps à l'arrivée des hirondelles. — A l'œuvre on connaît l'ouvrier[5]. — Nous puisons la sagesse dans les bons livres et dans les bons exemples. — Socrate protégea Alcibiade contre les traits des ennemis. — Le plaisir éloigne la jeunesse de l'étude. — Arrachons les mauvaises passions de notre âme, comme le laboureur arrache les mauvaises herbes du sol. — Auguste voulut se démettre de l'empire. — La campagne était dépeuplée de laboureurs. — Valère-Maxime a rempli son[6] livre de contes puérils. — L'adversité priva Ovide d'un grand nombre d'amis. — Le malheur présent nous avertit des fautes passées. — La solitude nous fait souvenir[7] de nos amis.

Thème 15.

LETTRE DE TRÉBONIUS A CICÉRON.

Suivant l'usage, Cicéron envoya son[8] fils à Athènes[9] pour y compléter[10] [ses] études. Il espérait beaucoup de cet exil volontaire. Son[11] espérance ne fut pas trompée, si nous en[12] jugeons par une lettre qu'il reçut de Trébonius,

---

1. *Tournez :* avertit les soldats (de) plusieurs choses. —2. *Suus.* — 3. Pour les poëtes; *datif.* — 4. *Suus.* — 5. *Tournez :* l'ouvrier est reconnu. — 6. *Suus.* — 7. Faire souvenir, *admonere.* — 8. *Suus.* — 9. Accusatif sans préposition. — 10. *Tournez :* afin que (*ut*) il y complétât. — 11. *Ejus.* — 12. *Tournez :* de cette chose, *eâ de re.*

un de [ses] amis les plus dévoués. Nous extrayons de cette lettre les passages les plus intéressants : « Mon cher Cicéron, j'ai vu ton fils à Athènes [1] ; et la lettre que je t'écris te comblera de joie. Rien de plus aimable et de plus studieux que notre jeune homme. Il fréquente assidûment Cratippe, prend un vif plaisir aux leçons de ce philosophe, et puise dans l'étude des principes de sagesse que tu pourras bientôt apprécier toi-même. Je l'ai félicité de son zèle [2], et lui ai promis la récompense dont il m'a paru digne. Or il a témoigné le désir de me suivre en Asie [3]. Je te préviens donc d'une chose : je l'enlève pour [4] [quelque] temps à [son] école. Cependant je ne veux pas le séparer de son [5] maître ; Cratippe nous accompagnera. Ainsi ton fils jouira des plaisirs du voyage, et ne sera pas privé des précieux conseils de la philosophie. »

RÈGLES.

Insimulare aliquem furti *ou* furto (1). *Accuser quelqu'un de larcin.*	Jussus est ab urbe discedere. *Il fut condamné à sortir de la ville.*
Damnare aliquem ad triremes. *Condamner quelqu'un aux galères.*	Deus amat virum bonum illique favet. *Dieu aime l'homme de bien et le favorise.*

OBSERVATION. — (1) Il faut bien distinguer entre le nom du délit et le nom de la peine. — Le nom qui exprime le délit se met toujours au génitif. Ex. : Accusé de larcin, *insimulatus furti*; condamné pour trahison, *damnatus proditionis.* — Le nom qui exprime la peine se met à l'ablatif. Ex. : Condamné à une amende, *mulctatus pecuniâ.* Mais si le nom de la peine est le mot *caput* (*peine capitale*), on peut le mettre au génitif. Ex. : Condamné à la peine capitale, *damnatus capite ou capitis.* Enfin si ce nom exprime le genre ou l'instrument du supplice, on le construit à l'accusatif avec *ad.* Voyez à ce sujet l'exemple suivant de Lhomond.

Exercice 15.

Alcibiade fut accusé de sacrilége. — Sous [6] Néron, rarement un citoyen fut absous [du délit] d'outrages. — Les historiens modernes ont souvent convaincu Quinte-Curce

---

1. Ablatif sans préposition. — 2. *Suus.* — 3. *In*, acc. — 4. *In*, acc. — 5. *Suus.* — 6. *Sub*, abl.

de légèreté ou de mensonge. — En [1] Egypte, celui qui tuait un chat ou un crocodile était condamné à une amende, et celui qui tuait même involontairement un ibis était condamné à mort. — Lentulus et Céthégus, coupables de conspiration, périrent étranglés en [2] prison. — Caligula condamna aux mines et aux bêtes beaucoup de citoyens illustres, accusés [du crime] de lèse-majesté. — La vestale qui violait [son] serment était condamnée à être enterrée vive. — Les tragédies accusent Ulysse d'avoir voulu échapper à la guerre. — Camille exilé aimait et servait encore Rome ingrate. — Hérodote loua quelquefois, mais ne flatta jamais les Grecs. — Idoménée, lié par un vœu, rencontra et mit à mort un fils qu'il aimait.

Thème 16.

DES PEINES MILITAIRES CHEZ LES ROMAINS.

Les soldats accusés [3] d'avoir abandonné leur [4] drapeau ou violé la discipline étaient punis du supplice capital. Le genre de mort variait suivant la faute. Celui qui désobéissait aux chefs, même pour accomplir quelque action d'éclat, était décapité ou noyé. Le déserteur était condamné à être crucifié. Le même châtiment atteignait ceux qui dépassaient les limites d'un congé temporaire. Les meilleurs soldats n'étaient pas absous d'une telle négligence. Du reste, le camp n'était jamais souillé du sang des condamnés; ils étaient mis à mort hors des retranchements, et un des centurions présidait aux exécutions. Une peine ignominieuse était réservée à ceux qui étaient convaincus de vol ou de faux témoignage; ils étaient punis de la bastonnade. Les lâches étaient soumis à un traitement plus honteux que cruel : le général les condamnait soit à s'agenouiller devant sa [5] tente, soit à manger du pain d'orge, nourriture exclusivement destinée aux gladiateurs. En même temps il leur enlevait leur [6] lance, et les privait de [leur] part de butin. Tous ces règlements militaires favorisèrent et maintinrent longtemps la discipline dans [7] les

---

1. —2. *In*, abl. — 3. *Insimulatus*, et l'inf. — 4. — 5. — 6. *Suus*. — 7. *In*, abl.

armées romaines; mais à la fin ils parurent trop rigoureux, et firent place à une législation plus humaine.

RÉGIME DES VERBES PASSIFS.

RÈGLES.

Amor à Deo (1). *Je suis aimé de Dieu.*

Mœrore conficior. *Je suis acca-blé de chagrin.*

Mihi colenda est virtus (2). *Je dois pratiquer la vertu.*

Exercice 16.

OBSERVATIONS. — (1) Les choses personnifiées suivent la même règle. — (2) Après *probor, improbor,* et aussi après *habeor* (je suis regardé comme), *intelligor, noscor, audior, quæror, laudor,* on met mieux le nom au datif qu'à l'ablatif. Mais l'emploi du datif est obligatoire après *videor* et tous les participes en *dus, da, dum.*

Pompée fut vaincu par César. — Le blé est rongé par la rouille[1]. — Nous sommes chéris de nos parents. — Phaéton fut traîné par les chevaux de son[2] père, et englouti par l'Éridan. — Néron, élevé par Sénèque, avait été imbu d'excellents principes. — Régulus fut envoyé vers ses[3] concitoyens par le sénat de Carthage. — Rappelé par la république, Camille pouvait dire : Mes vœux sont exaucés. — Lorsque Catilina quitta Rome, la conjuration était découverte par l'activité du consul. — Le souterrain qui avait été bâti par Démosthène, n'était pas détruit du temps[4] de Plutarque. — La ville sera prise par l'armée ennemie, quand nos troupes arriveront. — Le discours de César était désapprouvé des meilleurs citoyens. — Les charges les plus importantes ne sont pas toujours recherchées par les hommes les plus utiles. — Chez les Barbares, Ovide n'était compris de personne. — Les fables d'Ésope sont connues de tout le monde. — Caton était regardé par quelques Ro-

---

1 Les élèves devront observer la différence de sens qui existe entre les temps simples et les temps composés du passif. Ainsi *Liber legitur, mendacium contemnitur* se diront d'un fait habituel ou non accompli : le livre est lu, c'est-à-dire on lit le livre, le livre se lit ; le mensonge est méprisé, c'est-à-dire on méprise (toujours) le mensonge. — *Liber lectus est* signifiera le livre est lu, c'est-à-dire a été lu ; il s'agit d'une action achevée. Même distinction entre *legebatur* et *lectus erat, legetur* et *lectus erit, legatur* et *lectus sit, legeretur* et *lectus esset.*

2. *Suus.* — 3. *Suus.* — 4. Ablatif sans préposition.

mains comme trop rigide. — Il vous faut lire les ouvrages d'Homère. — L'honnête homme doit éviter les citoyens dangereux. — Les belles maximes doivent être pratiquées par ceux qui les répandent.

Thème 17.

HÉRODOTE.

Fatigué des dissensions qui déchiraient Halicarnasse, et d'ailleurs inquiété par quelques citoyens qui aspiraient à la tyrannie, Hérodote quitta sa [1] patrie et se rendit en [2] Grèce. Les premiers livres de son [3] histoire étaient achevés, et il jouissait déjà de quelque renommée en [4] Asie ; mais il lui fallait obtenir le suffrage du peuple le plus éclairé de l'univers. Tous les Grecs étaient rassemblés à Olympie [5]. Hérodote y [6] lut publiquement le commencement de son [7] ouvrage. Cette lecture fut accueillie par des applaudissements unanimes. La veille, son [8] nom n'était connu de personne ; le lendemain, il était répété par toutes les bouches [9]. Encouragé par un tel succès, il se livra de nouveau à l'étude. Pour terminer [10] son [11] œuvre, il lui fallait parcourir la Grèce. Villes, édifices, champs de bataille, inscriptions, tout fut soigneusement visité par l'infatigable historien. Partout il était reçu par une multitude curieuse et enthousiaste, et tous répétaient : « Voilà celui qui raconte les guerres médiques et chante nos triomphes ! »

Thème 18.

LES NUÉES DE SAUTERELLES.

Certaines contrées de l'Orient sont exposées à un fléau plus funeste que l'inondation et l'incendie : elles sont envahies par des armées innombrables de sauterelles. Les habitants reconnaissent à un indice certain le malheur qui les menace. Quand l'hiver a été trop doux, ils doivent redouter l'invasion de ces terribles insectes. D'abord ils sont avertis du danger par un bourdonnement formidable ;

---

1. *Suus.* — 2. *In*, acc. — 3. *Ejus.* — 4. *In*, abl. — 5. *Olympiæ.* — 6. *Ibi.* — 7. *Suus.* — 8. *Ejus.* — 9. *Tournez :* par tous. — 10. *Tournez :* afin qu'il terminât, *ut* suivi du subjonctif. — 11. *Suus.*

bientôt la lumière du soleil est interceptée comme par un nuage épais ; et tout-à-coup la plaine est couverte d'une multitude de sauterelles, qui détruisent les semences et dépouillent les arbres de [leurs] feuilles et de [leurs] bourgeons. Rien ne peut garantir ces malheureux pays d'un tel désastre. Cependant quelques oiseaux remédient au mal : ils font aux sauterelles une guerre acharnée. Aussi sont-ils en grand honneur en [1] Égypte et en Syrie ; et, comme dans l'antiquité [2], quiconque est convaincu d'avoir tué quelqu'un de ces oiseaux utiles, est condamné à une amende. Du reste, les Égyptiens tirent quelque utilité de [leur] malheur même ; ils recueillent les sauterelles dans [3] des paniers, et les conservent dans [4] la saumure, comme des poissons. Quand elles sont ainsi préparées, elles deviennent un aliment très-recherché même des gens les plus délicats.

RÉGIME DES VERBES *pertinet, attinet, spectat.*
RÉGIME DES VERBES IMPERSONNELS *pœnitet, pudet, piget,* **ETC.**

RÈGLES.

Hoc ad me pertinet *ou* spectat (1). *Cela me regarde* ou *m'appartient.* Me pœnitet culpæ meæ. *Je me*	*repens de ma faute.* Incipit me pœnitere culpæ meæ (2). *Je commence à me repentir de ma faute.*

OBSERVATIONS. — (1) Les verbes *adjuvare* et *valere,* contribuer à, veulent aussi leur régime à l'accusatif avec *ad.* — (2) Remarquez que ces sortes de phrases ont pour sujets les infinitifs *pœnitere, pudere,* etc., qui, comme tous les infinitifs latins, sont considérés comme des noms neutres.

Exercice 17.

Les leçons de la philosophie s'adressent à tout le monde. — Les affaires d'autrui ne nous regardent pas. — L'éducation de la jeunesse appartenait à l'État. — Les discours et les paroles de Socrate tendaient à la vertu. — Le palais des rois assyriens faisait face à l'Euphrate. — La France et l'Italie touchent aux Alpes. — La gloire de Pompée intéressait Caton. — L'étude des lettres contribue beaucoup à notre bonheur. — Nous nous repentons quelquefois d'une

---

1. *In*, abl. — 2. *Tournez* : chez les anciens. — 3. *In*, abl. — 4. *In*, abl.

parole trop vive. — Épaminondas n'eut jamais honte de sa[1] pauvreté. — Le poëte ne s'ennuiera jamais de la vie champêtre. — Socrate avait pitié des mauvais citoyens. — Les hommes légers ont toujours regret des résolutions qu'ils ont prises. — Nous devons plaindre les riches qui n'ont pas de goût pour l'étude. — Alexandre avait tué Clitus; mais bientôt il commença à se repentir de son[2] emportement. — Le lion parut avoir pitié d'un ennemi trop faible.—Vous ne pouvez pas regretter un service bien placé. — Si tu ne veux pas t'ennuyer de la solitude, livre-toi à l'étude. — J'aime mieux rougir de mon ignorance que de ma paresse. — Vous aviez paru vous ennuyer de votre inaction.

Thème 19.

LE VIEUX LOUP.

Un loup, affaibli par l'âge et exténué par la faim, se rendit vers[3] un berger du voisinage, et lui proposa un traité de paix : « Je suis ennuyé de la guerre, disait-il, et je commence à regretter ma vie passée. Ma proposition intéresse ton bonheur et ta sécurité. Je ne te demande qu'une chose : livre-moi deux agneaux, comme gage du traité. » — « Je serais bien fâché d'une telle alliance, répondit le berger, et j'aurais honte d'un tel allié. Fuis sur-le-champ, ou redoute ma colère. » Ainsi congédié, le vieux loup alla trouver un autre berger, et lui tint un langage qui tendait au même but. Sa[4] proposition ne fut pas mieux accueillie. Tous les bergers du pays, successivement visités par l'animal, se montrèrent encore plus durs et plus impitoyables; tous le menaçaient d'une mort prochaine et terrible. « Personne n'a eu pitié de moi, se[5] dit le loup; ma résolution est prise : bientôt ils se repentiront de leur[6] imprudence et de [leur] cruauté. S'il me faut mourir, du moins je mourrai[en] ennemi. » En même temps, il se précipite furieux dans[7] les chaumières, et massacre femmes, enfants, chiens et brebis.

---

1. *Suus.* — 2. *Suus.* — 3. *Ad.* — 4. *Ejus.* — 5. *Tournez : dit avec soi.* — 6. *Suus.* — 7. *In*, acc.

Quand les criminels paraissent se repentir de [leurs] fautes, ayons pitié d'eux, si nous ne voulons pas avoir regret d'une rigueur excessive.

RÉGIME { **DES VERBES** *refert, interest.*
DU VERBE IMPERSONNEL *est.*

RÈGLES.

Refert *ou* interest regis. *Il importe au roi.*

Refert *ou* interest meâ, tuâ, nostrâ. *Il importe à moi, à toi, à nous.*

Refert meâ Cæsaris. *Il importe à moi César.*

Utriusque nostrum interest. *Il importe à l'un et à l'autre de nous.*

Ad honorem nostrum interest. *Il importe à notre honneur.*

Est regis (1). *Il est d'un roi.*

Meum est loqui. *C'est à moi de parler.*

Hic liber est meus. *Ce livre est à moi.*

OBSERVATION. — (1) Le verbe *esse* signifiant *être la propriété de, être en la possession de,* veut aussi le nom de la personne au génitif. Ex. : Ces livres sont à Pierre, *hi libri sunt Petri.* — On voit que dans ce sens le verbe *esse* n'est plus impersonnel.

Exercice 18.

Il importait à Miltiade d'arrêter la cavalerie des Perses. — Il est de l'intérêt des tyrans de proscrire les orateurs. — Il nous importe de consulter les annales de l'antiquité. — —Scipion croyait qu'il lui importait[1] de passer en Afrique. —Marcellus assiégeait Syracuse ; il était important pour lui de s'emparer de cette ville. — Le roi de Perse disait : « Il [m']importe à moi Xerxès de venger Darius, [mon] père. » — Que la loi punisse sévèrement l'usurier ; cela nous importe à nous artisans et laboureurs. — Étudions la législation romaine ; cela est important pour ceux qui veulent connaître les origines du droit. — Il est de l'intérêt de chacun de nous de se bien connaître. — Cyrus disait à [ses] deux fils : « Il vous importe à l'un et l'autre d'acquérir des amis. — Il importait à l'honneur et au salut de la république romaine de ne pas perdre courage dans[2] l'adversité.

1. *Tournez :* croyait importer à soi. — 2. *In,* abl.

— C'est le devoir d'un souverain de joindre les exemples aux préceptes. — C'est aux lois de commander; c'est à nous d'obéir. — Il est d'un bon général de ne pas flatter ses soldats. — Les Romains croyaient que c'était à eux[1] de prendre l'offensive. — Si mon frère ou moi nous sommes utiles à la patrie, c'est à lui de rester, c'est à moi de partir. — Tous ces champs seront à nous. — Toute la Gaule, après l'expédition de César, appartint aux Romains. — Tout ce qui est à vous sera un jour à vos enfants.

Thème 20.

SUR LA CLÉMENCE.

C'est le propre du sage de mépriser les injures; c'est le devoir d'un roi de les pardonner. Assurément il importe à la sécurité de l'État que la dignité royale soit respectée[2], et toutes les actions du souverain doivent tendre à ce but; mais, avant tout, il est de son intérêt d'être aimé de ses sujets, et l'amour contribue au respect. Tous les princes vraiment dignes de ce nom ont compris qu'il leur importait[3] d'être cléments et de régner sur les cœurs. L'empereur Théodose, gravement offensé par les habitants d'Antioche, les avait menacés d'un châtiment sévère. Un discours de l'évêque Flavien le ramena à des sentiments meilleurs. « Prince, lui disait ce saint homme, richesse, gloire, puissance, tout vous appartient; il est de votre intérêt de joindre à tous ces biens un avantage plus précieux et plus solide encore, l'amour de vos sujets. D'ailleurs, il nous importe à tous deux de ne pas oublier les préceptes de la religion. C'est à moi de vous en avertir; et c'est à vous d'imiter celui qui nous enseigna la miséricorde et la clémence.» L'empereur oublia tout ressentiment et pardonna aux habitants d'Antioche.

---

1. *Tournez :* croyaient appartenir à soi. — 2. *Tournez :* la dignité royale (*acc.*) être respectée (*colere, o, is*). — 3. *Tournez :* ont compris importer à soi.

RÉGIME { DE L'IMPERSONNEL *opus est*.
{ DU VERBE *interdico*.

RÈGLES.

Mihi opus est amico (1). *J'ai be-* | Interdico tibi domo meâ (2). *Je*
soin d'un ami. | *vous interdis ma maison.*

OBSERVATIONS. — (1) On peut dire aussi : *mihi opus est amicus* ou *amici*; mais le génitif est assez rare. L'infinitif qui suit *avoir besoin* se traduit par l'infinitif en latin : J'ai besoin de parler, *mihi opus est loqui*. — (2). Au passif le verbe *interdico* doit s'employer comme impersonnel : Ex. : Le travail m'est interdit, *mihi labore interdicitur*, m. à m. interdiction du travail est prononcée contre moi.

Exercice 19.

Rome avait besoin du secours des Latins. — Syracuse, défendue par le génie d'Archimède, n'avait pas besoin d'une garnison nombreuse. — L'honnête homme n'a jamais besoin de mentir. — Il faut des lois à un État, comme il faut un gouvernail à un navire. — Les rois ont plus besoin qu'ils ne pensent de l'affection de leurs sujets [1]. — Xerxès, qui voulait conquérir la Grèce, avait besoin de consulter Démarate. — Il fallait aux Ioniens révoltés l'appui des principales cités de la Grèce. — Il ne faut pas de longs discours à des soldats qui ont la conscience de leur [2] devoir. — Pythagore interdisait [l'usage de] la viande à ses [3] disciples. — La loi romaine interdisait aux exilés l'eau et le feu. — Auguste interdit son [4] palais à deux Romains coupables du crime de lèse-majesté. — L'eau froide est interdite à ceux qui sont atteints de la fièvre. — L'or et l'argent étaient interdits aux Spartiates. — Il était interdit au vulgaire d'assister [5] aux fêtes de Cérès, la bonne déesse.

---

1. Tournez : *des leurs (suus)*. — 2. *Suus.* — 3. *Suus.* — 4. *Suus.* — 5. Traduisez comme s'il y avait : *les fêtes... étaient interdites au vulgaire*, et voyez, plus haut, le n° 2 des Observations.

RÉGIME D'UN VERBE SUR UN AUTRE VERBE.

RÈGLES.

Amat ludere. *Il aime à jouer.*
Eo lusum. *Je vais jouer.*
Redeo ab ambulando. *Je reviens* *de me promener.*
Te hortor ad legendum. *Je vous exhorte à lire.*

Exercice 20.

Les vieillards aiment à parler, les jeunes gens préfèrent agir. — Le bon citoyen ne sait ni craindre ni flatter la multitude. — Philoxène osa contredire Denys le Tyran. — La philosophie stoïcienne apprenait aux hommes à mépriser la douleur. — Les Sagontins résolurent de tenir tête à l'armée carthaginoise. — Mithridate s'habitua à boire du poison. — Les poules vont se coucher avec le soleil. — Toute la Sicile était venue voir les jeux. — Scipion fut envoyé pour réduire Carthage. — Annibal fut rappelé par le sénat pour défendre [sa] patrie. — Les Athéniens envoyèrent Tyrtée pour secourir les Lacédémoniens. — Quand Hector revenait de combattre, il était accueilli par les applaudissements des Troyens. — L'amour de la philosophie détourna Platon de cultiver les Muses. — La gloire de Miltiade détermina Thémistocle à se distinguer. — La Volupté engageait Hercule à se reposer, la Vertu l'exhortait à supporter les fatigues. — Cicéron fut amené par une circonstance fortuite à concevoir de lui-même[1] une opinion plus modeste.

Thème 21.

LOUIS XII [2].

Louis XII fut entraîné par l'exemple de son[3] prédécesseur à tenter le sort des armes en[4] Italie. L'échec de Charles VIII[5] ne le détourna pas de poursuivre des succès plus faciles que durables. Il envoya d'abord un de ses[6] généraux pour s'emparer du Milanais. Lui-même entreprit bien-

---

1. *Tournez :* touchant soi-même. — 2. *Tournez :* Louis douzième. — 3. *Suus.* — 4. *In,* abl. — 5. *Tournez :* Charles huitième. — 6. *Suus.*

tôt de passer les Alpes, et alla livrer plusieurs batailles aux Italiens. Milan et Naples furent quelque temps au pouvoir des Français. Mais la fortune cessa de favoriser leurs[1] armes, et il leur fallut abandonner une terre arrosée du sang des plus braves soldats. Louis XII se décida à regagner la France, et, par une administration sage et paternelle, il s'efforça de réparer les désastres de la guerre. Il diminua les impôts, fonda des établissements utiles, en un mot[2], il s'appliqua à soulager les souffrances de ses[3] sujets.

Nul, excepté saint Louis, ne fut plus digne du titre de *Père du peuple*. Chez lui[4] la grandeur d'âme égalait la bonté. Lorsqu'il commença à régner, ses courtisans[5] l'exhortaient à punir quelques seigneurs qui l'avaient offensé autrefois. Sa[6] réponse est connue de tout le monde : « Le roi de France, dit-il, ne doit pas se souvenir des injures faites au duc d'Orléans. » Peu de[7] princes eussent renoncé à abuser de leur[8] puissance.

RÉGIME D'UN VERBE SUR UN AUTRE VERBE — (*Suite*).

RÈGLES.

Consumit tempus legendo. *Il passe son temps à lire.*	*m'a donné des livres à lire.* Vidi eum ingredientem. *Je l'ai*
Dedit mihi libros legendos. *Il*	*vu entrer.*

Exercice 21.

Le rossignol passe la plus grande partie de la nuit à chanter. — Fabius rétablit les affaires en temporisant. — La doctrine des stoïciens consistait à mépriser la douleur. — Artaxercès servait sa[9] gloire et ses intérêts en accueillant Thémistocle. — Vous formerez votre goût et éleverez votre âme en exerçant votre mémoire. — César acquit de la gloire en prodiguant des bienfaits, Caton devint célèbre en ne faisant aucune concession. — Nous donnons aux enfants des sentences à apprendre par cœur. — Cyrus, enfant, fut

---

1. *Eorum.* — 2. Ablatif sans préposition. — 3. *Tournez :* des siens (*suus*). — 4. *Tournez :* en lui, *in*, abl. — 5. *Suus.* — 6. *Ejus.* — 7. *Pauci, æ, a.* — 8. *Suus.* — 9. *Suus.*

remis à un pâtre pour être mis à mort. — Socrate s'était chargé d'instruire la jeunesse. — Mummius confia à un pilote les tableaux et les statues de Corinthe pour être transportés en Italie. — Astyage servit à Harpagus les membres de son[1] fils pour qu'il les mangeât. — Partout nous voyons Dieu se présenter à nous. — Nous ne sentons pas la mort s'avancer à pas lents. — Caton ne pouvait entendre discuter les sophistes de la Grèce.

Thème 22.

LES GRACES.

Les trois Grâces étaient filles de Jupiter et d'Eunomie. Elles s'appelaient Aglaé, Thalie et Euphrosyne. J'ai entendu autrefois un philosophe interpréter ces noms d'une manière ingénieuse[2]. Je vous donne cette interprétation à examiner. « Aglaé signifie éclat; en effet, l'amitié doit apparaître et briller dans l'infortune. Thalie signifie verdure; en effet, la mémoire d'un bienfait doit toujours être fraîche, et le devoir de l'obligé consiste à se souvenir. Euphrosyne signifie bonne humeur; en effet, nous devons être de bonne humeur en obligeant un ami ou en recevant un service. » Le même philosophe expliquait ainsi leur[3] attitude et [leur] extérieur. « Nous les voyons porter une robe blanche et transparente, parce que nous n'avons rien à demander ni à recevoir qui soit honteux, et que les sentiments de celui qui oblige doivent être purs et candides. Elles sont jeunes, parce qu'un bienfait ne doit jamais vieillir. Enfin la Fable nous les représente se tenant par la main[4], parce que rien ne peut rompre les liens d'une bonté mutuelle qui se plaît à donner et à recevoir, et qu'un bienfait vient de lui-même[5] s'ajouter à un autre bienfait.

---

1. *Suus.* — 2. *Tournez :* ingénieusement. — 3. *Earum.* — 4. *Tournez :* entrelaçant les mains aux mains. — 5. *Tournez :* spontanément.

RÉCAPITULATION SUR LA SYNTAXE DES VERBES.

Thème 23.

LES DEUX AMIS.

Agathocle de Samos et Dinias d'Éphèse étaient liés de l'amitié la plus étroite. Ils vivaient du produit d'un petit champ qui appartenait à Agathocle, et, contents de leur[1] pauvreté, ils ne demandaient rien aux dieux. Dinias se vit tout à coup enrichi par un héritage. Bientôt il s'ennuya de la vie des champs et se fixa dans[2] la ville voisine. Agathocle se réjouit de la bonne fortune de son[3] ami; mais rien ne put le déterminer à quitter [sa] chaumière. Dinias fut bientôt entouré de parasites et de flatteurs, qu'il accueillit et traita comme de véritables amis. Ils abusèrent de sa[4] confiance, et l'entraînèrent dans de folles prodigalités. Instruit de leur[5] conduite, Agathocle se rendit chez[6] Dinias; il venait l'avertir des dangers qui le menaçaient, et l'arracher aux compagnons perfides qui le poussaient à [sa] perte. Son[7] noble langage ne fut pas compris d'un homme déjà perverti par les mauvais conseils. Dinias même, oubliant sa vieille amitié, l'accusa d'imposture et de jalousie. Agathocle se retira navré de douleur. Quelque temps après, il apprit par la renommée le fatal événement qu'il avait pressenti : Dinias était ruiné.

Thème 24.

LES DEUX AMIS — (*Suite*).

La foule des faux amis commençait à l'abandonner. Réduit à l'isolement et à la misère, il se plaignait amèrement de l'ingratitude et de la fausseté des hommes, lorsqu'il vit paraître Agathocle. Cet ami fidèle venait lui offrir des consolations et des secours. Dinias, rempli de joie et de

---

1. *Suus.* — 2. *In,* abl. — 3. *Suus.* — 4. *Ejus.* — 5. *Eorum.* — 6. *Ad.* — 7. *Ejus.*

confusion, accepta cette offre généreuse. Un jour, comme[1] il était occupé à labourer [son] champ, il rencontra un des lâches parasites qui avaient le plus contribué à sa[2] ruine. Cet homme n'eut pas honte d'insulter celui qu'il avait réduit à la misère. Dinias ne put maîtriser [sa] colère; il le tua. Ce crime ne pouvait rester longtemps inconnu aux magistrats de la ville. Le meurtrier, traduit en[3] justice, fut condamné à un exil perpétuel. Lorsqu'il quitta la ville, tous les habitants l'accablèrent d'outrages et de malédictions. Seul Agathocle eut pitié de lui; il s'arracha à [sa] chère campagne, et, voulant s'acquitter jusqu'à la fin des devoirs sacrés de l'amitié, il s'établit avec Dinias dans[4] une île lointaine.

Thème 25.

MORT DE POMPÉE.

Nous devons craindre la fortune, lorsqu'elle nous comble de [ses] faveurs. Souvent un bien faible intervalle sépare la prospérité la plus éclatante des malheurs les plus terribles. Nous en[5] pouvons juger par l'exemple de Pompée. Issu d'une noble famille, doué de qualités éminentes, il n'avait plus ni ennemis à vaincre, ni honneurs à souhaiter. Cependant la fortune, qui l'avait favorisé si longtemps, l'abandonna tout-à-coup. Vaincu par César, il fut forcé de prendre la fuite avec [sa] femme, un de [ses] fils, et quelques amis qui lui étaient restés fidèles. Il alla demander un asile à Ptolémée, roi d'Egypte, comptant sur sa[6] reconnaissance et [son] humanité. Mais ce prince sacrifia [son] devoir à [son] intérêt : il lui importait avant tout de ménager le vainqueur. Il ne rougit pas de joindre la trahison à la lâcheté, et offrit au fugitif une hospitalité perfide. Pompée se fia à la parole d'un hôte, et se livra entre les mains de quelques soldats qui s'étaient chargés du rôle d'assassins. Il périt sous leurs coups[7], et son[8] corps fut privé de sépulture.

---

1. *Quum*, subjonctif.— 2. *Ipsius.* — 3. *In*, accusatif. — 4. *In*, abl. — 5. *Tournez* : de (*de*) cette chose. — 6. *Ejus.* — 7. *Tournez* : tué par eux. — 8. *Ejus.*

Thème 26.

AMILCAR ET LE SÉNAT DE CARTHAGE.

Les généraux, pour s'acquitter de [leur] devoir, n'ont pas besoin de la crainte des châtiments. L'amour de la patrie ou l'intérêt personnel sont des mobiles assez puissants. Cependant, chez les Carthaginois, quand un général avait essuyé une défaite, il était mis en jugement et condamné à mort, quoiqu'il[1] ne fût convaincu ni de lâcheté ni de trahison. Le père du grand Annibal, ayant été vaincu par les Romains dans[2] un combat naval, imagina un moyen adroit d'échapper au châtiment qui lui était réservé. Il confia à un de [ses] amis un message à porter au sénat de Carthage : «Sénateurs, disait-il, j'ai rencontré la flotte romaine; il me faut ou engager la bataille ou subir la honte d'une retraite. Il m'importe de connaître votre sentiment; c'est à vous d'ordonner et à moi d'obéir. » — « Amilcar doit combattre, s'écrièrent les sénateurs d'une voix unanime[3]. » — « Eh bien! reprit l'envoyé, Amilcar a deviné et prévenu vos désirs : il a engagé le combat. Maintenant j'ai le regret de vous l'annoncer : le sort des armes ne lui a pas été favorable. » Le sénat fut consterné de cette nouvelle; mais il n'osa pas faire au général un crime de sa[4] défaite.

---

1. *Quamvis*, subj. — 2. Ablatif sans préposition. — 3. Ablatif sans préposition. — 4. *Suus*.

SYNTAXE DES PRONOMS.

ACCORD DU PRONOM AVEC L'ANTÉCÉDENT.

RÈGLES.

Deus qui regnat. *Dieu qui règne.* Pater et mater quos amo. *Le père et la mère que j'aime.*

Virtus et vitium quæ sunt contraria. *La vertu et le vice qui sont contraires.*

Exercice 22.

Les pyramides, que l'Égypte montre encore avec orgueil[1], n'étaient que[2] des tombeaux. — Les rois qui les bâtirent sont à peine connus de la postérité. — La plainte convient à l'homme qui a été déçu dans[ses]espérances[3]. — Pharaon poursuivit les Hébreux que Moïse avait ramenés vers la Mer Rouge. — Les leçons que nous avons reçues dans notre enfance[4] se gravent profondément dans[5] notre esprit. — Modeste laboureur, toi qui cultives les plantes et les fleurs qui charment notre vue, tu nous donnes encore les légumes et les fruits qui flattent notre goût. — Il vous importe à vous, qui fûtes comblé de bienfaits, de vous montrer reconnaissant. — En vain des juges iniques te condamnèrent à mort, ô Socrate, toi qui formas le cœur des Athéniens à la vertu, et que l'oracle proclama le plus sage des hommes; ton nom, que la postérité vénère, sera toujours prononcé avec une religieuse admiration. — Celui qui donne aux pauvres donne à Dieu. — Il est plus facile aux tyrans d'abattre les murs et les forteresses qui leur résistent, que de gagner l'amour des citoyens vertueux. — L'histoire flétrit le nom de ceux qui préfèrent leur[6] salut au salut de la patrie. — Beaucoup d'hommes recherchent les spectacles et

---

1. Montrer avec orgueil, *ostentare.* — 2. Tournez : *seulement.* — 3. Être déçu dans ses espérances, *spe deturbari.* — 4. Tournez : *que nous avons reçues [étant] enfants.* — 5. *In,* abl. — 6. *Suus.*

les plaisirs qui énervent l'âme. — Imitez ceux qui se livrent
au travail et à l'étude, qui élèvent l'esprit.

RÈGLES PARTICULIÈRES.

QUI RELATIF. — QUE RELATIF.

RÈGLES.

Puer quem pœnitet. *L'enfant qui se repent.*	Pauperes quos amare et quibus opitulari debemus. *Les pauvres que nous devons aimer et secourir.*
Mitte quem voles. *Envoyez qui vous voudrez.*	
Deus quem amo. *Dieu que j'aime.*	Animal quem vocamus leonem. *L'animal que nous appelons lion.*
Grammatica cui studeo. *La grammaire que j'étudie.*	

Exercice 23.

J'aime le sage Abdolonyme qui ne rougissait pas de sa[1]
pauvreté, mais je n'admire pas moins les deux jeunes gens
qui ne voulurent pas accepter la couronne que Parménion
leur offrait. — Nous connaissons beaucoup de jeunes gens
qui ont besoin de conseils. — Celui qui n'a pas pitié des malheureux est méprisé des honnêtes gens. — Fuyez la société
de ceux qui se dégoûtent de la science, et qui trouvent du
plaisir[2] dans les entretiens frivoles. — L'enfant qui a intérêt
à mentir, a commis quelque faute. — Les Gaulois ravagè-
rent souvent le pays que les Romains appelaient le Picénum. — L'histoire que vous avez lue et que vous étudiez
encore avec soin[3], est remplie de faits que vous devez apprendre et mettre à profit[4]. — Les pauvres que vous avez
secourus et encouragés, plaideront votre cause devant Dieu.
— Interrogez qui vous voudrez, et tous préféreront une vie
occupée à un lâche repos. — Léonidas, qui n'ignorait pas
le sort qui attendait ses compagnons d'armes, voulait envoyer à Sparte[5] deux jeunes guerriers qu'il chérissait beau-

---

1. *Suus.* — 2. Tournez par le verbe *juvat.* — 3. Tournez : *soigneusement.* —
4. *Mettre à profit* se rend par *uti, utor, usus sum,* avec l'abl. — 5. A l'acc. sans
préposition.

coup ; ceux-ci répondirent : « Envoyez à Sparte qui vous voudrez. Il ne nous appartient pas, à nous qui sommes Spartiates, de quitter le poste que la patrie nous a assigné.»

DONT OU **DE QUI**. — **A QUI**. — **PAR QUI.**

RÈGLES.

Deus cujus providentiam miramur. *Dieu dont nous admirons la providence.*
Merces quâ dignus es. *La récompense dont vous êtes digne.*
Libri quibus utor. *Les livres dont je me sers.*
Homo in quem officium contulisti. *L'homme à qui vous avez rendu service.*
Romulus, à quo Roma condita fuit. *Romulus par qui Rome fut fondée.*
Is per quem veniam impetravi. *Celui par qui j'ai obtenu ma grâce.*

Exercice 24.

Cicéron, dont l'éloquence sauva tant de [1] citoyens romains, fut égorgé par des assassins que le triumvir Antoine avait armés contre lui. — [C'est] Dieu [qui] vous donne les avantages dont vous jouissez, l'air que vous respirez, les fruits dont vous vous nourrissez. — Un vase conserve longtemps l'odeur dont il a d'abord été imprégné. — La sagesse est la seule chose dont la possession soit certaine. — Les Barbares, dont les bandes redoutables avaient dévasté l'empire romain, occupèrent certaines provinces, et formèrent des royaumes dont la plupart sont encore très-florissants. — Les dieux, auxquels vous devez votre bonheur, ne cesseront de vous protéger. — Examinez bien la conduite de ceux en qui vous placez votre confiance. — Cambyse, fils de Cyrus, à qui était échu l'immense empire de [son] père, et par qui l'Egypte fut conquise, périt misérablement dans [2] une bourgade de Syrie. — Auguste favorisait les poëtes et les artistes, par qui les mœurs sont adoucies. — Darius, roi des Perses, dont vous appren-

---

1. *Tot* (indéclinable) ou *tàm multi, æ, a.* — 2. *In,* abl.

drez bientôt l'histoire, combla d'honneurs et de bienfaits
Zopyre, par qui Babylone avait été recouvrée.

THÈMES DE RÉCAPITULATION SUR LES RELATIFS.

Thème 27.

ALEXANDRE.

Étudions ensemble la vie d'Alexandre, fils de Philippe,
qui remplit le monde du bruit de [ses] exploits. En lisant
les conquêtes de ce grand capitaine, vous admirerez assurément ce génie puissant, qui n'eut besoin, pour vaincre
la Grèce et l'Asie, ni de l'expérience que donnent les années, ni de ces armées nombreuses qui dévastent et dé-
peuplent les pays qu'elles traversent. L'orateur Démosthène, qui rougissait de voir Athènes tributaire d'un roi
de Macédoine, lui chercha partout des ennemis; mais sa [1]
haine et [son] éloquence furent impuissantes. Alexandre,
à qui était réservée la gloire de détruire la domination des
Perses, pacifia la Grèce, et mit fin aux guerres intestines
qui la désolaient. Puis, réunissant aux Macédoniens tous
ceux à qui il importait de tirer vengeance des invasions
de Darius et de Xerxès, il fit voile vers l'Asie. Sa [2] petite
armée, qu'excitait l'amour de la gloire et de la patrie, et
qui aurait rougi d'être indigne du prince qui la commandait, désirait ardemment en venir aux mains. Le Granique, dont les bords escarpés paraissent infranchissables,
ne peut arrêter leur [3] élan; les cent mille [4] Perses à qui est
confié le soin d'empêcher le passage, s'enfuient épouvantés,
et le vainqueur s'avance dans [5] l'intérieur [6] de l'Asie. Darius

---

1. *Ejus.* — 2. *Ejus.* — 3. *Eorum.* — 4. Quand le mot français *mille* est multi-
plié par un autre nom de nombre, on le rend en latin par le substantif pluriel
millia, qui se décline *millium, millibus,* et qui veut après lui le génitif. Ex. : Deux
mille hommes, *duo millia hominum,* m. à m., deux milliers d'hommes. — 5. *In,*
acc. — 6. Tournez : *l'Asie intérieure.*

Nothus, qui régnait alors sur les Perses, fut défait dans deux nouvelles [1] batailles; et ce prince, dont les armées remplissaient naguère toute l'Asie, périt dans [2] une bourgade obscure, de la main [3] d'un de ses [4] officiers.

Thème 28.

ALEXANDRE — (*Suite*).

Darius mort, Alexandre, par qui il avait été vaincu, resta maître de toute l'Asie. Il ne se contenta pas de cet immense empire qui embrassait dans [ses] limites les anciens royaumes de Lydie et d'Assyrie, et dont les richesses accumulées avaient suffi aux plaisirs de Sardanapale, à l'avarice de Crésus et au luxe de Xerxès. Il conduisit encore les Macédoniens au-delà de l'Indus, et imposa de nouvelles fatigues à ses [5] soldats, qui demandaient le repos qu'il leur avait promis, et dont ils avaient besoin. Porus, par qui les Indiens étaient gouvernés, fut fait prisonnier, et l'Inde, que Bacchus seul avait pu soumettre, tomba sous [6] la domination du roi de Macédoine. Alors l'orgueil, dont ne sont pas exemptes les grandes âmes, pénétra dans [7] le cœur du disciple d'Aristote. En traversant les lieux qu'avait autrefois parcourus le fils de Jupiter, le fils de Philippe s'attribua une origine divine, et réclama les honneurs qui ne sont dus qu'aux dieux. Cette folie, dont rougissaient ses [8] compagnons d'armes, reçut bientôt le châtiment qu'elle méritait. Cet Alexandre, à qui était réservée la gloire de réparer les maux de la guerre, et par qui les arts et la philosophie de la Grèce auraient pu régénérer les peuples qu'une longue servitude avait abrutis, se livra à tous les excès, et mourut étouffé par les vapeurs du vin au milieu [9] d'une orgie.

---

1. Tournez: *Fut défait de nouveau dans deux batailles.* Ablatif sans préposition. — 2. *In*, abl. — 3. Tournez: *tué par un...* — 4. *Suus.* — 5. *Suus.* — 6. *Venire in*, acc. — 7. *In*, acc. — 8. *Ejus.* — 9. Tournez: *parmi les coupes (poculum. i), et les mets (epulœ, arum).*

PRONOMS

ME, TE, NOUS, VOUS, LE, LA, LES, LUI, LEUR, EN, Y.

RÈGLES.

Mihi paruit. *Il m'a obéi.*
Id nobis utile erit. *Cela nous sera utile.*
Me laudas. *Vous me louez.*
Mihi faves. *Vous me favorisez.*
Vidi tuam domum et illius pulchritudinem miratus sum. *J'ai vu votre maison et j'en ai admiré la beauté.*
Res est gravissima, huic operam dabo. *L'affaire est très-importante, j'y donnerai mes soins.*
Tibi promisi librum, hunc tibi dabo. *Je vous ai promis un livre, je vous le donnerai.*
Hoc non agam. *Je ne le ferai pas.*
Dices ei. *Vous lui direz.*
Id illis facile est. *Cela leur est facile.*

Exercice 25.

L'histoire nous fournit de nombreux exemples de magnanimité. — Je vous engage à lire l'histoire de Lycurgue, législateur de Sparte. Ceux qui l'ont lue une fois, ne peuvent plus l'oublier. La reine lui disait : « La couronne est à vous, si vous voulez m'épouser ; il me sera facile de faire périr mon enfant. » Lycurgue ne la dissuada pas de cet horrible projet ; il la flatta même par de vaines espérances. Enfin elle donna le jour à un fils. Lycurgue le prit aussitôt dans [ses] bras [1], et, le montrant aux magistrats : «Voilà [2], leur dit-il, le roi qui vous est né.» — L'homme qui est né dans [3] les richesses, et qui les a dissipées follement, ne peut supporter sa [4] pauvreté. — Les hommes recherchent avec ardeur [5] les biens de la fortune ; et, lorsqu'ils en ont péniblement rempli leurs [6] demeures, ils ne peuvent plus en jouir, et meurent, les laissant à des héritiers qui en abusent. — J'ai visité votre jardin, et j'en ai parcouru tous les détours ; les fleurs en sont nombreuses et variées ; livrez-vous, mon ami, à cette culture, donnez-y tous vos soins ; vous y trouverez de bien douces distractions. — Vous aimez les plaisirs, les richesses, les honneurs ; mais le sage

---

1. A l'abl. sans préposition. — 2. Tournez : *Celui-ci est... le roi...* — 3. *Inter,* acc. — 4. *Suus.* — 5. Tournez : *ardemment.* — 6. *Suus.*

fuit tout cela et le méprise. — J'ai reçu de vous une lettre bien triste ; j'y répondrai bientôt, et je tâcherai de vous donner les consolations que vous attendez de moi.

SE.

RÈGLES.

Superbus se laudat. *L'orgueilleux se loue.*	*Le poison se glisse dans les veines.*
Sibi blanditur. *Il se flatte.*	Petrus et Joannes se invicem (1) laudant. *Pierre et Jean se louent.*
Vox illa invenitur apud Phædrum. *Ce mot se trouve dans Phèdre.*	Inter se pugnant. *Ils se battent.*
Venenum sese in venas insinuat.	

OBSERVATION. — (1) Cette règle de Lhomond doit être ainsi rectifiée : Quand *se* a rapport à deux sujets qui font l'un sur l'autre l'action que marque le verbe, on le traduit par l'accusatif *se*, qu'on fait précéder toujours de la préposition *inter*. Ex. : Pierre et Jean s'aiment (c.-à-d. s'entr'aiment), *Petrus et Joannes inter se amant;* ils se battent, *inter se pugnant.*

Exercice 26.

Cet homme a menti : il ne s'est pas respecté[1] lui-même. — Il ne faut point parler de soi. — Ce présomptueux s'est donné pour exemple[2]. — L'esprit se fortifie par l'étude. — On[3] peut toujours trouver plus malheureux que soi. — L'avare qui a un fils prodigue n'amasse ni pour[4] soi ni pour lui. — Chacun de nous porte en[5] soi un rayon divin qui l'éclaire. — Les Grecs ne rougissaient pas de se livrer aux exercices de la lutte; ils se frottaient d'huile[6], et se disputaient avec la plus grande ardeur la couronne de chêne, récompense du vainqueur. — Les

---

1. Nous rappelons aux élèves que les verbes réfléchis prennent aux temps composés l'auxiliaire *être* au lieu de l'auxiliaire *avoir*. Ils ne perdront pas de vue que *je me suis loué, il s'était blessé, nous nous serions nui,* etc., représentent grammaticalement *j'ai loué moi, il avait blessé soi, nous aurions nui à nous,* et ils traduiront en conséquence *me laudavi, se vulneraverat, nobis nocuissemus.* — 2. Tournez : *s'est proposé pour (in,* acc.) *exemple.* — 3. *Tournez :* tout le monde (*nemo non*) peut trouver un autre (*alter, a, um*) plus......, et mettez *soi* à l'abl., en supprimant le *que.* — 4. Après beaucoup de verbes actifs ou neutres, le régime indirect précédé de *pour,* et marquant le but, l'intention, la personne à l'avantage ou au désavantage de laquelle on fait quelque chose, se met au datif. Ex. : Craindre pour la vie de qqn, *alicujus vitæ metuere.* — 5. *In,* abl. — 6. Ablatif sans préposition.

rivaux se regardaient en silence. — Marius proscrit était assis sur[1] les ruines de Carthage, et ces deux grands débris se consolaient entre eux. — Les lois devraient se montrer plus sévères à l'égard des calomniateurs. — Dans les premiers temps[2] de la république romaine, le sénat et le peuple se partageaient les dépouilles des vaincus. — Cincinnatus s'adonnait aux travaux de l'agriculture. — Fabricius se nourrissait des légumes qu'il s'était préparés de[3] ses[4] mains, et s'estimait plus heureux que le roi Pyrrhus, qui essaya vainement de se l'attacher en lui offrant des honneurs et des trésors. — Sous[5] les empereurs romains, les mœurs se corrompirent, les honneurs se donnèrent aux favoris des princes; les hommes vertueux se cachèrent dans[6] la retraite; et la débauche, comme un poison mortel, se glissa partout.

Thème 29.

DES FABLES.

Beaucoup de gens dédaignent les fables d'Ésope : cependant Platon, dont la Grèce se glorifie comme du plus illustre de ses[7] philosophes, en recommande la lecture. Il avait banni Homère de sa[8] république; mais il n'en excluait pas le sage Phrygien. S'adressant aux mères et aux nourrices, il leur dit : « Vos enfants doivent sucer les fables avec le lait; apprenez-les-leur dès le berceau, car il faut les accoutumer de bonne heure à la sagesse et à la vertu. Les mœurs se gâtent vite; efforcez-vous d'en prévenir la corruption. Or rien ne peut y contribuer plus utilement que les fables. »

Les fables, en effet, nous offrent des tableaux où chacun de nous se trouve dépeint. L'enfant se reconnaît facilement sous[9] l'image si vive qui lui est habilement présentée. Les qualités et les défauts des animaux, il les attribue d'abord à ses[10] camarades, et bientôt il se les attribue à lui-même. Son[11] jugement s'exerce dans cette étude[12] pleine

---

1. *In*, abl. — 2. A l'ablatif sans préposition. — 3. Ablatif sans préposition. — 4. *Suus*. — 5. *Sub*, abl. — 6. *In*, abl. — 7. *Suus*. — 8. *Suus*. — 9. *Sub*, abl. — 10. *Suus*. — 11 *Ejus*. — 12. A l'ablatif sans préposition.

de charme. Il s'émeut du sort de l'agneau, et s'irrite contre le loup dont l'injustice le révolte. Il se moque du geai qui se pare des[1] plumes du paon, et ne déplore point les malheurs que lui causent sa[2] sottise et sa vanité. Les deux pigeons lui apprennent les douceurs de l'amitié. La fourmi prévoyante et laborieuse peut aussi lui servir de modèle. Enfin tout dans[3] les fables frappe fortement l'esprit des enfants; et nous-mêmes, en entendant ces sages leçons passer par leurs bouches naïves, nous y trouvons plus[4] d'agrément et de charme.

QUI INTERROGATIF. — **QUE** INTERROGATIF. — **QUEL, QUELLE.**

RÈGLES.

Quis vestrum *ou ex vobis ou inter vos? Qui de vous?*

Uter est doctior, tune an frater? *Lequel des deux est le plus savant, de vous ou de votre frère?*

Quis te vocavit? *Qui vous a appelé?*

Quem vocas? *Qui appelez-vous?*

Quid agis? *Que faites-vous?*

Cui rei studes? *Qu'étudiez-vous?*

Quid virtute pulchrius? *Quoi de plus beau que la vertu?*

Quæ *ou* quænam mater liberos suos non amat? *Quelle mère n'aime pas ses enfants?*

Quota hora est? Septima. *Quelle heure est-il? Sept heures.*

Quanta nobis instat pernicies? *Quel grand malheur nous menace?*

Quis te redemit? Jesus-Christus. *Qui vous a racheté? Jésus-Christ.*

Quem miseret pigrorum? Neminem. *Qui a pitié des paresseux? Personne.*

Cujusnam interest? Meâ. *A qui importe-t-il? A moi.*

Exercice 27.

Qui ne préfère aux plus riches contrées du monde le modeste village où[5] il est né? — Qui de nous peut s'opposer aux prétentions de cet ambitieux? — Qui peut espérer ici-bas un bonheur parfait? — Qui ne commet pas d'erreurs? — Laquelle était la plus riche en monuments et en objets d'art, de Rome ou d'Athènes? — Qui mérite le mieux de sa patrie, de Démosthène ou de Cicéron? — Lequel des deux déploya le plus[6] d'activité, montra le plus

---

1. Ablatif sans préposition. — 2. *Suus.* — 3. *In,* abl. — 4. Tournez : *un plus grand...* — 5. *Ubi.* — 6. Tournez : *la plus grande.*

grand génie militaire, et eut à vaincre les plus sérieux obstacles, d'Alexandre ou de César? — Qui prenez-vous pour guide? — Qui supporterait patiemment une telle injure? — Qui croyez-vous capable d'une pareille folie? — Qui n'a besoin parfois de consolations? — Qui dois-je interroger pour savoir la vérité? — A qui importe-t-il de travailler, si ce n'est à vous? — Par qui avez-vous été ainsi trompé? — Qui ne s'ennuie de vivre dans l'oisiveté? — Que répondrez-vous à mes objections? — Qu'avez-vous remarqué en lisant cet ouvrage? — Que nous interdit la loi? — Quoi de plus utile à l'homme que la persévérance?

Exercice 27. — (*Suite.*)

De quoi[1] ce vase est-il plein? — A quoi ce paresseux a-t-il passé [son] temps? — Par quoi commencerons-nous? — J'hésite entre ces deux élèves : à qui donner[2] la première place? — Nous sommes fort embarrassés : que dire à cette pauvre mère? — Quelles victoires a remportées Pompée? — A quels maîtres ces élèves ont-ils été confiés? — Quel profit avez-vous retiré de cette injustice? — Quel ennui vous a donné cette démarche? — Quelle heure cette horloge marque-t-elle? Onze heures. — Quels désastres ont causés les débordements de nos grands fleuves! — A quels dangers est exposée la vie du marin! — Qui attendez-vous? Mon père. — De quel philosophe Platon est-il le disciple? De Socrate. — A qui succéda Cambyse? A Cyrus. — De quels gens devons-nous rechercher l'amitié? Des gens de bien. — Qui a surtout besoin de conseils? Les jeunes gens. — A qui importe-t-il surtout d'étudier avec[3] zèle? A vous et à tous ceux qui doivent vivre de leur[4] travail[5].

---

1. *De quoi, à quoi, par quoi* se tournent par *de quelle chose, à quelle chose, par quelle chose,* et l'on exprime le mot *chose.* — 2. Souvent en français *qui* et *que* interrogatifs se construisent avec l'infinitif: *Qui appeler? que dire?* En latin il faut toujours qu'après ces pronoms interrogatifs le verbe soit à un mode personnel. On cherchera donc le *mode,* le *temps* et la *personne* qu'exige le sens de la phrase. — 3. Traduisez comme s'il y avait *avec un très-grand zèle.* — 4. *Suus.* — 5. Ablatif sans préposition.

Thème 30.

PYRRHUS ET CINÉAS.

Cinéas, ministre de Pyrrhus, roi d'Épire, voyant ce prince disposé à faire la guerre aux Romains, voulut le détourner de cette entreprise téméraire. « Seigneur, lui dit-il, si la fortune nous est [1] favorable, quel sera le fruit de notre victoire? — Toute l'Italie sera aussitôt à nous, répondit Pyrrhus; quoi de plus certain? — Mais, quand l'Italie sera prise, quel pays irons-nous soumettre? — La Sicile. — Et que ferons-nous ensuite? — Nous nous emparerons de Carthage et de l'Afrique. Qui pourra alors nous résister? La Macédoine et la Grèce viendront d'elles-mêmes [2] [se ranger] sous [3] nos lois. — Mais après toutes ces conquêtes, à quoi emploierons-nous notre temps? — Quel bonheur alors de nous reposer [4], et de consacrer nos loisirs aux distractions et aux fêtes! — Eh! seigneur, répondit Cinéas, qui donc avez-vous besoin d'asservir ; quels périls est-il nécessaire d'affronter, puisque vous pouvez goûter librement dès aujourd'hui ce repos qui vous est si cher? Nous sommes tranquilles en [5] Épire : restons-y [6] donc. » Lequel était le plus sage de Pyrrhus ou de Cinéas? Il est aisé de le voir. Néanmoins le roi n'écouta point les avis de [son] ministre, et, après de nombreuses défaites, il périt misérablement dans [7] une rue d'Argos [8], assommé par une tuile, que du haut d'un toit [9] une vieille femme lui jeta sur [10] la tête.

---

1. Traduisez comme s'il y avait : *si la fortune nous aura favorisés.* — 2. *Suâ sponte,* ou *ultro.* — 3. *In* ou *sub* et l'acc.— 4. Tournez : *avec quel bonheur nous nous reposerons...* — 5. *In,* abl. — 6. *Hic.* — 7. *In,* abl. — 8. Tournez : *à Argos.* Ablat. sans préposition. — 9. Du haut de, *e* ou *ex* et l'abl. — 10. *In,* acc.

SUR LA MANIÈRE D'INTERROGER, DE COMMANDER, DE DÉFENDRE.

RÈGLES.

Num (1) dormis? — Non dormio. *Dormez-vous? — Non.*

Vidistine regem? — Vidi. *Avez-vous vu le roi? — Oui.*

Nonne vidisti regem? — Non vidi. *N'avez-vous pas vu le roi? — Non.*

Quum cœnaverat, abibat. *Avait-il soupé, il s'en allait.*

Puer abige muscas. *Laquais, chassez les mouches.*

Abeat proditor. *Qu'il s'en aille, le traître.*

Ne insultes *ou* ne insulta miseris (2); *ou bien* Noli insultare miseris (3). *N'insultez pas les malheureux.*

Ne dicat. *Qu'il ne dise pas.*

OBSERVATIONS. — (1) *An*, que Lhomond indique aussi, ne doit pas se mettre en tête d'une phrase. Il en est de même de *annon*. Ces deux particules ne se placent que dans la seconde partie d'une interrogation à deux membres. Ex. : *Vigilas ne an dormis* ou *Utrum vigilas an dormis*, êtes-vous éveillé ou dormez-vous? — (2) Avec *ne* mettez plutôt le subjonctif; l'impératif ne se trouve guère qu'en poésie. — (3) *Noli, nolite*, impératif de *nolo* (je ne veux pas), équivalent au français *n'allez pas*, avec un infinitif.

Exercice 28.

Denys le Tyran était-il heureux? Non. — Les paresseux sont-ils approuvés de [leurs] condisciples? Non. — Celui qui ne travaille pas devient-il savant? Non. — Aimez-vous à lire les œuvres d'Homère et de Virgile? Oui. — Vous repentez-vous de votre paresse? Oui. — Avouera-t-il [sa] faute? Oui. — L'honnête homme n'est-il pas plus heureux que le méchant? Oui. — Auguste ne fut-il pas plus habile que César? Oui. — Ne partirez-vous pas avec votre père? Non. — N'aviez-vous pas été informé de notre arrivée? Non. — Entend-il venir quelqu'un, il s'enfuit aussitôt. — Le soleil paraît-il, à l'instant je quitte la maison. — Ont-ils retenu quelques vers, ils les récitent à tout venant. — Jeunes élèves, suivez bien les conseils que je vous donne, livrez-vous avec ardeur au travail, et vos efforts seront récompensés. — Que le profane soit écarté de ces lieux. — Veillez toujours aux intérêts de la patrie. — Travaillez, prenez de la peine; car le travail est un trésor.—Bravons le courroux de la tempête. — Que l'équité nous guide. — Ne faites pas à autrui ce que vous ne voudriez pas qu'on vous fît [1]. — Ne cédez jamais aux caprices de cet enfant. — Qu'il ne compte plus sur ma protection. — Que les paresseux ne s'attendent pas à l'indulgence du maître.—N'allez pas vous commettre avec ces misérables. — Ne va pas chercher querelle à plus fort que toi. — Que le riche n'oublie pas les souffrances du pauvre. —Ne nous décourageons pas quand la fortune nous abandonne.

Thème 31.

MARIE STUART ET ANNA SA NOURRICE DANS LE JARDIN DE LA PRISON.

ANNA. — Je ne peux pas vous suivre. Arrêtez-vous donc.

MARIE. — Non, laisse-moi jouir de ma récente liberté, laisse-moi redevenir enfant. Laisse-moi sur [2] ce gazon vert essayer mon agilité. Suis-je sortie pour toujours de [3] ma prison obscure? Réponds-moi. Ce triste tombeau ne me tient-il plus renfermée?

ANNA. — Hélas! chère maîtresse, ne vous abandonnez pas à cette douce illusion. Notre cachot n'est pas loin d'ici [4]; seulement l'épais feuillage des arbres nous en dérobe la vue.

MARIE. — Ah! je rends grâce à cet aimable feuillage qui me cache les murs de ma prison! Je veux m'imaginer que [5] je suis libre et heureuse; ne me rappelle pas mon infortune! Je suis libre: la voûte du ciel ne se déploie-t-elle pas autour de moi? N'aperçois-je pas les montagnes qui sont les frontières de mon royaume? Ces nuages que le vent chasse ne dirigent-ils pas [leur] course vers la France? Nuages rapides, vaisseaux aériens, ne pourrais-je pas voyager avec vous? Hélas! non! Portez du moins mes

---

1. Tournez : *être fait à vous.* — 2. *In,* abl. — 3. *E* ou *ex,* abl. — 4. *Hinc.* — 5. Tournez : *moi* (acc.) *être libre et heureuse.*

vœux à cette terre chérie où [1] j'ai passé ma jeunesse! Que ce beau pays sache que je ne l'ai pas oublié [2]! Je suis prisonnière, je n'ai pas d'autres messagers que vous! Mais êtes-vous libres? Pouvez-vous exaucer mes souhaits? Oui, votre course est libre à travers les airs; vous n'êtes pas soumis à la méchante reine qui m'opprime.

SYNTAXE DES PARTICIPES.

RÈGLES.

Gallus escam quærens margaritam reperit. *Un coq cherchant de la nourriture, trouva une perle.*

Cicero orationem habiturus. *Cicéron devant prononcer un discours.*

Puer interrogatus respondit. *L'enfant ayant été interrogé, répondit.*

Interrogandus timebat. *Devant être interrogé, il craignait.*

Urbem captam hostis diripuit (1). *La ville ayant été prise, l'ennemi la pilla.*

Civibus ferro necandis victor pepercit. *Les citoyens devant être passés au fil de l'épée, le vainqueur leur pardonna.*

Partibus factis sic locutus est leo (2). *Les parts étant faites, le lion parla ainsi.*

OBSERVATIONS. — (1) On traduirait de même en latin cette phrase plus élégante : L'ennemi prit la ville et la pilla. — (2) L'ablatif absolu peut s'employer en substituant au participe certains substantifs qui expriment l'action du verbe, comme *consul, dux, comes, auctor, testis, judex, magister, magistra, præceptor,* etc. Ex. : *Judice Polybio,* pour *judicante,* Polybe étant juge; et même certains adjectifs comme *vivus.* Ex. : *Vivo Cæsare,* du vivant de César.

Exercice 29.

Xerxès ayant été vaincu prit la fuite. — Rompu par l'effort de la tempête, le chêne écrasa dans sa chute [3] les moissonneurs abrités sous [4] [son] feuillage. — L'incendie ayant été mal éteint se ralluma pendant [5] la nuit. — Il se sépara de son fils en versant [6] des larmes. — Les barbares mar-

___

1. *Ubi.* — 2. Tournez : *moi* (acc.) *ne pas être oublieuse de lui;* et traduisez *lui* par *sui. sibi, se.* — 3. Tournez : *en tombant* (gérondif). — 4. *Sub,* abl. — 5. (Pendant) *la nuit,* à l'ablatif. — 6. Le participe présent précédé de *en* se traduit par le participe présent en latin, et non par le gérondif en *do,* quand il exprime simplement une action que l'on fait en même temps qu'une autre.

chent au [1] combat en poussant des cris. — Devant combattre un ennemi supérieur en [2] nombre, Alexandre ranima par d'éloquentes paroles la confiance de [ses] soldats. — La Grèce ayant été soumise, les Romains lui donnèrent le nom d'Achaïe. — Jugurtha, ayant été fait prisonnier, les Romains le jetèrent dans [3] un cachot humide et malsain, nommé le Tullianum. — Les transfuges ayant été reçus dans [4] le camp, Annibal connut par eux les projets de l'ennemi.—Les fils ayant accompagné leur [5] père, le roi exigea d'eux le même serment. — Romulus bâtit une ville sur [6] le mont Palatin, et [7] l'appela Rome.—Le général carthaginois découvrit le piége et l'évita. — Transporté de colère, il tira son épée et la brisa. — Alexandre prit la coupe et la but.— La paix ayant été conclue, l'armée victorieuse évacua le pays. —Philippe étant mort, le pouvoir suprême passa aux [8] mains d'Alexandre. — Le détroit franchi, l'armée romaine commença en [9] Sicile une longue série de victoires. — Sous le consulat de Varron et de Paul-Émile [10], Annibal remporta une éclatante victoire dans [11] les plaines de Cannes. — A la mort de Caligula, les soldats donnèrent l'empire à Claude. —Du vivant de Tibère, la vie des meilleurs citoyens de Rome était à la merci des délateurs. — L'homme apprend la patience à l'école [12] de la pauvreté.

Thème 32.

LA VERSION DES SEPTANTE.

A la mort de Ptolémée Soter, roi d'Égypte, [son] fils Ptolémée Philadelphe lui succéda. Ce prince, qui aimait les sciences et favorisait les savants, dota la ville d'Alexandrie d'une riche bibliothèque, où [13] il rassembla les ouvrages les plus rares et les plus fameux de l'univers. Le nom de la Bible ayant été prononcé devant lui, et des explications lui ayant été données au sujet de ce livre, il fut

---

1. *Ad*, acc. — 2. Ablatif sans préposition. — 3. *In*, acc. —4. *In*, acc. — 5. *Suus.* — 6. *In*, abl. — 7. Voy. p. 53, OBSERVATIONS (1). — 8. Tournez : *à Alexandre (ad*, acc.). — 9. *In*, abl. — 10. Voy. p. 53. OBSERVATIONS (2). — 11. *In*, abl. — 12. Tournez : *la pauvreté [étant] maîtresse.* — 13. Tournez : *dans (in*, acc.) *laquelle.*

curieux de posséder un tel ouvrage. S'adressant donc au grand-prêtre Éléazar, il lui envoya des ambassadeurs chargés de présents magnifiques. Éléazar fit à la députation l'accueil le plus favorable, et, le désir du roi lui ayant été exposé, il s'empressa de le satisfaire. Les envoyés reçurent une copie exacte de la loi de Moïse, écrite en [1] lettres d'or, et, sur l'invitation du grand-prêtre [2], soixante-dix Juifs, choisis parmi les plus savants, les accompagnèrent en [3] Égypte, pour [4] traduire en grec les saintes Écritures. Ptolémée, touché de ces marques d'amitié, combla de soins et d'attention les soixante-dix interprètes, les logea dans [5] son [6] palais, et ordonna de [7] leur fournir largement tout ce qui leur était nécessaire. Encouragés par la bienveillance de ce prince, les Juifs se mirent à l'œuvre avec une ardeur extraordinaire. Leur traduction ayant été achevée en soixante-douze jours [8], ils la lurent en présence du roi et de ses [9] ministres. Ptolémée admira beaucoup la profonde sagesse des lois de Moïse, et, témoignant [sa] satisfaction aux interprètes, il les renvoya dans [10] leur [11] patrie avec de riches présents.

---

1. (En) *lettres* à l'ablatif, sans prép. — 2. Tournez : *le grand-prêtre invitant.* — 3. *In,* acc. — 4. Tournez : *afin que* (ut) *ils traduisissent.* — 5. *In,* abl. — 6. *Suus.* — 7. Tournez : *il ordonne tout…. être fourni…* — 8. Ablatif sans prép. — 9. *Ejus.* — 10. *In, acc.* — 11. *Suus.*

SYNTAXE DES PRÉPOSITIONS.

NOMS DE MATIÈRE ; DE MESURE, DE DISTANCE ET D'ESPACE ; DE L'INSTRUMENT, DE LA CAUSE, ETC.; DU PRIX, DE LA VALEUR.

RÈGLES.

Vas ex auro. *Un vase d'or.*

Signum æneum. *Une statue d'airain*

Velum longum tres ulnas *ou* tribus ulnis (1). *Un voile long de trois aunes.*

Abest viginti passibus (2). *Il est éloigné de vingt pas.*

Duobus digitis major me non es. *Vous n'êtes pas plus grand que moi de deux doigts.*

Abhinc (3) decimo passu *ou* abhinc ad decimum passum cecidit (4). *Il est tombé à dix pas d'ici.*

Ferire gladio. *Frapper de l'épée ou avec l'épée.*

Fame interiit. *Il mourut de faim.*

Vincis formâ, vincis magnitudine (5). *Vous l'emportez en beauté, en grandeur.*

Teneo lupum auribus. *Je tiens le loup par les oreilles.*

Hic liber constat viginti assibus. *Ce livre coûte vingt sous.*

OBSERVATIONS. — (1) Il est préférable de mettre à l'accusatif le nom de mesure placé après un adjectif ou un verbe. Après un substantif, le nom de mesure se met au génitif. Ex. : Un fossé de quinze pieds, *quindecim pedum fossa.* — (2) Avec *abest* et *distat*, le nom de distance se met indifféremment à l'accusatif ou à l'ablatif, mais, avec les autres verbes, il se met le plus souvent à l'accusatif. Quant au lieu à partir duquel on compte la distance, on le construit à l'ablatif avec *a* ou *ab*. Ex. : Cette ville est située à cent pas de la mer, *hæc civitas centum passus a mari sita est.*— (3) N'employez pas *abhinc*, qui ne se construit qu'avec un nom de temps. Si la clarté de la phrase exige que vous rendiez *d'ici*, traduisez-le par *hinc*. — (4) Lhomond donne ici comme règle générale une exception qui a lieu dans le cas où le nom de distance est exprimé par le mot *lapis*, pierre milliaire. Ex. : Il est tombé à quatre milles de Rome, *quarto ab urbe lapide* ou *ad quartum ab urbe lapidem cecidit.* L'exemple de Lhomond n'est donc pas à imiter ; et il faut dire, en mettant le nom de distance à l'accusatif sans préposition, et en se servant du nombre cardinal : *Decem passus hinc cecidit.* On pourrait également dire à l'ablatif : *Decem passibus hinc cecidit*, mais ce serait moins bon. Voyez à ce sujet le n° 2 de ces OBSERVATIONS. — (5) *Avec*, suivi d'un nom de manière, se rend également par l'ablatif, et, s'il n'y a pas d'adjectif dans le français, il faut en ajouter un dans le latin, ou bien tourner par un adverbe. Ex. : On combattit avec ardeur, *summo ardore* ou *fortiter pugnatum est.*

Exercice 30.

Les dieux donnèrent à Pélops une épaule d'ivoire. — La statue du dieu était assise sur[1] un trône d'argent massif. — Les hommes eurent d'abord des armes de pierre, puis de bronze, et, en dernier lieu, de fer. — Le détroit de Gadès est large de dix mille pas. — Le roi construisit un mur haut de quarante coudées. — Selon les géographes de l'antiquité, l'isthme de Corinthe a dix mille pas de largeur[2]. — César fit[3] élever un mur de six cents pas. — La pyramide de Chéops fut bâtie avec des pierres de trente pieds. — Lorsque tu vogues vers[4] l'Égypte, et que tu es encore à douze heures de distance du rivage, jette la sonde, et tu ramèneras du limon, quoique la profondeur soit de onze brasses. — La distance d'Athènes à Pise est de quatorze cent[5] quatre-vingt-cinq stades. — Il y a dix-huit cents stades de Thèbes à Eléphantine. — Ma maison de campagne est située à trois cents pas de la ville. — Mars est plus long que Février de trois jours. — Mon jardin est de moitié plus grand que le vôtre. — Les légions étaient campées à quatre milles de Crémone. — Ce village est situé à vingt milles de Londres.

Exercice 30. — (*Suite.*)

Jules César voulut l'écarter de la main. — Ceux qui fondaient une ville, en traçaient l'enceinte avec le soc de la charrue. — Tarquin, avec une baguette, se mit à abattre les têtes des plus hauts pavots. — Ce jeune homme est malade d'ennui. — Tous les voyageurs tremblaient de froid. — Tout mon sang se glaça d'épouvante. — Alexandre traita avec respect la mère, la femme et les filles de Darius. — Démosthène lutta avec acharnement contre Philippe. — Les Gaulois égalèrent en courage les soldats de César. — Le roi alla au-devant de lui, et le prit par la main. — Jugurtha était beau de visage, robuste de corps et ferme de carac-

---

1. *In*, abl. — 2. Tournez : *est large de...* — 3. Tournez : *ordonna un mur* (acc.) *être élevé.* — 4. *Ad* (acc.). — 5. Tournez toujours *onze cents, douze cents*, etc., par *mille cent, mille deux cents*, etc.

tère. — Le père de Tarquin était Grec d'origine. — Le vigoureux athlète saisit son[1] adversaire par le cou et le renversa. — La conquête de l'Espagne coûta beaucoup de sang aux Romains. — Cette bague vaut deux cents sesterces. — La livre de pain valait un as.

Thème 33.

UNE AMBASSADE ROMAINE AU[2] PALAIS D'ATTILA.

Le palais d'Attila s'élevait au milieu[3] des plaines désertes de la Scythie, à soixante lieues environ du Danube. [C'] était un édifice grossier, construit tout en bois, flanqué de tours de la même matière, et environné d'une enceinte de planches. Il était long de deux cent cinquante coudées, large de deux cents et haut de trente. Lorsque le roi des Huns, accompagné des ambassadeurs romains qui venaient traiter avec lui, fut à peu près à cent pas du rempart, une troupe nombreuse de jeunes filles s'avança à sa rencontre[4], en chantant des vers à sa louange[5]. Des esclaves lui présentèrent à boire sur[6] une table d'argent massif, que soutenaient les principaux seigneurs. Attila, sans[7] descendre de cheval, prit une coupe pleine de vin, en but quelques gouttes, et entra dans[8] le palais. Le lendemain, il invita les ambassadeurs à[9] un festin solennel. Tous les convives étaient servis dans[10] de la vaisselle d'or et d'argent; Attila ne fit usage que[11] de vases de bois, et ne mangea que d'une seule espèce de mets.

Thème 34.

UNE AMBASSADE ROMAINE AU PALAIS D'ATTILA. — (*Suite.*)

Le prince, plus petit d'un pied que les soldats qui composaient [sa] garde particulière, mais remarquable par [sa] démarche fière et [son] air menaçant, se distinguait encore de tous [ses] compagnons par [sa] frugalité, et par la sim-

---

1. *Suus.* — 2. *Ad*, acc. — 3. *In*, abl. — 4. Tournez : *au-devant de lui, Obviam* dat. — 5. Tournez : *en l'honneur de lui, In*, acc. — 6. *In*, abl. — 7. Tournez : *ne descendit pas.* — 8. *In*, acc. — 9. *Ad*, acc. — 10. *In*, abl. — 11. Tournez : *seulement.*

plicité de [son] extérieur. Ses [1] habits, [ses] armes, [sa] chaussure, les harnais de [ses] chevaux n'étaient enrichis d'aucun ornement ; il laissait à ses [2] officiers l'usage de l'or et des pierreries. Sur le soir, entrèrent dans [3] la salle du festin deux poëtes, qui chantèrent les hauts faits d'armes d'Attila. Ce récit embrasait les jeunes gens d'une ardeur guerrière qui étincelait dans [4] leurs [5] yeux, et les vieillards pleuraient de regret de [6] ne plus pouvoir prendre part à ces exploits. L'austère sobriété du roi barbare, l'amour passionné que lui montraient ses [7] soldats, et leur [8] impatience manifeste de le suivre encore à la victoire, frappèrent les Romains de surprise et de terreur. Aussi s'empressèrent-ils de demander la paix.

NOM DE TEMPS.

QUESTION QUANDO. — **QUESTION** QUAMDIU.

RÈGLES.

Veniet die dominicâ. *Il viendra dimanche.*
Veniet horâ tertiâ. *Il viendra à* trois heures.
Regnavit tres annos *ou* tribus annis. *Il a régné trois ans.*

Exercice 31.

Rome fut fondée l'an sept cent cinquante-trois avant Jésus-Christ. — Les jours suivants, les Lacédémoniens ne quittèrent pas [leur] camp. — Au printemps les abeilles sortent de [leurs] ruches. — Les roses commencent à fleurir au mois de mai. — En automne et en hiver la chasse est un exercice fort agréable. — Les jeux olympiques étaient célébrés tous les quatre ans [9]. — Mon fermier me paye tous les six mois. — Toutes les deux heures la fièvre reparaissait. — Le courrier part tous les deux jours. — Tibérius Gracchus fut tué dans [10] une émeute

---

1. *Ejus.* — 2. *Suus.* — 3. *In*, acc. — 4. *In*, abl. — 5. *Eorum.* — 6. Tournez : *parce qu'ils ne pouvaient plus.* — 7. *Suus.* — 8. *Eorum.* — 9. Pour marquer le retour périodique d'une action on ajoute au nombre ordinal l'ablatif de *quisque*, en ayant soin de le placer entre le nom de nombre et le nom de temps. Ex. : Tous les cinq jours, *quinto quoque die.* — 10. *In*, abl.

l'an de Rome [1] six cent vingt, et Caius périt de la même manière douze ans après [2]. — Constantin parvint à l'empire l'an trois cent trente-six de notre ère [3]. — Paul est né le vingt-sept mars mil huit cent quarante-trois [4] et son [5] ami six années auparavant. — L'été commence le vingt et un juin. — Napoléon Ier fut proclamé empereur le dix-huit mai mil huit cent quatre. — La guerre des Gaules dura neuf ans. — Louis Quatorze régna soixante-douze ans. — Pendant cinq ans Alexandre eut Aristote pour précepteur. — Les assiégés résistèrent deux mois. — Mon frère a été huit jours malade.

Thème 35.

SOPHOCLE.

Sophocle naquit à [6] Colone, en [7] Attique, cinq siècles avant notre ère, la deuxième année de la soixante et onzième Olympiade, c'est-à-dire l'an quatre cent quatre-vingt-quinze avant Jésus-Christ. Dès [sa] tendre jeunesse, il s'exerça dans la poésie lyrique, mais bientôt son [8] génie l'entraîna vers une carrière plus vaste et plus glorieuse : il aspirait aux brillants succès du théâtre. A cette époque, Eschyle, surnommé le père de la tragédie, né en cinq cent vingt-cinq, trente ans avant Sophocle, était en possession de la scène. Ce grand homme, fier des cinquante-deux couronnes que lui avait décernées l'admiration de [ses] concitoyens, crut pouvoir [9] l'emporter sans peine sur le jeune rival qui voulait lui disputer la faveur du public. Mais Sophocle débuta par un coup de maître ; Eschyle vaincu en conçut un vif dépit, et, quelques jours après,

---

1. Tournez : *depuis* (*ab* et l'ablatif) *la Ville fondée.* — 2. A la question *quando*, lorsque dans le français *avant* et *après* n'ont pas de complément, *ante* et *post* s'emploient comme adverbes et se placent de la manière suivante : Cinq ans après, *quinto anno post*, et mieux *quinto post anno.* On se sert également bien du nombre cardinal : *quinque post annis.* On peut encore, dans ces sortes de phrases, employer *ante* et *post* comme prépositions, et mettre le nom de temps à l'accusatif ; mais dans ce cas c'est toujours du nombre cardinal qu'il faut se servir. Ex. : *Post quinque annos profectus est*, il partit cinq ans après. — 3. Tournez : *après le Christ.* — 4. Lorsqu'on a une date à traduire, il faut toujours exprimer en latin le mot *jour* et le mot *année* sous-entendus en français, et mettre le nom du mois au génitif. — 5. *Ejus.* — 6. (A) *Colone*, au génitif. — 7. *In*, abl. — 8. *Suus.* — 9. Tournez : *crut soi* (acc.) *pouvoir....*

quittant Athènes qu'il accusait d'injustice, il se retira à Syracuse [1] où [2] il mourut trois ans plus tard.

Thème 36.

SOPHOCLE. — (*Suite*).

Un si beau triomphe devait assurer pour jamais à Sophocle l'empire du théâtre ; mais le jeune Euripide entra dans [3] la lice, et, pendant un grand nombre d'années, rivalisa de talent avec lui. Néanmoins Sophocle eut presque toujours l'avantage. Vingt fois il eut l'honneur de remporter le prix, et, quand il ne fut pas vainqueur, il obtint toujours le second rang, jamais le troisième. A l'âge de la décrépitude, il conserva toute la force de [son] génie; que dis-je? [ce fut] précisément au déclin de [sa] vie [que] ce génie merveilleux parvint à [son] apogée, en produisant deux admirables chefs-d'œuvre, le Philoctète et l'Œdipe à Colone [4]. Sophocle mourut dans la troisième année de la quatre-vingt-treizième Olympiade, l'an quatre cent six avant notre ère, six mois après Euripide, et un an avant la prise d'Athènes par Lysandre. Il avait vécu quatre-vingt-neuf ans.

QUESTION A QUO TEMPORE. — **QUESTION** QUANTO TEMPORE.

RÈGLES.

Tertium annum regnat. *Il y a trois ans qu'il règne.* Abhinc (1) tribus annis *ou* abhinc tres annos mortuus est. *Il y a trois ans qu'il est mort (2).*	Deus mundum creavit intra sex dies (3). *Dieu créa le monde en six jours.* Post tres dies proficiscar. *Je partirai dans trois jours.*

OBSERVATIONS. — (1) *Abhinc* signifie : *à partir de ce moment* en reculant dans le passé ; il se joint toujours au nombre cardinal et se place le premier, comme dans l'exemple. — (2) L'âge s'exprime par l'accusatif avec le participe *natus*. Ex.: Agé de trente-trois ans, *Annos tres et triginta natus*, m. à m. né depuis trente-trois ans. Quand l'année que l'on désigne n'est pas accomplie, on emploie *agere* avec le nombre ordinal. Ex. : Il était dans sa seizième année, *Annum agebat sextum decimum*. — (3) A la question *quanto tempore*, il vaut mieux employer l'ablatif. Ex.: Vous avez achevé quatre tragédies en seize jours, *Quatuor tragœdias sexdecim diebus absolvisti*. Mais on se sert de *intra* avec l'accusatif, quand on veut marquer la limite en

---

1. Accus. sans prép. — 2. *Ubi.* — 3. *In,* acc. — 4. V. le dict. des n. propres.

dedans de laquelle une chose a lieu. Ainsi dans *Deus mundum creavit intra sex dies*, *Intra* indique que Dieu n'a mis que six jours, et qu'il ne les a pas dépassés.

Exercice 32.

Il y a huit ans que je n'ai vu votre frère. — Il y a cinq ans que je remplis ces fonctions. — Depuis trois ans ma santé s'améliore. — Depuis douze ans je n'ai pas reçu une seule lettre de lui. — Il y a deux mois que je demeure dans [1] cette ville. — Louis Quinze monta sur [2] le trône à l'âge de cinq ans. — Alexandre Sévère fut proclamé empereur à l'âge de quatorze ans, et il était dans [sa] vingt-huitième année, quand il fut égorgé par [ses] soldats. — Il y avait quatorze ans que Néron exerçait [sa] détestable tyrannie, quand les Romains l'abandonnèrent [3] pour passer du côté de Galba ; afin [4] d'échapper au supplice, il se perça de [son] poignard, et mourut dans [sa] trente-deuxième année. — Auguste mourut à soixante-seize ans. — En six jours César franchit l'espace qui le séparait de [ses] ennemis. — Cet habile médecin a guéri [son] malade en dix jours. — Je dois achever ce travail en cinq jours, car dans six jours je serai obligé de m'absenter. — Nous sommes revenus de [5] l'Inde en deux mois. — En dix ans ce général a franchi tous les grades de l'armée. — Le navire mit aussitôt à la voile, car, pour [6] rentrer au [7] port le jeudi suivant, il devait remplir [sa] mission en cinq jours. — La réponse nous arrivera dans six mois. — Le canal sera achevé dans quatre ans. — Vous expliquerez dans deux ans les poésies de Virgile. — Nous aurons appris dans quinze jours la première partie de la grammaire latine.

Thème 37.

LE VILLAGEOIS ET LES CHARDONNERETS.

« Père, disaient les enfants d'un villageois, voilà déjà bien des années que vous êtes seul ; vous vivez dans [8] la

---

1. *In*, abl. — 2. *In*, acc. — 3. Tournez : *passèrent de lui à Galba (deficere ab aliquo ad aliquem)*. — 4. Tournez : *afin qu'il échappât (ut* avec le subj.). — 5. *Ex*, abl. — 6. Tournez : *afin qu'il rentrât (ut* avec le subj.). — 7. *In*, acc. — 8. *In*, abl.

retraite, et vous ne dépensez pas le quart de votre fortune. Donnez-nous votre bien : nous vous nourrirons jusqu'à la fin de vos jours, et votre argent nous aidera dans[1] nos affaires. » Le paysan, qui avait une rare sagacité, promit de[2] leur rendre réponse dans deux mois. Il prit alors un nid de chardonnerets, et enferma les petits dans[3] une cage placée en dehors de [sa] fenêtre. Chaque jour le père et la mère vinrent apporter la nourriture aux captifs, et les enfants du villageois admirèrent beaucoup leur[4] tendresse et [leurs] soins assidus. Quelque temps après, quand la jeune famille fut âgée d'environ deux mois, et put se suffire à elle-même, notre campagnard attrapa le père et la mère, les mit dans[5] la cage, et donna la liberté à [leurs] petits. Les jeunes chardonnerets oublièrent leurs[6] parents, qui en quelques jours moururent de faim. « Vous le voyez, mes enfants, dit le villageois, il ne faut[7] pas trop compter sur la tendresse de ceux auxquels on[8] a donné le jour.»

NOM DE LIEU.

QUESTION UBI. — **QUESTION** QUO.

RÈGLES (1).

Sum in Galliâ, in urbe. *Je suis en France, dans la ville.*

Ambulat in horto. *Il se promène dans le jardin.*

Natus est Avenione (2), Athenis (3). *Il est né à Avignon, à Athènes.*

Habitat Lugduni, Romæ. *Il demeure à Lyon, à Rome.*

Estne domi? *Est-il à la maison?*

Cœnabam apud patrem (4). *Je soupais chez mon père.*

Eo in Galliam, in urbem. *Je vais en France, à la ville.*

Venerunt ad eumdem rivum. *Ils vinrent au même ruisseau.*

Ibo Lutetiam, Lugdunum. *J'irai à Paris, à Lyon.*

Eo rus, domum. *Je vais à la campagne, à la maison.*

Peto collegium. *Je vais au collége.*

Eo ad patrem, ad sacram concionem. *Je vais chez mon père, au sermon.*

---

1. *In*, abl. — 2. Tournez : *promit soi (acc.) devoir répondre.* — 3. *In*, acc. — 4. *Eorum.* — 5. *In*, acc. — 6. *Suus.* — 7. Tournez : *personne ne doit.* — 8. Tournez : *de ceux auxquels il a donné le jour.*

OBSERVATIONS. — (1) Consultez aussi le *Tableau synoptique* des adverbes de lieu de la question *ubi* et de la question *quo*. — (2) A l'exception de : *Hibernia*, l'Irlande, *Britannia*, la Bretagne, *Sardinia*, la Sardaigne, *Sicilia*, la Sicile, *Eubœa*, l'Eubée, considérées comme des contrées à cause de leur étendue, les noms d'îles suivent à toutes les questions de lieu la règle des noms de ville. Ex.: Il habite en Sicile, en Crète, *habitat in Siciliá, Cretæ*. Il se rendit en Corse, puis en Sardaigne, *Corsicam, deinde in Sardiniam trajecit* (T. Live). Si vous avez à traduire le nom d'une île inconnue aux anciens, exprimez la préposition, et ajoutez le mot *insula* (île) devant le nom propre. — (3) On dit aussi *rure* et mieux *ruri*, à la campagne, en sous-entendant la préposition. — (4) On met encore à l'accusatif avec *apud* ou *ad* le nom du lieu près duquel une chose se passe. Ex.: Etre assis près du feu, *sedere ad focum*. Annibal vainquit les Romains à la Trébie, *Annibal vicit Romanos ad Trebiam ;* à la bataille de Cannes, *in pugná apud Cannas*.

Exercice 33.

Varus périt en Germanie avec trois légions. — Le bruit de votre ruine court dans toute la ville. — Sémiramis vécut à Babylone. — A Mycènes, Junon était l'objet d'un culte particulier. — Nous vîmes à Élis une statue de Jupiter Olympien, chef-d'œuvre de Phidias. — Un incendie, allumé par Érostrate, éclata à Ephèse, et dévora le temple de Diane. — Tite-Live naquit à Padoue, et Virgile à Mantoue, dans la Gaule cisalpine. — Les Athéniens avaient des garnisons à Thasos et à Imbros. — Apollon et Diane naquirent à Délos. — Fatigué des orages du forum, Cicéron trouvait à la campagne le calme qu'il désirait. — Accablé de fatigue, le bœuf tombe par terre. — Chez les Romains, les femmes restaient à la maison, et filaient de la laine. — En temps de paix comme en temps de guerre, les Parthes sont toujours à cheval. — Ces plantes doivent rester dehors tout l'hiver. — Quitte la ville où tu es, car il est dangereux de rester là plus longtemps. — Partout où je suis, je me trouve heureux. — Creusez, fouillez la terre, un trésor est caché dedans. — Léonidas périt glorieusement aux Thermopyles. — Alexandre vainquit les Perses à la bataille d'Issus. — Virgile rencontrait souvent Horace chez Mécène.

Exercice 33. — (*Suite.*)

L'Himère, prenant [sa] source au centre de la Sicile, se divise en[1] deux parties, dont l'une[2] va se jeter dans la mer d'Afrique, et l'autre dans celle[3] d'Etrurie. — Pompée s'enfuit en Egypte. — La foule courut au bord de la mer. — Horace fit à Brindes un voyage qu'il raconte dans une de ses[4] épîtres. — Archias conduisit une colonie de Mégariens à Chalcédoine. — Europe fut transportée en Crète. — Les Corinthiens firent voile vers Corcyre. — Sur l'ordre du médecin, mon ami a emmené son[5] fils à la campagne. — Je vous attends chez moi[6]. — Il rentrera bientôt chez lui. — Nous resterons ce soir à la maison. — Nous allions chez toi. — Je cours chez le magistrat. — Tout le village s'était rendu au combat de taureaux. — César alla chez Pompée. — Nous irons avec plaisir au mariage de votre sœur. — Où va ce navire ? — Si tu ne veux[7] pas me recevoir, j'irai ailleurs. — Allons dehors. — Partout où vous irez, je vous suivrai. — Qui vient ici ? — Pénétrons au dedans.

Thème 38.

LE SOUHAIT.

Les rapides conquêtes d'Alexandre en Orient, et l'heureuse fortune de ses[8] généraux en Asie Mineure, en Egypte et en Syrie, avaient fortement frappé l'imagination des peuples. Plusieurs siècles après la mort du roi de Macédoine, tous les ambitieux en Grèce jetaient encore des regards avides sur ces merveilleuses contrées, où brillaient les plus belles espérances de richesse et de gloire. Pour se moquer de ce travers, Lucien, dans un de [ses] charmants dialogues, met en scène un pauvre sophiste, qui expose en ces termes[9] à des compagnons de voyage les hautes

---

1. *In*, acc. — 2. L'un, l'autre, *unus, alter.* — 3. Traduisez comme s'il y avait *dans la mer.* — 4. *Suus.* — 5. *Suus.* — 6. *Chez*, suivi d'un pronom personnel, se rend par *domi* à la question *ubi*, *domum* à la question *quo*, et *domo* à la question *unde*, quand ce pronom personnel représente le sujet du verbe. — 7. Au futur passé. — 8. *Ejus.* — 9. A l'abl. sans préposition.

destinées qu'il a rêvées. « Je voudrais être roi, mais commencer par[1] être chef de brigands, et ne devoir mon illustration qu'à moi-même. Je n'ai d'abord qu'une trentaine d'amis. Insensiblement trois cents hommes se joignent à nous, puis mille, puis dix mille ; enfin je compte bientôt dans mon armée cinquante mille hommes d'infanterie et cinq mille chevaux, et je me place au centre, selon l'usage des rois de Perse, quand ils commandent en personne.

Thème 39.

LE SOUHAIT. — (*Suite.*)

A Thèbes, à Athènes, rien ne peut nous résister ; nous marchons vers l'isthme, nous sommes à Corinthe ; vainqueurs sans coup férir, nous avons toute la Grèce en notre pouvoir. Embarquons-nous sur les trirèmes que nous trouvons toutes prêtes à Cenchrées, et faisons monter la cavalerie sur les vaisseaux de charge qui nous attendent dans le port. Nous levons l'ancre ; en un instant nous arrivons à Salamine, puis à Egine, et dans ces deux îles mon autorité est sur-le-champ reconnue. En route ! Voguons vers l'Ionie. Nous apercevons bientôt Milet, où nous débarquons sans difficulté ; nous prenons toutes les villes que l'ennemi a laissées sans défense ; nous plaçons des gouverneurs et des garnisons à Ephèse, à Priène, à Colophon, à Smyrne, à Clazomène et à Phocée. Nous passons en Carie, puis en Lycie. Là nous rencontrons des peuplades hostiles, mais nous en taillons quelques-unes en pièces dans les plaines de Sardes. Cette victoire effraie les autres, et, de quelque côté que nous tournions les yeux, ne trouvant plus d'ennemis à combattre, nous marchons sur la Pamphylie.

---

1. Tournez : *mais être d'abord…*

QUESTION UNDE. — QUESTION QUA. — OBSERVATIONS.

RÈGLES (1).

Redeo ex Galliâ, ex urbe. *Je reviens de la France, de la ville.*
Redeo Lugduno, Româ, rure, domo. *Je reviens de Lyon, de Rome, de la campagne, de la maison.*
Venio à patre, à venatione. *Je viens de chez mon père, de la chasse.*
Iter feci per Galliam, per Lugdunum (2). *J'ai passé par la France, par Lyon.*
Transiit urbem. *Il passa par la ville.*
Iter faciam per domum avunculi mei. *Je passerai par chez mon oncle.*
Constiterunt Corinthi, in loco nobili (3). *Ils s'arrêtèrent à Corinthe, lieu célèbre.*
Eo Romam, in urbem Italiæ. *Je vais à Rome, ville d'Italie.*
Redeo Lugduno, ex urbe Galliæ. *Je reviens de Lyon, ville de France.*
Habitat in urbe Lugduno. *Il habite dans la ville de Lyon.*
Habitat in domo Cæsaris, in rure amœno (4). *Il habite dans la maison de César, dans une campagne agréable.*

OBSERVATIONS. — (1) Consultez aussi le *tableau synoptique* des adverbes de lieu de la question *unde* et de la question *quà*. — (2) Le nom de lieu, à la question *quà*, peut se mettre à l'ablatif sans préposition, quand c'est le nom d'un chemin, d'une rue, d'une porte. Ex. : *Ibam viâ Sacrâ,* je passais par la voie Sacrée. — (3) A la question *quà*, la préposition *per*, étant exprimée devant le nom propre, ne se répète pas devant le nom commun. — (4) Le nom de ville prend également la préposition, quand il est accompagné d'un adjectif. Ex. : Il habite la grande Rome, *habitat in magnâ Româ.*

Exercice 34.

César sortit précipitamment de [son] camp. — Xerxès s'éloigna de la Grèce, et traversa la mer [en] fugitif. — Denys le Jeune fut exilé de Syracuse. — Diogène fut chassé de Sinope. — Je suis revenu de Londres par la Tamise, la mer du Nord, le Pas-de-Calais et la Manche. — Le jour où vous reveniez de la campagne, je partais de chez moi, et je me mettais en route pour l'Angleterre. — D'où venez-vous? De Naples. — Par où passez-vous? Par Turin, Milan, Florence et Rome. — D'ici je suis allé à Vienne, capitale de l'Autriche, et de là en Turquie. — Ce livre vient de Leyde, patrie des Elzévirs. — Par où passerez-vous pour vous rendre à Genève ? Par le chemin le plus court. — Je sors de chez mon maître. — Ces soldats revenaient de l'exercice. — Prenez par là, moi je prends par ici. — Nous sommes sortis du banquet à dix heures. — La limite des peuples italiens et gaulois était à Ancône, ville d'Italie. — Démosthène mourut à Calaurie, île du golfe d'Argos. — Syphax habitait dans la ville de Cirta. — Une opulente colonie romaine s'établit dans cette fameuse Carthage, qui pendant tant d'années avait été la rivale de Rome. — Ennius naquit à Rudies, ville d'Apulie. — De quelque part que viennent ces présents, je ne veux pas les recevoir. — Par quelque chemin que vous preniez, vous ne pourrez pas arriver à l'heure convenue. — Passez par chez le médecin. — Cette place forte doit être accessible par quelque endroit. — Nous sommes allés à Brindes par la voie Appienne. — L'armée sortit par la porte de Capène. — Nous passerons par Tolède, ville d'Espagne. — Ces nouvelles nous sont arrivées par Lisbonne, capitale du Portugal.

Thème 40.

LE SOUHAIT. — (*Suite*).

De la Pamphylie, nous nous dirigeons vers la Syrie, en passant à travers la Pisidie, la Cilicie maritime et la Cilicie montagneuse. Nous arrivons bientôt sur les bords de l'Euphrate ; là, je détache un corps d'armée, qui, par la Phénicie et la Palestine, se rend en Egypte, et proclame ma souveraineté dans Alexandrie, l'une de mes capitales préférées. Je franchis l'Euphrate sur un pont de bateaux, et je traverse toute la Mésopotamie sans difficulté. Au contraire, partout où je passe, les habitants sortent de chez eux, et, spontanément, viennent se ranger sous mes lois. Je marche sur Babylone, ville célèbre par la force de [ses] remparts ; j'y pénètre par surprise, et, sans aucune perte, je deviens maître de cette immense cité. Le roi des Parthes, qui habite alors Ctésiphon, résidence d'hiver des Arsacides, apprend notre invasion soudaine. Il part de cette ville en toute hâte, arrive à Séleucie, capitale de ses[1] États, et range [son] armée en bataille devant les murs. Mais la cavalerie nombreuse, la multitude d'archers et de frondeurs, que, en temps de paix comme en temps de guerre, il tient toujours sous les armes, ne lui semblent pas des forces assez considérables.

Thème 41.

LE SOUHAIT. — (*Suite.*)

A son appel, de Séleucie sortent par toutes les portes à la fois des milliers de citoyens; une foule immense de paysans accourent de la campagne, armés de faux, d'épieux et de fourches, et viennent grossir sa[2] formidable armée. Le roi attend encore des renforts qu'on lui amène[3] de la Bactriane et de l'Arménie par les voies les plus courtes; mais, avant leur[4] arrivée, je me hâte d'engager le combat. Mon aile gauche a bientôt mis les Mèdes en déroute; mais ailleurs la lutte se soutient à armes égales, car l'aile droite a affaire aux Perses, qui, sous la conduite du roi, font des prodiges de valeur. Je m'élance vers le monarque : je veux combattre corps à corps avec lui. Je reçois une légère blessure; irrité, je fonds avec fureur sur mon adversaire, et, d'un seul coup de javelot, je le perce d'outre en outre. Il tombe par terre, je lui tranche la tête devant ses[5] soldats étonnés, et, lui arrachant [son] diadème, je le pose sur mon front et je deviens roi.

---

1. *Suus.* — 2. *Ejus.* — 3. Tournez : *qui lui sont amenés.* — 4. *Eorum.* — 5. *Suus*

SYNTAXE DES ADVERBES.

RÈGLES.

Parum vini (1). *Peu de vin.*

Ubi terrarum? *En quel lieu du monde?*

Pridie calendarum *ou* calendas (2). *Le jour d'avant les calendes.*

Postridie iduum *ou* idus. *Le jour d'après les ides.*

En, ecce lupus (3). En, ecce lupum (4). *Voici, voilà le loup.*

Illius ergo. *A cause de lui ou pour l'amour de lui.*

Montis instar. *Comme une montagne.*

Ire obviam alicui. *Aller au-devant de quelqu'un.*

OBSERVATIONS. — (1) N'employez *parum* que si vous pouvez tourner *peu* par *trop peu, pas assez.* Quand *peu* signifie simplement *pas beaucoup*, traduisez-le par *non multum.* Il ne faut pas confondre *peu* avec *un peu*, qui se traduit par *paululum*, quand il signifie *une très-petite quantité*, et par *aliquantum*, quand il répond au français *une certaine quantité de, pas mal de.* — (2) *Pridie* et *postridie* veulent le génitif devant le mot *dies;* mais avec les mots *Calendæ, Nonæ, Idus*, etc., ils gouvernent toujours l'accusatif. — (3) *Voici, voilà* peuvent se traduire aussi par *hic, hæc, hoc.* Ex. : Voilà mes sortiléges, *hæc sunt mea veneficia.* — (4) L'accusatif n'est usité qu'en poésie.

Exercice 35.

Les sources tariront, parce qu'il a tombé peu de neige cette année. — Cette lampe contient beaucoup d'huile. — Versez-moi peu de vin. — Cette espèce de moutons donne plus de laine que les autres. — Mangez moins de pain. — Les brebis ne pouvaient plus donner assez de lait à [leurs] agneaux. — La Loire roule trop de sable dans [ses] eaux. — En quel endroit de la terre n'ai-je point porté mes pas? — De quel lieu du monde revenez-vous? — Par quel endroit de l'Allemagne nos troupes n'ont-elles point passé? — Il en est venu à ce point d'arrogance! — Un peu d'herbe leur suffit. — Il faut avoir un peu d'audace. — Ces plantes n'aiment pas la sécheresse; il faut leur donner un peu d'eau. — Il n'est pas riche : il possède un petit coin de terre, où il récolte un peu de blé. — L'année finit la veille des calendes de janvier.

Exercice 35. — (*Suite.*)

Nous rentrerons en classe la veille des nones d'octobre,

c'est-à-dire le six de ce mois. — Les jours qui venaient le lendemain des calendes, des nones et des ides, étaient appelés jours funestes par les Romains. — Il est venu la veille du jour où nous sommes partis. — Vous m'avez remis votre travail le lendemain du jour que je vous avais fixé. — Voici l'heure à laquelle je dois partir. — Voilà Palémon. — Voici les deux livres que vous m'avez demandés. — Voilà la part qui vous revient. — Je vous pardonne à cause de votre père. — Voilà les persécutions qu'ils ont endurées pour l'amour de la vérité. — L'édifice est, comme une citadelle, posé au sommet de la montagne. — Comme une tempête furieuse, Attila dévastait tous les pays qu'il traversait. — Tous les citoyens coururent au-devant du vainqueur. — Je ne puis vous accompagner, mais j'irai au-devant de vous.

Thème 42.

LES LANGOUSTES D'APICIUS.

Apicius s'était retiré à Minturnes, en Campanie, et il préférait ce séjour aux sites les plus ravissants de toute l'Italie. Pourquoi? Etait-ce parce que les arbres y donnaient plus d'ombre et de fraîcheur? Parce que l'air y était plus doux, le ciel plus pur? Non. Il avait choisi cette ville entre toutes les autres, parce qu'en aucun lieu du monde on ne pêchait de plus belles langoustes. Un jour, cet insigne gourmand apprend une intéressante nouvelle : on a découvert, lui dit-on, sur la côte d'Afrique, des langoustes d'une grandeur jusqu'alors inconnue, et déjà une foule de pêcheurs, désireux de satisfaire Apicius, préparent [leurs] filets [tout exprès] pour lui. Apicius demande sur l'heure un navire. « Je ne puis attendre, s'écrie-t-il. J'ai déjà perdu trop de temps. Si Apicius partait le lendemain du jour où il a reçu une si heureuse nouvelle, il serait déshonoré. » Bref, il s'embarque le jour même, et bientôt l'Afrique est en vue. Le bruit de son[1] arrivée se répand, et, [rapide]

---

1. *Ejus.*

comme l'éclair, court parmi les pêcheurs ; aussitôt ils vont au-devant de lui, et lui présentent leur[1] marchandise. « Voici les plus belles, s'écrient-ils, en lui offrant d'énormes langoustes. » Apicius regarde : « Vous n'en avez pas de plus grosses ? » Et sur leur réponse négative : « Retournons à Minturnes, » reprit-il en s'adressant à [son] pilote, et il revint en Italie sans avoir débarqué[2].

SYNTAXE DES CONJONCTIONS.

RÈGLES.

Quum Athenæ florerent (1). *Lorsque la ville d'Athènes florissait.*

Quum id velis. *Puisque vous le voulez.*

Quum id volueris. *Puisque vous l'avez voulu.*

Dum canis ferret carnem (2). *Tandis qu'un chien portait de la chair.*

Clitellas dum portem meas. *Pourvu que je porte mon bât.*

Id si faceres, si fecisses causâ meâ (3). *Si tu le faisais, si tu l'avais fait à cause de moi.*

Si veneris, pergratum mihi feceris. *Si vous venez, vous me ferez plaisir.*

Hunc librum si leges, lætabor. *Si vous lisez ce livre, j'en serai charmé.*

Luce ut quiescam (4). *Afin que je repose pendant le jour.*

Ut aiunt. *Comme on dit.*

Ut ab urbe discessi. *Dès que je fus éloigné de la ville.*

OBSERVATIONS. — (1) *Quum* signifiant *lorsque, quand,* se construit avec l'imparfait et le plus-que-parfait de l'indicatif, quand il s'agit d'une action habituelle, et qu'on peut tourner *lorsque, quand,* par *toutes les fois que.* Ex.: *Quum patrem videbat, lætabatur,* quand il voyait son père, il était joyeux. — *Quum cœnaverat, abibat,* lorsqu'il avait soupé, il s'en allait. — (2) *Dum,* dans le sens de *tandis que, pendant que,* veut toujours l'indicatif. L'exemple cité par Lhomond n'est pas à imiter. — (3) Devant tous les temps *si* gouverne l'indicatif, quand il peut se tourner par *lorsque, toutes les fois que.* Ex.: *Stomachabatur senex, si quid asperius dixeram,* le vieillard se fâchait, si j'avais dit quelque chose d'un peu sévère. — (4) Quand *afin que, pour* sont suivis d'un comparatif, on les traduit par *quo* au lieu de *ut.* Ex.: Afin que je repose plus longtemps, *quo diutius quiescam.*

Exercice 36.

Quand le père rentre chez lui, tout le monde est heureux. — Quand Octave se présenta aux soldats de Lépide,

1. *Suus.* — 2. Tournez : *n'étant pas sorti du vaisseau.*

tous s'empressèrent d'abandonner leur [1] ancien général. —
Lorsque vous partirez, emmenez mon frère avec vous. —
Quand nous aurons achevé ce travail, nous aurons bien
gagné le droit de nous reposer. — Quand Alexandre était
encore enfant, il se montrait déjà passionné pour la gloire.
— Quand Épaminondas était à la tête des armées, Thèbes
occupait le premier rang parmi les cités grecques. —
Quand Caton prononçait un discours, il finissait toujours
par ces mots : « Il faut détruire Carthage. » — Alexandre
pleurait quand [son] père avait remporté une nouvelle
victoire. — Puisque vous êtes riches, venez en aide aux
malheureux. — J'irai vous voir souvent, puisque vous me
le permettez. — Puisque vous m'avez obligé autrefois, je dois
vous rendre service à mon tour. — Pendant que les Romains
s'agrandissaient en Italie, les Carthaginois rangeaient sous
leur [2] obéissance une grande partie de la Sicile. — Tandis
qu'Antiochus perdait [son] temps à célébrer des fêtes, les
Romains se préparaient à la lutte. — Restez ici jusqu'à ce
que je revienne. — Pourvu que l'honneur soit sauf, le reste
nous est indifférent. — Les petits oiseaux demeurent près
de [leur] mère, jusqu'à ce qu'ils puissent voler d'une aile
sûre. — Cette plante fleurit deux fois, pourvu qu'elle ait été
bien abritée pendant l'hiver.

Exercice 37.

Si vous travailliez avec plus de zèle [3], le temps vous sem-
blerait moins long. — Si nous avions été informés de sa [4]
résolution, nous l'aurions surveillé [de] plus près. — Si
Alexandre avait tourné [ses] armes du côté de l'occident, il
aurait rencontré de plus sérieux adversaires. — S'il veut
être bref, il devient obscur. — Si vous suivez l'exemple
de votre père, vous vivrez aimé et honoré de tous les
gens de bien. — Si vous persistez dans votre paresse, vos
condisciples se moqueront impitoyablement de votre igno-

---

1. *Suus.* — 2. *Suus.* — 3. *Tournez :* avec un zèle plus grand. — 4. *Ejus.*

rance.— Si Annibal paraissait vouloir en venir aux mains, Fabius le Temporiseur s'éloignait aussitôt.—Si cet homme d'esprit avait écrit quelque [1] lettre, chacun voulait la lire, afin d'en admirer l'élégance. — Comme l'a fort bien dit un auteur ancien, l'homme qui passe [sa] vie à thésauriser, ressemble à l'abeille qui travaille sans relâche, pour que d'autres enlèvent [son] miel. — Pour devenir plus riche, cet homme n'a reculé devant aucun moyen.— Prenez par ici, pour arriver plus vite. — Dès que le jour paraît, je me mets à l'ouvrage. — Aussitôt que César parut, l'ennemi prit la fuite.

Thème 43.

ÉTABLISSEMENT DES VANDALES DANS LA BÉTIQUE.

Jamais peuple ne changea de mœurs aussi promptement que les Vandales, dès qu'ils furent paisibles possesseurs de la Bétique. La paix adoucit l'âpreté de leur [2] caractère ; ils déposèrent l'épée et se mirent à pousser la charrue. Tout avait été ruiné par la guerre : tandis que les envahisseurs brûlaient les récoltes, les Romains s'emparaient, pour nourrir [leur] armée, de tout ce qui échappait à l'incendie ; et, comme ils se voyaient forcés de quitter le pays, plus féroces que les barbares, ils le pillaient sans pitié, et lui enlevaient [ses] dernières ressources. Les traces de pareilles calamités s'effacent lentement ; et la population était en proie aux horreurs de la faim, lorsque les vainqueurs résolurent de lui venir en aide. Soudain les campagnes se couvrirent de riches moissons et de nombreux troupeaux ; les villes et les villages se rebâtirent, et la plupart des anciens habitants, que la terreur avait dispersés, rentrèrent dans [leur] patrie.

---

1. Quand *aliquis* est dans une proposition commençant par *si*, on retranche *ali*. — 2. *Eorum*.

Thème 44.

ÉTABLISSEMENT DES VANDALES DANS LA BÉTIQUE. — (*Suite.*)

« Puisque vous venez à nous, leur dirent les Vandales, puisque vous avez confiance en nous, nous nous montrerons dignes de cette confiance. Nous vous traiterons toujours avec douceur, et nous vous laisserons la plus entière liberté, pourvu que vous n'en abusiez pas contre nous. Si nous l'avions pu, nous aurions, dès le commencement, épargné de rudes souffrances à ce malheureux pays ; mais nous avons obéi aux cruelles nécessités de la guerre. Notre intention est de réparer maintenant tous ces désastres ; aidez-nous-y de toutes vos forces, et, si vous le voulez, nous ne formerons plus qu'un seul peuple. » Les indigènes écoutèrent ces sages conseils ; ils se confondirent bientôt avec les vainqueurs, et le pays, perdant [son] ancien nom de Bétique, s'appela Vandalousie, puis, par corruption, Andalousie, comme nous l'appelons encore maintenant.

RÉCAPITULATION

SUR LA SYNTAXE DES PARTICIPES, DES PRÉPOSITIONS, DES ADVERBES ET DES CONJONCTIONS.

Thème 45.

PRISE DU PORT DE CONSTANTINOPLE.

Lorsque Mahomet II assiégait Constantinople, en 1453, il voulut pénétrer dans le port intérieur, que fermait une forte chaîne de fer. Comme il ne pouvait briser cette chaîne, il résolut de faire entrer [ses] vaisseaux par terre, et voici le procédé qu'il imagina. Il fit [1] pratiquer à travers les sinuosités du terrain un chemin d'une longueur de huit mille pas, qui, partant du Bosphore, passait derrière Galata, et aboutissait au golfe qui forme le port intérieur. Pour que ce chemin présentât une surface glissante et

---

1. *Tournez :* il ordonna un chemin (acc.) être pratiqué....

bien unie, Mahomet le fit [1] recouvrir de planches et de madriers, larges de sept à huit pieds et frottés de graisse ; puis, quand tous ces préparatifs furent terminés, il fit [2], à force de machines et de chevaux, tirer du Bosphore soixante-dix vaisseaux et quatre-vingts galères, qui, placés sur les pièces de bois, franchirent en une nuit la distance énorme qui les séparait du golfe, et furent lancés dans le port.

Thème 46.

PRISE DU PORT DE CONSTANTINOPLE. — (*Suite.*)

Le lendemain, la terreur fut grande à Constantinople. Les habitants, voyant le grand bassin de [leur] port rempli de vaisseaux ennemis, bien que la chaîne fût toujours tendue, ne pouvaient en croire [leurs] yeux. Cependant Mahomet voulait faire entrer le reste de [sa] flotte. Il fit [3] aussitôt commencer à Galata la construction d'un immense radeau, qui, attaché au rivage, et traversant le golfe dans [sa] largeur, touchait au rempart de la ville. Au bout de quelques jours, ce radeau fut terminé et livra passage à des troupes d'élite, qui mirent les Grecs en déroute; puis, la chaîne qui fermait le port étant tombée au pouvoir des vainqueurs, ceux-ci la détachèrent et firent entrer le reste des navires. Vainement les assiégés tentèrent d'incendier la flotte ennemie : trahis par un Génois, ils échouèrent dans [leur] entreprise. Constantinople était désormais perdue. Le vingt-neuf mai 1453, à trois heures du matin, l'assaut fut donné sur tous les points à la fois, et, à huit heures, les Turcs entraient dans la ville.

---

1. *Tournez :* ordonna lui (*acc.*) être recouvert.— 2. *Même tournure.*— 3. *Tournez :* il entreprit (*suscipere*) un radeau immense devant être construit..

DEUXIÈME PARTIE.

MÉTHODE.

DES VERBES.

VERBES A L'INDICATIF OU AU SUBJONCTIF EN FRANÇAIS
QU'IL FAUT TOURNER EN LATIN PAR L'INFINITIF, OU
QUE RETRANCHÉ.

**TEMPS DU VERBE FRANÇAIS QU'IL FAUT METTRE AU PRÉSENT
DE L'INFINITIF LATIN.**

RÈGLES.

Credo te flere. *Je crois que vous pleurez* (1).

Persuasum habeto puerum, qui parentes veretur (2), a Deo amatum iri. *Soyez persuadé qu'un enfant (qui honore ses parents), sera aimé de Dieu.*

Credo illum legere. *Je crois qu'il lit.*

Credebam, credidi, credideram illum legere. *Je croyais, j'ai cru, j'avais cru qu'il lisait.*

Tibi dixi Phædrum fuisse servum. *Je vous ai dit que Phèdre était esclave.*

Non credo illum legere. *Je ne crois pas qu'il lise.*

OBSERVATIONS. — (1) Ce que Lhomond nomme règle du *que retranché* est souvent appelé règle de la *proposition infinitive.* Une *proposition infinitive* est un membre de phrase dont le verbe est à l'infinitif avec un sujet à l'accusatif. — (2) Il faudrait *vereatur;* mais nous n'insisterons pas ici sur ce point : nous préférons réserver un chapitre spécial pour l'étude de cette règle importante. Voyez le chapitre intitulé : DISCOURS INDIRECT, page 169.

Exercice 1.

Nous sommes persuadés que l'âme est immortelle. — Je crois que l'orgueil est commun à tous les hommes. —

Héraclite prétend que le feu est le principe de toutes choses.
— Remarquez que la mémoire, que le travail développe
facilement, s'amoindrit et se perd quand vous cessez de la
cultiver. — Anaxagore enseignait que le soleil était un fer
chaud, et qu'il était un peu [1] plus gros que tout le Péloponèse.
— J'ai cru longtemps que cet homme était vraiment mon
ami. — Nous avions pensé que vous étiez malade. — Pythagore assurait qu'il [2] était descendu aux enfers. — Mon
maître m'a raconté que Démosthène bégayait dans son
enfance [3]. — Nous ne croyons pas que le méchant puisse
jouir d'un bonheur parfait. — Je ne pense pas que l'Iliade
soit l'œuvre de plusieurs poëtes, comme l'a prétendu un
critique.

TEMPS DU VERBE FRANÇAIS QU'IL FAUT METTRE AU PARFAIT DE L'INFINITIF LATIN.

RÈGLES.

Credo illum legisse. *Je crois qu'il a lu, qu'il avait lu.*
Credo, credam illum legisse. *Je crois, je croirai qu'il lisait.*
Credo illum jam prandisse. *Je crois qu'il aura déjà dîné.*
Non credo illum jam prandisse. *Je ne crois pas qu'il ait encore dîné.*

Exercice 2.

Hérodote raconte que Cyrus périt chez les Massagètes;
Xénophon, au contraire, affirme qu'il mourut dans son [4]
palais. — L'histoire rapporte que Diogène avait fait de la
fausse monnaie, et qu'il vint à Athènes pour échapper au
châtiment. — Je pense que Platon, disciple de Socrate,
notait soigneusement tous les entretiens de son [5] maître.
— Vous n'ignorez pas que Lyon était, sous l'empire romain,
la première ville des Gaules. — On lit dans Platon qu'un
certain Eris de Pamphylie resta dix jours sur le champ de

---

1. *Paulò.* — 2. *Tournez :* soi. — 3. *Tournez :* Démosthène enfant.... — 4. *Suus.*
— 5. *Suus.*

bataille parmi les morts, et qu'il revint à la vie au moment où on le plaçait sur le bûcher. — Vous reconnaîtrez bientôt que les Romains n'étaient pas moins perfides que les Carthaginois. — Je crois que votre fils aura compris cette fois la nécessité de travailler, car je ne pense pas qu'il ait jamais tant regretté sa [1] paresse.

TEMPS DU VERBE FRANÇAIS QU'IL FAUT METTRE AU FUTUR DE L'INFINITIF LATIN. — TEMPS DU VERBE FRANÇAIS QU'IL FAUT METTRE AU FUTUR PASSÉ DE L'INFINITIF LATIN.

RÈGLES.

Credo illum cras venturum esse. *Je crois qu'il viendra demain.*

Non credo illum cras venturum esse. *Je ne crois pas qu'il vienne demain.*

Putabam eum cras venturum esse. *Je croyais qu'il viendrait demain.*

Credo illum venturum fuisse, si.. *Je crois qu'il serait venu, si...*

Nesciebam te advenisse. *Je ne savais pas que vous fussiez arrivé.*

Exercice 3.

J'espère que l'absence adoucira le chagrin de mon ami. — Nous croyons tous que l'homme de bien jouira d'une incomparable félicité après [sa] mort. — Vous étiez persuadé hier que les ennemis seraient bientôt vaincus, et aujourd'hui vous prétendez que la paix ne sera pas conclue cette année. — Ne comptez pas que j'use plus longtemps d'indulgence. — Pythagore enseigne que les âmes des premiers hommes retourneront sans cesse de la terre au ciel et du ciel à la terre, et que successivement elles joueront ici-bas les personnages les plus divers. — Je n'espère pas que cet arbre produise jamais de bons fruits. — Zopyre était persuadé que sa [2] ruse tromperait les Babyloniens, et que la ville serait bientôt au pouvoir de Darius. — Je puis affirmer que vous auriez gagné le procès, si vous aviez voulu plaider. — Montesquieu affirme que les soldats d'Annibal auraient trouvé partout Capoue; ce qui veut dire que ces mercenaires, devenus riches après tant de

---

1. *Suus.* — 2. *Suus.*

victoires, se seraient abandonnés dans toute [1] autre ville aux fêtes et aux plaisirs, si [leur] général ne les avait pas conduits dans la capitale de la Campanie.

MANIÈRE DE TRADUIRE L'IMPARFAIT DU SUBJONCTIF TERMINÉ EN *ASSE, INSE, ISSE, USSE.*

RÈGLES.

Non credebam, non credidi, non credideram te ægrotare. *Je ne croyais pas, je n'ai pas cru, je n'avais pas cru que vous fussiez malade.* Non credo, non credam te ægrotavisse. *Je ne crois pas, je ne croirai pas que vous fussiez malade.* Si putarem te brevi venturum esse, te exspectarem. *Si je croyais que vous vinssiez bientôt, je vous attendrais.*

Exercice 4.

Je ne pensais pas que les discours de Thucydide présentassent [de] si grandes difficultés. — Je n'ai jamais pensé que les soldats étrangers fussent aussi bien exercés que les nôtres. — Le général n'avait pas compté que l'ennemi pût avoir connaissance du plan de bataille. — Il ne m'est nullement prouvé que vous fussiez hier absent de chez vous. — Je n'affirmerai pas que cet homme fût innocent, mais je crois que d'autres juges l'auraient puni moins sévèrement. — Nous vous obligerions volontiers, si nous étions persuadés que vous en fussiez reconnaissant. — Rien ne démontre d'une manière certaine que César fût affilié à la conjuration de Catilina. — Si j'étais bien certain qu'un livre de ce genre fût utile à la jeunesse, je me mettrais volontiers à l'œuvre.

Thème 1.

PERFIDIE D'UN COURTISAN DÉJOUÉE PAR UN PERROQUET.

Basile, empereur d'Orient, avait un fils, nommé Léon, que tout le monde chérissait, et dont chacun vantait les rares vertus. Aussi les Grecs envisageaient-ils l'avenir avec confiance, en songeant que ce prince serait l'héritier de la

---

1. *Quilibet alius, quælibet alia, quodlibet aliud.*

couronne; ils ne soupçonnaient pas qu'un misérable avait déjà juré sa perte. Léon avait pénétré les vues ambitieuses d'un des grands de la cour, nommé Saltabaren; et celui-ci, comprenant qu'il[1] serait perdu le jour où l'héritier présomptif monterait sur le trône, forma le projet de l'en écarter par une perfidie. Pendant quelque temps, il l'entoura de soins et de complaisances, et, quand il vit que la confiance rentrait dans l'esprit du jeune prince, il lui donna un conseil qui devait le perdre. Il était d'usage que, dans les chasses de l'empereur, personne ne portât d'armes, excepté les officiers de vénerie. Saltabaren raconta à Léon que les forêts étaient infestées de brigands, et que des assassins profiteraient quelque jour du désordre qui règne à la chasse, pour se jeter sur Basile. «Qui pourra alors le défendre? ajouta-t-il. Ne quittez jamais votre père dans ces divertissements dangereux, et ayez toujours un poignard caché, pour le secourir au besoin. Le fils de l'empereur peut seul enfreindre sans péril un règlement que la défiance a établi. »

Thème 2.

PERFIDIE D'UN COURTISAN DÉJOUÉE PAR UN PERROQUET. — (*Suite.*)

Léon lui assura qu'il[2] suivrait ce conseil, et [qu'il] veillerait désormais sur les jours de l'empereur. Quelque temps après, Saltabaren informe Basile que [son] fils, dévoré en secret de la soif de régner, est décidé à commettre un parricide, [qu'il] veut exécuter le jour même ce criminel projet, et [qu'il] tient déjà caché dans [ses] vêtements le poignard dont il doit frapper [son] père. Basile ne peut croire d'abord que Léon soit capable d'un tel forfait; mais le dénonciateur lui répète qu'il est armé, et que, si l'empereur ordonne[3] de le fouiller, les gardes trouveront à sa[4] ceinture le poignard, preuve de [son] crime. Voyant que Saltabaren parle avec la plus entière assurance, Basile

---

1. *Tournez: soi.* — 2. *Tournez: soi.* — 3. *Tournez: lui être fouillé.* — 4. *Ejus.*

consent enfin [à ce] que [son] fils soit arrêté. Des gardes s'emparent de Léon, et le trouvent en effet porteur d'un poignard. L'empereur s'abandonne alors à tous les transports de la colère; il ne permet pas à [son] fils de s'expliquer, et déclare que le bourreau lui crèvera les yeux le jour même.

PREMIÈRE OBSERVATION.

RÈGLES.

Credo fore ut te pœniteat. *Je crois que vous vous repentirez.*

Credebam fore ut te pœniteret. *Je croyais que vous vous repentiriez.*

Credebam futurum fuisse ut te pœniteret (1). *Je croyais que vous vous seriez repenti.*

Credis fore ut brevi illud negotium confecerit. *Vous croyez qu'il aura bientôt terminé cette affaire.*

Non credo fore ut tam citò illud negotium confecerit. *Je ne crois pas qu'il ait sitôt terminé cette affaire.*

OBSERVATION. — (1) Comme le futur passé de l'infinitif sans idée d'obligation manque à la voix passive dans tous les verbes latins, on doit encore exprimer par *futurum fuisse ut* avec l'imparfait du subjonctif passif latin, le conditionnel passé passif du français. Ex. : Je croyais que la ville aurait été prise, *credebam futurum fuisse ut oppidum caperetur.*

Exercice 5.

J'espère que ces pommiers fleuriront le mois prochain. — Mon opinion est [1] que l'ennemi ne voudra pas tenir plus longtemps, dès qu'il comprendra l'inutilité de la résistance. — Nous avons la conviction que vous pâlirez inutilement sur ces livres. — Je crois que cet ouvrage ne pourra pas être achevé. — Vous n'avez pas compris que votre adversaire brillerait facilement dans cette partie de la discussion. — Qui se serait imaginé, lorsque Démosthène était encore enfant, qu'il s'élèverait [2] un jour au-dessus de tous les plus fameux orateurs? — Je croyais que, après une telle humiliation, cet enfant aurait enfin

---

1. Outre les verbes *croire, savoir, assurer, promettre, espérer,* etc., on construit encore la *proposition infinitive* avec plusieurs expressions d'une signification analogue, et composées de *spes,* espérance; *opinio,* opinion; *fama, rumor,* bruit, nouvelle; *memoria,* souvenir, tradition, etc., comme : *spes me tenet,* j'ai le ferme espoir; *mea fert opinio,* mon opinion est ; *fama exit, percrebrescit,* le bruit court, se répand; *memoriæ prodere, tradere,* raconter; *argumento esse, indicio esse,* prouver, indiquer, etc.

2. S'élever, *emineo,* au-dessus de, *inter.*

honte de sa ¹ paresse. — Tout indiquait que Marius n'aurait pas vieilli dans les derniers rangs de l'armée. — Je savais bien que cette plante aurait langui en plein air, et que les fleurs se seraient vite fanées. — Vous prétendiez que nous nous serions ennuyés de cette lecture. — Les Romains ne croyaient pas que le pont aurait été coupé.— Nous pensions que nos conseils auraient été accueillis avec reconnaissance. — Les assiégés étaient persuadés que de telles propositions auraient été rejetées. — J'ai la conviction que les pillards auront regagné [leurs] montagnes avant la nuit. — Le médecin assure que ces remèdes auront complétement guéri mon mal avant la fin du mois.— Je n'espère pas que nos soldats aient apaisé la révolte cette année. — Il ne compte pas que cette lettre soit arrivée en Egypte avant quinze jours.

SECONDE OBSERVATION.

RÈGLES.

Credo me legisse. *Je crois avoir lu.*
Credis te esse beatum. *Vous croyez être heureux.*
Sperat (1) se (2) brevi profecturum. *Il espère partir bientôt.*
Memini me legere (3). *Je me souviens d'avoir lu.*

OBSERVATIONS. — (1) Remarquez qu'après les verbes *espérer, compter, promettre, jurer, menacer* et autres de signification analogue, le présent de l'infinitif français se rend en latin par le futur de l'infinitif, parce que l'espérance, la promesse, etc., ne peuvent se réaliser que dans l'avenir. Dans le cas où ces verbes sont suivis dans le français d'un temps de l'infinitif autre que le présent, ou de la conjonction *que*, il faut mettre le second verbe au temps de l'infinitif indiqué par les règles précédentes. Ex.: J'espère que notre amitié n'a pas besoin de témoins, *spero nostram amicitiam non egere testibus.* J'espère vous avoir persuadé, *spero me tibi persuasisse.* (2) Dans ces sortes de constructions, quand le premier verbe est à la troisième personne du singulier ou du pluriel, c'est le pronom réfléchi *se* qu'il faut mettre devant l'infinitif latin. (3) On ne peut mettre le présent de l'infinitif après *memini* que dans le cas où la personne qui se souvient a fait l'action ou en a été témoin.

Exercice 6.

Tu prétends avoir fait consciencieusement ton devoir !—

---

1. *Suus.*

J'avoue ne pas avoir toujours répondu à l'affection de mes parents. — Je pense n'avoir pas déplu à mon maître. — Je ne crois pas être aimé de cet ingrat. — Nous déclarons avoir fait tous nos efforts pour ramener cet homme à la vertu. — Je reconnais avoir tenu ce langage au sujet de votre ami, mais j'affirme n'avoir pas agi dans une mauvaise intention. — Scipion comptait atteindre Annibal, avant qu'il n'eût passé les Alpes.—Lycurgue espérait, par la sévérité de ses[1] lois, faire des Spartiates le premier peuple de la Grèce. — Vous aviez juré de nous rester fidèle dans le malheur. — Les juges menacèrent Quintus de lui interdire l'eau et le feu, s'il ne dénonçait pas les coupables. — Darius promit à Alexandre de lui donner la main de [sa] fille. — Le prisonnier espérait avoir échappé à la vigilance de [ses] gardiens. — Je jure que je n'ai rien entrepris de contraire aux intérêts de mon pays.—Il espérait à tort que ses larmes[2] avaient touché le cœur de ce fils dénaturé. — Cet homme ne se souvient pas d'avoir été enfant.—César, dit le vétéran, ne te souviens-tu pas d'avoir bu dans mon casque, un jour que[3] tu étais blessé? — Les Carthaginois ne se souvinrent pas d'avoir été défendus pendant vingt ans par la valeur et le génie d'Annibal.

Thème 3.

PERFIDIE D'UN COURTISAN DÉJOUÉE PAR UN PERROQUET. — (*Suite.*)

Cependant la plupart des sénateurs ne pouvaient croire que Léon eût conçu le projet d'un pareil crime, et ils étaient persuadés que son[4] innocence aurait été facilement reconnue, si une enquête sérieuse avait été faite. Dans le premier moment, ils n'osèrent manifester leur[5] opinion; mais bientôt ils sentirent que leur[6] silence était coupable, et qu'il favoriserait les mauvais desseins du dénonciateur. Aussi allèrent-ils se jeter aux pieds de l'empereur, afin d'implorer sa[7] clémence. Mais, voyant que Basile ne vou-

1 *Suus.* — 2. *Tournez:* qu'il avait touché par [ses] larmes. — 3. *Quum.* — 4. *Ejus.* — 5. *Suus.* — 6. *Suus.* — 7. *Ejus.*

drait jamais absoudre [son] fils, tant qu'il lui resterait encore un soupçon, ils se bornèrent à lui montrer que peut-être il se repentirait plus tard d'une précipitation irréparable, et qu'il regretterait alors de ne pas avoir au moins différé le châtiment. Basile se rendit à leurs[1] prières, et voulut bien ajourner le supplice. On instruisit[2] le procès, les serviteurs de Léon furent mis à la torture; mais ils protestèrent tous que leur[3] maître était innocent. Cependant Basile persistait à croire que [son] fils était coupable, lorsqu'un incident ridicule sauva la vie au jeune prince.

Thème 4.

PERFIDIE D'UN COURTISAN DÉJOUÉE PAR UN PERROQUET. —

(*Suite.*)

Un perroquet, pendant un repas auquel prenaient part les officiers du palais, fit entendre tout à coup ce cri : « Hélas ! hélas ! pauvre Léon ! » Ces mots firent sur les convives une impression profonde; tous se souvinrent d'avoir entendu prononcer quelques jours auparavant l'arrêt de mort du jeune prince, et l'un d'eux s'écria : « Prince, cet oiseau nous condamne. Nous est-il permis de nous livrer à la joie, quand votre fils gémit dans un sombre cachot? » On raconte[4] qu'alors Basile se sentit ému de pitié, et qu'il résolut d'écouter la justification de [son] fils. Il reconnut bientôt qu'il avait été indignement trompé. Plein de repentir, il promit à Léon de venger d'une manière éclatante les souffrances qu'il avait endurées, et déclara que le traître courtisan, dépouillé de tous [ses] honneurs, quitterait sur-le-champ Constantinople. Cette sentence étonna tous les citoyens : le coupable lui-même croyait payer de [sa] tête une aussi perfide calomnie. On assure que Basile aurait voulu lui infliger un châtiment plus sévère; mais qu'il avait cru devoir céder à la prudence, en découvrant que le traître avait de nombreux complices.

---

1. *Eorum.* — 2. *Tournez :* le procès fut instruit. — 3. *Suus.* — 4. *Ferunt.*

VERBES APRÈS LESQUELS LE *QUE* OU *DE* FRANÇAIS SE REND EN LATIN PAR PLUSIEURS CONJONCTIONS.

CONSEILLER DE... — IL N'IMPORTE PAS QUE... OU DE. — A QUEL TEMPS DU SUBJONCTIF LATIN FAUT-IL METTRE L'INFINITIF FRANÇAIS QUI SUIT DE EXPRIMÉ PAR UNE CONJONCTION ?

RÈGLES.

Suadeo tibi ut legas, ne ludas. *Je vous conseille de lire, de ne pas jouer.*

Cura ut valeas, ne in morbum incidas. *Ayez soin de vous bien porter, de ne pas tomber malade.*

Dic illi, mone illum ut sibi caveat. *Dites-lui, avertissez-le de prendre garde à lui.*

Litteras ad me perferendas curavit (1). *Il a eu soin de me faire tenir la lettre.*

Unum te monitum volo. *Je veux vous avertir d'une chose.*

Dic illi, mone illum me advenisse. *Dites-lui, avertissez-le que je suis arrivé (2).*

Nihil meâ refert, quid meâ refert utrùm dives sim an pauper? *Il ne m'importe pas, que m'importe d'être riche ou pauvre?*

Parum curo utrùm me audias, necne. *Je me mets peu en peine que vous m'écoutiez ou non.*

Tibi suadeo, tibi suadebo ut legas. *Je vous conseille, je vous conseillerai de lire (3).*

Tibi suadebam, tibi suasi, tibi suaseram ut legeres. *Je vous conseillais, je vous ai conseillé, je vous avais conseillé de lire.*

OBSERVATIONS. (1) Cette construction est encore employée élégamment avec les verbes *censere*, voter, être d'avis, *decernere*, décréter, résoudre, et c'est la seule usitée avec *suscipere*, entreprendre, se charger de.— (2) Les verbes *commander*, *ordonner* se construisent avec *ut*, quand on les traduit par *imperare, mandare, præcipere;* mais quand on les rend par *jubere,* ils doivent être suivis de la *proposition infinitive.* Ex. : Je vous commande de partir, *tibi impero ut proficiscaris* ou *jubeo te proficisci.* L'emploi de *jubere* donne lieu aux deux remarques suivantes : 1° Si les verbes *ordonner, commander* n'ont pas de régime indirect, et que l'infinitif qui suit ait un régime direct, il faut tourner par le passif de la manière suivante : Il ordonna d'établir un pont (tournez : *un pont être construit*), *jussit pontem institui.* 2° Si les verbes *ordonner, commander* et l'infinitif qui suit ont chacun un régime, comme dans cette phrase : Il *lui* ordonna de renvoyer *ce soldat,* il faut encore tourner par le passif, pour éviter l'obscurité, et dire : *Jussit hunc militem ab eo dimitti;* mot à mot il ordonna ce soldat être renvoyé par lui. — (3) On observe cette règle et la suivante, quand les conjonctions *ut, ne,* etc., servent à exprimer la préposition *de.* Si elles expriment la conjonction *que,* on met le verbe suivant au subjonctif latin, en conservant le même temps que dans le français.

Exercice 7.

La nécessité invite les hommes à s'entr'aider. — Il n'arrive jamais qu'un roi manque de flatteurs. — Il arrive souvent que dans la solitude les grandes vertus se perdent ou se cachent. — Dieu n'avait pas résolu d'exterminer son [1] peuple, mais il lui importait de le corriger. — Je ne vous conseille pas de nourrir ce paresseux. — O Périclès, ceux qui ont besoin d'une lampe, ont soin d'y mettre de l'huile. — Caton était d'avis de détruire Carthage. — Mon père avait soin d'exciter mon zèle. — Scipion se chargea de faire sortir Annibal de l'Italie. — Je ne veux pas vous répéter deux fois la même chose. — Nous aimons mieux quitter le pays.—Il ne faut pas conclure ce traité.—Je veux conserver certains objets. — La raison nous dit de partir. — Dites-lui que nous partons. — Les précédents désastres avertirent Fabius de ne pas livrer bataille à l'ennemi. — Hannon avertit le sénat de Carthage qu'Annibal n'avait pas besoin de secours.

Exercice 8.

Solon commanda aux Athéniens de faire voile vers Salamine. — Tibère ordonna à Pison de faire mourir Germanicus. — Solon ordonna d'élever les enfants de ceux qui seraient morts en combattant pour la patrie. — Ce grand homme commanda de porter ses [2] os à Salamine, de les brûler et d'en jeter les cendres au vent. — Que vous importe-t-il que je travaille ou que je me repose ? — Mettons-nous peu [3] en peine que les autres nous approuvent ou nous blâment, si nous faisons en sorte que tout soit conforme à l'équité. — Les paresseux se mettent peu en peine que leurs parents soient satisfaits ou non. — Il faut [4] que le plus coupable périsse. — Il fallait qu'Annibal quittât l'Italie au moment où Scipion menaçait Carthage. — Je ferai toujours en sorte de contenter mes maîtres. — Zénon, pour se défaire de Théodoric, lui persuada de porter la guerre en Italie. — Cyrus avait

---

1. *Suus.* — 2. *Suus.* — 3. Voy. page 70, au N° (1) des OBSERVATIONS. — 4. *Ut* se sous-entend toujours après *oportet.*

prié Amasis de lui [1] envoyer le meilleur médecin de l'Égypte.

Thème 5.

SAGESSE DE THALÈS.

Le philosophe Thalès jouit toute sa vie [2] de la plus grande considération, et [ses] concitoyens, qui connaissaient sa [3] prudence, eurent toujours soin de le consulter, quand il fallait prendre quelque décision importante. Crésus, roi des Lydiens, après avoir [4] entrepris de faire la guerre aux Perses, s'était avancé, à la tête d'une armée nombreuse, jusque sur les bords du fleuve Halys. Il lui importait de le traverser sans retard ; mais il arriva par malheur que l'armée ne put trouver ni pont ni bateaux, et le fleuve n'était pas guéable. Thalès était alors dans le camp du roi. Consulté par Crésus, il lui assura que dans peu de jours [ses] soldats seraient sur l'autre rive. A cet effet, il ordonna de creuser un grand fossé en forme de croissant, qui, partant des bords de l'Halys, entourait l'armée et allait rejoindre le fleuve au-dessous du camp.

Thème 6.

SAGESSE DE THALÈS. — (*Suite.*)

Les eaux détournées dans ce canal laissèrent à sec [leur] ancien lit, et les soldats passèrent sans difficulté. Crésus en témoigna une vive reconnaissance à Thalès ; mais, en même temps, persuadé que ce philosophe lui [5] était tout dévoué, il résolut de lui demander un second service : il souhaitait fort que Milet entrât dans son [6] alliance ; aussi pria-t-il Thalès d'exciter sa [7] patrie contre les Perses. Thalès se mit peu en peine que cette alliance fût utile ou non à Crésus ; et, comprenant bien qu'il n'importait guère à ses [8] concitoyens que le roi de Lydie fût vainqueur ou vaincu, il leur persuada d'observer la plus stricte neutralité. Cette prudence sauva Milet ; car Cyrus, vainqueur des

---

1. *Tournez :* à soi. — 2. *Tournez :* tant que *(quamdiu)* il vécut. — 3. *Ejus.* — 4. *Tournez :* après qu'il eut entrepris *(postquam* et l'ind.*).* — 5. *Tournez :* à soi. — 6. *Suus.* — 7. *Suus.* — 8. *Suus.*

Lydiens, commanda à [ses] soldats de piller toutes les villes qui avaient embrassé leur[1] parti, et épargna les Milésiens, parce qu'ils avaient été d'avis de ne pas faire alliance avec Crésus.

CRAINDRE DE OU QUE NE... — PRENDRE GARDE DE OU QUE NE... — N'AVOIR GARDE DE... — SE GARDER BIEN DE...

RÈGLES.

Timeo ne præceptor veniat. *Je crains que le maître ne vienne.*	Illi dissuade ne proficiscatur. *Dissuadez-le de partir*
Timeo ut *ou* ne non præceptor veniat. *Je crains que le maître ne vienne pas.*	Da operam ut omnia sint parata. *Prenez garde que tout soit prêt.*
Fateri non dubitat. *Il ne craint pas d'avouer.*	Non animadvertit se derideri. *Il ne prend pas garde qu'on se moque de lui.*
Non audeo dicere. *Je crains de dire.*	Non committam ut a te discedam. *Je me garderai bien de vous quitter.*
Cave ne cadas. *Prenez garde de tomber ou que vous ne tombiez.*	

Exercice 9.

Solon eut peur que les divisions n'entraînassent la perte de la cité. — Ne redoutez pas que le projet de vos ennemis réussisse. — Celui qui est dans la prospérité doit craindre d'en abuser. — César, craignant d'être enveloppé par l'ennemi, prit une position plus favorable. — J'ai peur que ma franchise ne vous plaise pas. — Virgile mourant craignait que [son] Énéide ne fût pas assez parfaite, et il ordonna de la brûler. — Nous avons peur que cet infortuné ne puisse pas supporter un tel malheur. — Les Tyriens furent les premiers hommes qui ne craignirent pas de s'abandonner à la merci des vagues. — Régulus ne craignit pas de quitter l'Italie pour retourner à Carthage. — Octave n'avait pas craint d'irriter Pompée en répudiant Scribonie sa[2] belle-sœur. — Les petits rois de l'Asie Mineure prenaient garde de déplaire au sénat. — Prenez garde de porter un

---

1. *Eorum.* — 2. *Ejus.*

jugement téméraire. — Véturie dissuada Coriolan de faire le siége de Rome. — Cinéas voulut dissuader Pyrrhus de porter la guerre en Italie. — Annibal prit garde que ses[1] troupes fussent à l'abri de la poussière qui aveuglait les Romains. — Flaminius ne prit pas garde que les Carthaginois étaient embusqués derrière les collines. — Antoine ne prenait pas garde que la puissance d'Octave grandissait toujours en Occident. — Caton ne prit pas garde qu'en proscrivant indistinctement tout ce qui venait de Grèce, il confondait dans une même réprobation le bien et le mal. — Les Romains se gardèrent bien d'interdire aux peuples vaincus [l'usage de] leur[2] langue et [l'exercice de] leur religion. — Le senat n'eut garde de ratifier le traité conclu avec Jugurtha.

Thème 7.

TRAIT DE COURAGE DU PHILOSOPHE DESCARTES.

Dans un voyage, le grand philosophe Descartes était monté sur une barque, en compagnie d'un seul domestique. Il n'avait pas pris garde que l'équipage était composé de gens de mauvaise mine, et il s'abandonnait à [ses] méditations, quand un bruit de voix vint interrompre le cours de ses[3] pensées. Prêtant l'oreille, il s'aperçut que les matelots complotaient sa[4] perte. Ces misérables s'étaient imaginés que Descartes n'entendait que le français, et ils parlaient tout haut, ne craignant pas d'être compris. Ils le prenaient pour un marchand qui retournait dans [son] pays la bourse pleine; et celui qui paraissait le chef du complot disait pour enhardir les autres : « J'ai peur que nous ne retrouvions jamais une occasion plus belle. Cet homme est inconnu dans la contrée; personne ne nous en demandera compte. Il paraît timide, nous n'avons pas à craindre qu'il résiste. Il faut l'assommer, le dépouiller, et ensuite le jeter à la mer. Descartes, voyant que le danger était imminent, prit garde de se laisser surprendre : il se leva tout d'un coup, tira [son] épée, et ne craignit pas de

______
1. *Suus.* — 2. *Suus.* — 3. *Ejus.* — 4. *Suus.*

menacer de mort le premier qui l'approcherait. Les brigands n'eurent garde de lui répondre, et Descartes acheva tranquillement [son] voyage.

MÉRITER, ÊTRE DIGNE DE OU QUE... — EMPÊCHER, DÉFENDRE DE OU QUE NE... — SE RÉJOUIR DE OU QUE...

RÈGLES.

Dignus est ut *ou* qui imperet. *Il mérite de commander.*

Dignus est ut illius *ou* cujus me misereat. *Il mérite que j'aie pitié de lui.*

Dignus es ut tibi *ou* cui faveat. *Vous méritez qu'il vous favorise.*

Dignus est ut eum *ou* quem colam. *Il mérite que je l'honore.*

Dignus es ut de te *ou* de quo bene mereatur. *Vous méritez qu'il vous rende service.*

Dignus sanè es ut sic agam. *Vous méritez bien que j'agisse ainsi.*

Deus prohibet (1) ne mentiamur. *Dieu nous défend de mentir.*

Non impedio, quis impedit quin *ou* quominus proficiscaris? *Je ne vous empêche pas, qui vous empêche de partir ?*

Per me non stat quin *ou* quominus sis beatus. *Il ne tient pas à moi que vous ne soyez heureux.*

Non possum non loqui. *Je ne puis m'empêcher de parler.*

Gaudeo quòd tibi profuerim (2) *ou* gaudeo me tibi profuisse. *Je me réjouis de vous avoir été utile.*

OBSERVATIONS. — (1) *Prohibere* signifie *mettre obstacle à.* Quand *défendre* signifie *ordonner de ne pas..,* il se rend par *vetare,* qui se construit comme *jubere :* Dieu nous défend de mentir, *Deus vetat nos mentiri;* il défendit d'attaquer l'ennemi, *vetuit hostem invadi.* — Ajoutons que 1° *ne, quin, quominus* se mettent surtout après *impedire et obstare;* 2° *ne* peut ici être remplacé par *quominus;* 3° après *prohibere* l'infinitif est préférable : Il m'empêche de sortir, *me prohibet exire.* — (2) Il faut *profui.* On n'emploie le subjonctif après *quòd* que si l'on rapporte les paroles ou la pensée d'un autre. Si je dis *Paulus gaudet quòd tibi profuit,* j'affirme que Paul t'a été utile; si je mets *quòd tibi profuerit,* je rapporte que Paul dit ou croit t'avoir été utile, sans affirmer que cela soit vrai.

Exercice 10.

Assiste ton père et ta mère, et tu mériteras d'être assisté de tes enfants. — Cet ingrat mérite que nous l'oubliions à notre tour. — Je ne suis pas digne que vous me traitiez comme un ami. — Ce livre mérite que vous en extrayiez quelques passages. — Tu mérites que je ne revienne plus. — Nous méritons bien que vous renonciez à votre solitude. — Les victoires de César en Gaule méritaient bien que le sénat ordonnât quinze jours de supplications. — La discrétion me défend d'insister davantage auprès de vous. — Le père de Henri Quatre défendit qu'il fût habillé richement et traité en prince. — Le mauvais temps n'a pas empêché le navire de quitter le port. — Quel motif vous empêche de suivre les conseils de vos amis? — A quoi tint-il que les Gaulois ne s'emparassent du Capitole? — Il ne tint pas à Mithridate que tout le monde barbare ne se précipitât sur l'Italie. — Vos meilleurs amis ne peuvent s'empêcher de vous blâmer. — Pompée ne pouvait s'empêcher de prêter l'oreille aux vains discours de [ses] compagnons. — Les Athéniens se repentirent d'avoir exilé Alcibiade. — Le sénat remercia le consul de n'avoir pas désespéré de la république. — Ne sois pas effrayé de voir un homme si malheureux. — Je suis désespéré de vous avoir quitté si vite. — Je m'étonne de vous entendre tenir un pareil langage. — Vous ne m'avez pas su gré de vous avoir averti.

Thème 8.

ZEUXIS ET PARRHASIUS.

Le peintre Zeuxis avait plusieurs rivaux dignes de posséder la faveur du public; et la grande réputation dont il jouissait n'empêcha pas Parrhasius, le plus illustre de ses [1] émules, de lui disputer dans un concours public le prix de la peinture. Zeuxis exposa un tableau où il avait représenté une grappe de raisin, et aussitôt des oiseaux s'approchèrent pour en becqueter les fruits. L'artiste se réjouit d'avoir obtenu le suffrage de pareils juges, qu'on ne pouvait [2] ni suspecter, ni récuser, et il demanda à Parrhasius de montrer à son tour ce qu'il avait fait. Parrhasius obéit, et offrit aux regards un tableau couvert, à ce qu'il semblait [3], d'un rideau d'étoffe légère. « Tirez ce rideau, lui dit Zeuxis, il m'empêche de voir votre beau chef-d'œuvre. » Or rien n'empêchait Zeuxis de voir l'ouvrage de [son] rival,

---

1. *Ejus.* — 2. *Tournez :* qui ne pouvaient être suspectés... — 3. *Tournez :* comme il semblait.

car le rideau, [c']était le tableau même [1]. Zeuxis ne put se défendre d'admirer le talent de Parrhasius, et il avoua qu'il [1] était vaincu. « Chacun s'étonne, dit-il, que ma peinture ait trompé les oiseaux; mais la vôtre mérite bien [3] davantage que nous l'admirions; car elle m'a trompé, [moi] qui suis peintre.

ATTENDRE QUE... — CELA EST CAUSE QUE... — DOUTER QUE...

RÈGLES.

Exspecta dum rex advenerit. *Attendez que le roi soit arrivé.*
Te ad me scripturum esse existimabam. *Je m'attendais que vous m'écririez.*
Morbus causa (1) fuit cur te non inviserim. *La maladie a été cause que je n'ai pas été vous voir (2).*
Dubito an (3) valeat. *Je doute qu'il se porte bien.*
Non dubito quin valeat. *Je ne doute pas qu'il ne se porte bien.*
Quis dubitat quin virtus sit amabilis? *Qui doute que la vertu ne soit aimable?*
Suspicabar rem malè cessuram. *Je me doutais bien que la chose irait mal.*

OBSERVATIONS. — (1) *Causa* doit rester au singulier, même avec un nom pluriel pour sujet. — (2) Dans cette règle et dans la suivante, *que* est exprimé par des mots interrogatifs. Pour savoir quel temps du subjonctif il faut mettre, consultez les règles indiquées page 97. — (3) Remplacez *an* par *num* ou *ne : Dubito num valeat* ou *valeatne.*

Exercice 11.

Horace attendit que ses [4] deux adversaires fussent séparés. — Nous attendrons que vous reveniez ici. —Annibal attendait que [son] frère Asdrubal vînt le [5] rejoindre.—Tarpéia s'attendait que les Sabins récompenseraient sa [6] trahison. — Caton s'attendait que ses [7] édits rétabliraient l'antique simplicité. — Je m'attendais bien que cet ouvrage serait intéressant. — Je m'attends bien que la tâche sera lourde. — La mollesse des Perses fut cause qu'Alexandre s'empara si rapidement de l'Asie. — Les divisions des Grecs furent cause qu'ils perdirent leur [8] indépendance.

---

1. *Ipse, a, um.* — 2. *Tournez :* soi. — 3. Devant les comparatifs, *bien, beaucoup* s'expriment par *multò.*—4. *Suus.* — 5. *Tournez :* soi. — 6. *Suus.* — 7. *Suus.* — 8. *Suus.*

— Je doute que cette amitié soit bien sincère. — J'ai toujours douté que vous pussiez rattraper le temps perdu. — Nous doutions que votre santé se rétablît si vite. — Cyaxare ne doutait pas qu'un jour il ne pût reconquérir sa [1] puissance; mais il attendait que, par [leurs] violences, les Scythes eussent soulevé contre eux [2] les nations de l'Asie. — Ne doutez pas que je fasse tout mon possible pour vous tirer d'embarras. — Qui doute que la colère ne soit une courte folie? — Séjan ne se doutait pas qu'il [3] périrait par ordre de Tibère. — Callisthène se doutait bien que sa [4] franchise déplairait à Alexandre.

Thème 9.

STRATAGÈME DE BIAS.

Haliatte, roi des Lydiens, était venu assiéger Priène, en Carie. Cette cité fit une vigoureuse résistance, et la longueur du siége fut cause que les habitants eurent à souffrir de la disette. Haliatte se doutait bien que la ville manquerait bientôt de vivres, et il attendait que la faim l'obligeât à se rendre, quand le philosophe Bias, qui était alors le premier magistrat de la cité, eut recours, pour tromper l'ennemi, au stratagème suivant. Il fit [5] engraisser deux beaux mulets, qui, chassés de la ville, se dirigèrent vers le camp des Lydiens. Haliatte ne s'attendait pas à voir sortir de Priène des animaux si bien nourris, et il commença à douter de pouvoir prendre la place par la famine. Il trouva alors un prétexte pour envoyer un homme dans la ville; et il lui donna ordre secrètement d'examiner l'état des assiégés. Bias se douta bien que l'envoyé du roi était venu dans ce but : il commanda d'élever de grands tas de sable, de les recouvrir de blé, et de faire en sorte que l'espion d'Haliatte les aperçût. Trompé par cette ruse, le roi ne douta plus que la ville ne fût encore bien approvisionnée, et il se hâta de lever le siége.

---

1. *Suus.* — 2. *Tournez : soi.* — 3. *Tournez : soi.* — 4. *Suus.* — 5. *Tournez :* il ordonna.

VERBES A L'INDICATIF DANS LE FRANÇAIS, QU'IL FAUT METTRE AU SUBJONCTIF EN LATIN, OU INTERROGATION INDIRECTE.

RÈGLES.

Nescis quis ego sim. *Vous ne savez pas qui je suis.*

Dic mihi quota hora sit. *Dites-moi quelle heure il est.*

Nescio uter fuerit eloquentior. *Je ne sais lequel des deux a été le plus éloquent.*

Ad me scribe quid agas. *Ecrivez-moi ce que vous faites.*

Fecit quod ei præceperam. *Il a fait ce que je lui avais commandé.*

Scire velim ubi sis. *Je voudrais savoir où vous êtes ;* unde venias, *d'où vous venez ;* quò eas, *où vous allez ;* an habuerit unde tibi solvat (1), *s'il a de quoi vous payer*

Interrogata cur hoc diceret. *Interrogée pourquoi elle disait cela.*

Vides quantùm te amem. *Vous voyez combien je vous aime.*

Quis credat? *Qui croira ?*

Quis non illud factum miretur? *Qui n'admirerait pas cette action?*

OBSERVATION. — (1) La règle de *si* entre deux verbes est assez difficile pour que nous croyions devoir appeler sur ce point toute l'attention des élèves. 1° *Si* entre deux verbes se tourne par *est-ce que*, et se traduit par *ne* ou *num*. Ex. : Dites-moi si vous êtes heureux, *dic mihi felixne sis* ou *num sis felix*. 2° On exprime *si* par *utrùm*, quand il est suivi en français de *ou*, *ou si*, *ou non*, et alors on exprime *ou* et *ou si* par *an*, et *ou non* par *necne*. Ex. : Je ne sais si je dois parler ou me taire, *nescio utrùm loqui an silere debeam*; dites-moi si vous m'aimez ou non, *dic mihi utrùm me ames necne*. 3° Quand *si* est accompagné d'une négation, on le tourne par *est-ce que... ne... pas* et on le traduit par *nonne*. Ex. : Vous avez demandé si je ne dormais pas, *interrogàsti nonne dormirem*. — Remarquez toutefois l'exception suivante. Les auteurs du siècle d'Auguste mettent toujours *an*, à la place de *nonne*, après *nescio*, *haud scio*, *dubito* (à la 1re personne du présent de l'indicatif), et après *dubium est*, *incertum est*. Ex. : Je ne sais s'ils n'ont pas dépassé la mesure, *nescio an modum excesserint*. Réciproquement, après ces mêmes locutions, quand *si* n'est pas accompagné d'une négation en français, il faut en latin, au lieu de *ne*, *num*, employer *an* suivi d'un mot négatif. Ex. : Je ne sais s'il aurait eu quelqu'un qui lui fût égal, *nescio an habuisset parem neminem* ; Je ne sais si je dois parler, *nescio an non loqui debeam*.

Exercice 12.

Dis-moi qui tu hantes, et je te dirai qui tu es. — Quelqu'un demandait à Anacharsis quel était le navire le plus sûr. « Celui qui est arrivé au port, » répondit-il. — Néoptolème fut ému de voir avec quelle peine Philoctète se traînait. — Dites-nous lequel vous paraît le plus grand de Corneille ou de Racine. — Je ne comprends pas ce que signifient vos paroles. — Envoyez-nous ce que nous vous demandons. — Les Lacédémoniens avaient je ne sais quoi [1] de farouche. — Je ne sais qui m'avait annoncé votre retour. — Rome ne savait plus si le général d'une armée était son [2] défenseur ou son ennemi. — J'ai appris enfin où mon frère est en ce moment, et où il va. — Dites-moi par où vous passez d'ordinaire. — Dites-moi pourquoi Carthage n'envoyait pas de secours à Annibal. — Je ne comprends pas comment un philosophe peut voyager autrement qu'à pied. — Le sénat comprit combien il était nécessaire de gagner la confiance du peuple. — Dites-moi si vous aimez le caractère d'Alcibiade. — Je vous demande si votre avis n'est pas conforme au mien. — Cherchez s'il ne vous reste pas quelque chose à me dire. — Je ne sais si votre devoir n'est pas le meilleur. — Je ne sais si le latin n'est pas plus difficile que le grec. — Je ne sais si votre messager est fidèle. — Nous ne savons si ce pays est sain. — Vous ne saviez si ce livre était intéressant. — Qui donc pourrait supporter patiemment un tel malheur? — Qui favorisera l'entreprise de ces hommes téméraires?

Thème 10.

SOMMEIL MERVEILLEUX D'ÉPIMÉNIDE.

Le père d'Epiménide l'avait envoyé un jour chercher une brebis à la campagne. En revenant, accablé par la chaleur, l'enfant entra dans une caverne pour se reposer, et il y demeura endormi pendant cinquante-sept ans. Quand il s'éveilla, ne soupçonnant pas combien son sommeil avait été long [3], il sortit de [sa] caverne pour chercher où était [sa] brebis. Comme il ne l'aperçut point, il courut à

---

1. Quand les locutions *je ne sais quel, je ne sais qui, je ne sais quoi* peuvent se tourner par *un certain, quelqu'un, quelque chose,* le verbe construit avec ces locutions doit être mis à l'indicatif. Ex. : Je ne sais quel mauvais œil ensorcelle mes tendres agneaux, *nescio quis teneros oculus mihi fascinat agnos.* — 2. *Suus.* — 3. *Tournez:* combien (*quàm*) longtemps il avait dormi.

la maison où il l'avait prise, et demanda si [sa] brebis y était revenue pendant qu'il dormait. La maison avait changé de maître. Epiménide eut beau [1] expliquer qui il était, d'où il venait, personne ne sut ce qu'il voulait dire : il s'en retourna tout effrayé à la ville. Il rencontrait partout des visages inconnus ; sa [2] surprise augmentait à chaque moment. Comme il entrait dans la maison de [son] père, un esclave, qu'il n'avait jamais vu, lui demanda où il allait et ce qu'il venait faire : à la fin, il fut reconnu par [son] frère, qui n'était qu'un enfant lors de son [3] départ, et qu'il trouva déjà vieux à son retour [4].

A QUEL TEMPS FAUT-IL METTRE LE VERBE LATIN APRÈS LES MOTS QUI VEULENT LE SUBJONCTIF, COMME UT, NE, AN, QUIN, ETC. ?

RÈGLES.

Nescio quid agas. *Je ne sais ce que vous faites.*
Nescio an (1) auditurus sit.

Je ne sais s'il écoutera ; an audiendus (2) sit, *s'il sera écouté.*

OBSERVATIONS. — (1) Voyez les Observations de la page 95. — (2) *Audiendus sum* marque l'obligation et non le futur; il signifie : *il faut que je sois écouté.* — Ce chapitre est à remanier, et les élèves trouveront dans les exemples suivants la solution de toutes les difficultés qu'il présente.

I. TEMPS QUI MARQUENT LE PRÉSENT ET LE PASSÉ.

N. ignorons *s'il fait,*   N. doutons *qu'il fasse,*......*num faciat.*
N. ignorions *s'il faisait,*   N. doutions *qu'il fît,*........*num faceret.*
N. ignorons *s'il a fait,*   N. doutons *qu'il ait fait,*....*num fecerit.*
N. ignorions *s'il avait fait,* N. doutions *qu'il eût fait,*....*num fecisset.*

FUTUR PASSÉ AYANT LE SENS DU PARFAIT. — Nous ignorons s'il aura déjà soupé; *tournez,* s'il a déjà soupé, *nescimus num jam cœnaverit.*

II. TEMPS QUI MARQUENT L'AVENIR.

N. ignorons *s'il fera,*   N. doutons *qu'il fasse,*....*num facturus sit.*
N. ignorions *s'il ferait,*   N. doutions *qu'il fît,*......*num facturus esset.*
N. ignorons *s'il aurait fait,* N. doutons *qu'il eût fait,*..*num facturus fuerit.*
N. ignorions *s'il aurait fait,* N. doutions *qu'il eût fait,*..*num facturus fuisset*

FUTUR PASSÉ ET PARFAIT DU SUBJONCTIF MARQUANT L'AVENIR. — Nous

---

1. *Tournez :* Quoique Epiménide expliquât... — 2. *Ejus.* — 3. *Tournez :* Lorsqu'il partit. — 4. *Tournez :* Lorsqu'il revint.

ignorons s'il aura, nous doutons qu'il ait terminé l'affaire *lorsque* vous viendrez ; *tournez*, s'il terminera *avant que vous veniez, nescimus, dubitamus num rem confecturus sit priusquam venias.*

REMARQUE. — Comment exprimer l'avenir, quand le verbe manque de supin, ou est au passif? On tourne de manière à employer un verbe qu'on puisse mettre au participe en *rus, ra, rum.* Ex. : Nous ignorons s'il étudiera la philosophie, *nescimus num philosophiæ operam daturus sit;* — s'il sera approuvé des gens de bien, *num viri boni cum probaturi sint.* (Dans le premier exemple nous avons remplacé *étudiera* par *donnera ses soins à,* et dans le deuxième nous avons changé le passif en actif.) — Quelquefois la bonne tournure est difficile à trouver; dans ce cas seulement l'élève emploiera les périphrases suivantes, qui sont commodes, mais peu latines : Nous ignorons s'il étudiera, s'il sera vaincu, *nescimus futurumne sit ut studeat, ut vincatur;* nous ignorions s'il étudierait, s'il serait vaincu, *nesciebamus futurumne esset ut studeret, ut vinceretur;* nous ignorons s'il aurait étudié, s'il aurait été vaincu, *nescimus futurumne fuerit ut studeret, ut vinceretur;* nous ignorions s'il aurait étudié, s'il aurait été vaincu, *nesciebamus futurumne fuisset ut studeret, ut vinceretur.* De même : Nous doutons qu'il étudie, qu'il soit vaincu, *dubitamus futurumne sit ut studeat, ut vincatur,* etc.

Exercice 13.

Savez-vous comment Solon supporta [son] malheur? — Dites-moi dans quelle bataille Epaminondas fut blessé à mort. — Voyez où j'ai vécu; comprenez ce que j'ai souffert. — La conduite de Cincinnatus, pendant son consulat[1], fit voir quelle noblesse, quelle fermeté, quelle grandeur d'âme étaient cachées dans une pauvre cabane. — La nature est le premier livre que Dieu ait montré aux hommes pour leur apprendre ce qu'il est. — Jugez avec quelle émotion je m'étais présenté devant le roi. — Je suivais la foule, ne sachant où j'allais. — Je n'ignore pas combien je vous serai à charge. — Je vous montrerai comment cette plante doit être cultivée. — J'ignore si cet enfant doit être traité avec indulgence. — Je cherche où je vous conduirai. — Alexandre encore enfant délibérait déjà par quel moyen il ferait la conquête de l'Asie.— Nous doutons que l'issue de ce combat soit heureuse. — Les honnêtes gens prévoyaient avec terreur quelles représailles les rigueurs de Sylla amèneraient un jour.

---

1. *Tournez :* Cincinnatus consul fit voir...

Exercice 14.

Nous ne savions pas si vous vous rangeriez à notre avis. — Je doutais certainement, au mois de mai, que la récolte fût aussi abondante cette année. — Je doute que votre père veuille satisfaire toutes vos fantaisies. — Demandez en quelle saison cette plante fleurira, et informez-vous si elle ne languira pas en pleine terre. — J'ignorais si vous vous seriez ennuyé de vivre à la campagne. — Personne ne peut me dire quand vous serez rappelé de l'exil. — Vous ne savez pas encore où vous serez envoyé. — Je doutais que le coupable fût bientôt arrêté. — Chacun se demandait si vous ne seriez pas soupçonné. — Je doute que vos paroles soient bien sincères. — Nous doutions que vous eussiez pitié de ce paresseux. — Je doutais que vous eussiez commis une pareille iniquité. — Je ne sais si cette entreprise aura été approuvée de votre père. — Je doute que mon frère soit rentré. — Je ne sais si notre navire aura quitté le port, lorsque la flotte ennemie arrivera. — Je ne doute pas que le traité n'ait été signé, quand le général recevra les renforts qu'il attend.

Thème 11.

FRÉDÉRIC ET LE CONSCRIT.

Le grand Frédéric avait coutume, quand il passait une revue, de chercher s'il n'y avait pas dans les rangs quelque nouveau conscrit, et, quand il en apercevait un, de lui demander quel âge il avait, depuis quand il était au service, et s'il recevait régulièrement [sa] ration et [sa] solde. Un jeune Français, nouvellement engagé dans l'armée prussienne, et qui ne connaissait pas un mot d'allemand, se vit fort embarrassé quand il sut ce que le roi lui[1] demanderait. Mais un camarade obligeant chercha comment il pourrait le tirer d'affaire. Il imagina de lui faire apprendre par cœur ce qu'il avait à répondre, et en quelques jours le Français sut admirablement sa leçon[2]. Peu de temps après, le roi passe [ses] troupes en revue, aperçoit notre conscrit,

------

1. *Sui, sibi, se.* — 2. *Tournez :* cela.

5.

va droit à lui, et changeant par hasard l'ordre habituel de [ses] questions : « Combien y a-t-il de temps que tu es au service ? » — « Vingt ans. » — « Quel âge as-tu donc ? » — « Quinze jours. » — En vérité, crois-tu que j'ai perdu la tête ? » — « Oui, sire, » répond le conscrit avec assurance. Le roi ne se fâcha pas : il avait tout deviné. Il demanda en français au jeune soldat s'il n'étudierait pas l'allemand avec plaisir, et, celui-ci ayant répondu affirmativement, il le fit instruire à ses [1] frais.

VERBES AU PASSIF DANS LE FRANÇAIS, QU'IL FAUT TOURNER PAR L'ACTIF EN LATIN.
VERBES A L'ACTIF DANS LE FRANÇAIS QU'IL FAUT TOURNER PAR LE PASSIF EN LATIN.

RÈGLES.

Mihi favet fortuna. *Je suis favorisé de la fortune* (1).

Illum omnes admirantur. *Il est admiré de tout le monde.*

Admirabantur Ciceronem, quum diceret. *Cicéron était admiré quand il parlait.*

Dicis Paulum a Petro amari (2). *Vous dites que Pierre aime Paul* (3).

OBSERVATIONS. — (1) Si plusieurs verbes sont de suite, et que, en latin, les uns aient un passif, tandis que les autres n'en ont pas, il faut les tourner tous par l'actif. — (2) Quand il y a amphibologie, et que le verbe latin n'a pas de passif, on doit chercher un autre tour qui rende le plus exactement possible l'idée du texte. Ex. : Je vous ai dit que les Athéniens admiraient beaucoup les poëtes, *tibi dixi Atheniensibus magnam fuisse poetarum admirationem.* — (3) Il est bien entendu que, si l'amphibologie n'est pas possible, si le sens n'est nullement douteux, il n'est pas besoin de tourner par le passif, bien que le sujet et le régime soient mis tous deux à l'accusatif.

Exercice 15.

Darius était suivi de dix mille soldats, dont les piques étaient ornées d'argent et garnies de pointes d'or. — Jamais un tel bienfait ne sera oublié de vos concitoyens. — L'accusé était mis à la torture, et, quand [son] crime était avoué, il subissait le dernier supplice. — Cette distance n'avait jamais été mesurée par les astronomes. — Caius

---

1. *Suus.*

Gracchus était accompagné d'une multitude de clients, quand il se rendait au Forum. — J'ai été un peu consolé par la dernière lettre de mon père. — Ce fait n'est pas attesté par tous les historiens. — Les chrétiens étaient poursuivis sans relâche. — Les belles-lettres n'étaient plus étudiées. — Zénobie fut épargnée par Aurélien. — Vos maîtres ont-ils été satisfaits? — Le temps doit être économisé avec sagesse. — Cicéron était aimé, admiré de tous les gens de bien. — Les clients étaient nourris et secourus par [leurs] patrons. — Les arts sont cultivés et favorisés. — Je dis que tu peux vaincre les Romains. — Il est probable que Porsenna battit les Romains. — L'histoire rapporte que l'Egypte et la Sicile alimentaient l'Italie. — Vous avez lu dans un auteur latin que les Gaulois assiégèrent le Capitole. — Hérodote raconte que les Egyptiens adoraient le crocodile. — Je sais qu'Alexandre admirait beaucoup Homère. — Je crois qu'Atticus consola souvent Cicéron.

Thème 12.

LE VOLEUR QUI SE TRAHIT LUI-MÊME.

Les Lacédémoniens s'aperçurent un matin que le temple de Minerve avait été pillé pendant la nuit, et, en y entrant, ils s'étonnèrent de voir une bouteille vide oubliée sur le pavé. Tous s'épuisaient en conjectures sur cette bouteille, quand un des assistants prit la parole : « Je crois avoir deviné, s'écria-t-il, l'usage que les voleurs en ont fait. N'ignorant pas que les sacriléges sont menacés par nos lois des plus affreux châtiments, ils ont voulu échapper au supplice, dans le cas où ils seraient poursuivis et mis en prison. Dans ce dessein, ils se sont empoisonnés avec de la ciguë, avant [1] de forcer les portes du temple. Mais, comme ils espéraient être favorisés par quelque heureux hasard, ils ont eu soin d'emporter avec eux [2] une bouteille de vin, afin de détruire l'effet du poison, si [leur] entreprise venait à

---

1. *Tournez :* avant qu'ils [ne] forçassent. — 2. *Tournez :* avec soi.

réussir. » La perspicacité de l'inconnu fut admirée de tout le monde ; puis les éloges qu'on lui donnait [1] furent suivis de certaines réflexions moins flatteuses ; quelques personnes prétendirent qu'il connaissait les voleurs ; d'autres l'accusèrent d'être un des sacriléges. Ils ne se trompaient pas : le crime fut bientôt avoué, et le coupable reçut le châtiment qu'il méritait.

RÉCAPITULATION DES VERBES.

Exercice 16.

Je vous réponds d'obtenir la grâce de votre frère. — Cicéron ne savait pas ce que l'avenir lui [2] réservait. — Je ne doute pas que vous ne gagniez votre cause. — Nous ne pouvons nous empêcher d'admirer le talent de notre adversaire. — Je me doute bien que les envieux s'efforceront de ternir la gloire de ce grand homme. — Qui empêchera cet imprudent de courir à [sa] perte ? — Ces nuages nous avertissent de rentrer au port. — Il n'a pas tenu à moi que vous ne fussiez mieux récompensé de vos services. — Je vous avertis que nous retournons à la ville. — Vous paraissez fâché de m'avoir secouru. — Il importe peu [3] au salut de l'Etat que vous soyez l'ennemi ou le partisan du prince. — Cyrus appréhendait que la fortune ne l'abandonnât [4] dans la suite, comme elle avait abandonné Crésus. — Les coupables qui se repentent, méritent que nous leur pardonnions. — Je crains de ne pas avoir réussi. — Les plus mauvais empereurs de Rome prirent toujours garde que la populace eût du pain et des jeux. — La crainte empêcha les Athéniens de s'opposer aux desseins de Pisistrate. — Prends garde de commettre une faute que personne ne te pardonnera.

---

1. *Tournez* : qui lui étaient donnés. — 2. *Tournez* : à soi. — 3. *Parvi.* — 4. *Tournez* : n'abandonnât soi.

Exercice 17.

J'avais l'espoir que cet enfant étudierait plus sérieuse-
ment. — Annibal ne craignit pas de porter la guerre au
sein même de l'Italie. — Auguste n'eut garde de prendre
le titre de roi. — Vous vous imaginez toujours faire mieux
que les autres, et vous prétendez ne vous tromper jamais.
— Les Parthes attendirent que la fatigue et la chaleur
eussent abattu le courage des Romains. — Faites-nous
savoir si cette nouvelle est vraie. — Nous ne nous atten
dions pas que dans ce pays la campagne fût si belle. —
L'expérience fait connaître combien la paresse est nuisible.
— Votre oisiveté est cause que vous vous ennuyez. — Je
ne sais s'il n'était pas préférable de partir le mois dernier.
— Ce jeune prince était flatté par tous les courtisans.
— Qui sait si le temps ne changera pas votre manière
de voir? — Chacun pense que l'éléphant terrassera le
lion. — J'ignore comment, sans votre secours, j'aurais
triomphé de toutes ces difficultés. — Je doutais que cet
enfant étudiât jamais avec ardeur. — Xerxès s'imaginait
que les Grecs auraient été vaincus sans peine par son [1] immense armée. — J'ignorais si mes conseils auraient été
écoutés. — Nous sommes certains que vous suivrez les
avis de vos maîtres.

DES PRONOMS.

PRONOM FRANÇAIS QUI MANQUE EN LATIN : *ON, L'ON*

RÈGLES.

Virtus amatur. *On aime la vertu.*
Adolescentibus non modò non
invidetur, verùm etiam fave-
tur (1). *Non-seulement on ne
porte pas envie aux jeunes
gens, mais on leur est même
favorable.*

Itur; ventum est. *On va; on est
venu.*
Admirantur virtutem ; aiunt (2).
On admire la vertu; on dit.
Homines pœnitet malè vixisse.
On se repent d'avoir mal vécu.

OBSERVATIONS. — (1) La 3° pers. du sing. passif sans sujet ne s'emploie
guère que si le verbe est neutre, et dans les locutions *on dit que, on lit que,
on croit que*, etc. — (2) Cet emploi de la 3e pers. du pluriel sans sujet n'a

---

1. *Suus.*

guère lieu qu'avec les verbes qui marquent un bruit répandu, comme *aiunt,
dicunt*, etc. — En général exprimez *on, l'on* par un mot comme *omnes, homines, cives, milites, aliquis*, suivant le sens de la phrase. On peut aussi
tourner souvent par *nous : Admiramur virtutem.*

Exercice 18.

On appelle avec raison humanités les belles études qui
nous apprennent à être hommes. — Le temps est précieux,
mais on n'en connaît pas le prix. — On pourrait appeler
Caracalla non pas un tyran, mais le destructeur des hommes.
— On perd tout le temps qu'on peut mieux employer. —
On va dans une verte prairie. — On satisfait [ses] maîtres
en travaillant. — Par une trop grande indulgence on nuit
aux enfants. — Dans cette bataille on combattit avec
acharnement jusqu'au soir. — On raconte que certains
insectes ne vivent qu'un jour. — On dit que votre frère a
remporté un grand succès. — On doit se souvenir également de [ses] amis présents ou absents. — On parla au roi
de ce trait de probité, et on lui demanda une récompense.
— On félicite Alcibiade, on oublie qu'autrefois il a été
chassé d'Athènes. — On manque de pain, on se nourrit de
racines et de fruits sauvages. — On se sert des feuilles de
certains arbres pour couvrir le toit des maisons. — On se
repentit d'avoir exilé ce grand homme. — On était dégoûté
de la licence. — On aurait été bien vite fatigué de faire la
guerre. — On a pitié des gens qui n'ont pas mérité leur[1] infortune. — On ne refusa pas à ce jeune homme les honneurs
qu'on avait accordés à ses[2] ancêtres. — On est ennuyé
partout de vos réclamations continuelles. — On convint
des conditions auxquelles on ouvrirait les portes de la ville.
— On court aux temples remercier les dieux.

Thème 13.

DÉPART POUR LA PREMIÈRE CROISADE.

Dès que le printemps parut, on se mit en marche pour
se rendre dans les endroits où l'on devait se rassembler.
Le plus grand nombre allait à pied; quelques cavaliers pa-

---

1. *Suus.* — 2. *Ejus.*

raissaient au milieu de la multitude; plusieurs voyageaient, dit-on, sur des chars traînés par des bœufs; d'autres descendaient les fleuves dans des barques. On voyait la vieillesse à côté de l'enfance, l'opulence près de la misère. Partout on ne rencontrait que des troupes d'hommes revêtus de la croix, jurant d'exterminer les Sarrasins; partout on entendait ce cri de guerre : Dieu le veut! Dieu le veut! Ceux qui ne pouvaient les suivre, manifestaient la plus vive douleur; on enviait le sort de ces hommes qui allaient au loin mourir[1] pour Jésus-Christ. Parmi les peuples venus des bords de la mer, on remarquait une foule de guerriers qui avaient quitté les îles de l'Océan. Leurs[2] vêtements et [leurs] armes, qu'on n'avait jamais vus, excitaient la curiosité et la surprise. Ils parlaient une langue qu'on ne comprenait point; et l'on raconte que, pour annoncer qu'ils[3] venaient défendre les intérêts de la croix, ils levaient en l'air deux doigts croisés[4] l'un[5] sur l'autre[6].

ON, L'ON. — (*Suite.*)

RÈGLES.

Nemo sine virtute potest esse beatus. *On ne peut être heureux sans la vertu.*

Qui bonum alienum appetit, meritò amittit proprium. *Quand on désire le bien d'autrui, on perd justement le sien.*

Si quis te interroget. *Si l'on vous demande.*

Videas homines qui honores appetant. *On voit des gens qui aspirent aux honneurs.*

Cervi dicuntur diutissimè vivere. *On dit que les cerfs vivent très-longtemps.*

Dicitur cervos diutissimè vivere. *On dit que les cerfs vivent très-longtemps.*

Dicitur te tuæ culpæ pœnitere. *On dit que vous vous repentez de votre faute.*

Pueri docentur grammaticam. *On enseigne la grammaire aux enfants.*

Pueri qui docentur grammaticam. *Les enfants à qui l'on enseigne la grammaire.*

Grammatica quam pueri docentur. *La grammaire que l'on enseigne aux enfants.*

---

1. *Tournez :* Devant mourir. — 2. *Eorum.* — 3. *Tournez :* soi venir. — 4. *Tournez :* Posés en manière de croix. — 5. *Alter.* — 6. *Alter.*

Exercice 19.

On ne doute jamais de son [1] [propre] mérite. — On ne convient pas souvent de ses [2] défauts. — Quand on est sage, disait Héraclite, on ne voit rien dans le monde qui ne paraisse odieux. — On est étonné, quand on lit que le lac Mœris avait environ quatre-vingts lieues de tour. — On agit contre la nature, quand on combat contre [sa] patrie. — Si l'on m'attaque, je me défendrai. — Si l'on veut être respecté d'autrui, on doit commencer par [se] respecter soi-même. — Si on lui accorde quelque faveur, il songe aussitôt à en demander une autre. — On trouve des gens qui foulent aux pieds toutes les lois divines et humaines. — On voit des gens que rien ne peut satisfaire. — On raconte que Rome fut prise par Alaric onze cent soixante-trois ans après sa fondation [3]. — Il semble que le soleil tourne autour de notre globe. — On dit que les alouettes font [leur] nid dans les blés, quand ils sont en herbe. — On assure que le pôle boréal est le moins froid des deux pôles. — On dit que les vieillards louent de préférence le temps passé. — On enseignait aux jeunes Spartiates la gymnastique, la lutte et tous les exercices du corps. — Les jeunes gens à qui l'on enseigne les mathématiques, saisissent mieux les explications de [leurs] maîtres, quand ils se sont d'abord livrés avec ardeur à l'étude des lettres. — La musique, que l'on vous enseigne avec tant de [4] soin, est un art sublime.

Thème 14.

DÉPART POUR LA PREMIÈRE CROISADE. — *(Suite.)*

On dit qu'entraînés par l'exemple et par l'esprit d'enthousiasme répandu partout, des villages entiers partirent pour la Palestine; on raconte même qu'ils emportèrent [leurs] provisions, [leurs] ustensiles, [leurs] meubles. Les plus pauvres marchaient sans prévoyance : on ne pouvait croire que celui qui nourrit les petits oi-

---

1. *Suus.* — 2. *Suus.* — 3. *Tournez :* Après qu'elle avait été fondée. — 4. *Tournez :* si soigneusement.

seaux laissât périr de misère des hommes revêtus de la croix. On croyait sans cesse toucher au terme du voyage. Si l'on apercevait une ville ou un château, on demandait si c'était là Jérusalem. Beaucoup de grands seigneurs, qui avaient passé [leur] vie dans [leurs] donjons[1] rustiques, et à qui l'on n'avait pas enseigné ce que personne n'ignore aujourd'hui, n'en savaient guère plus que [leurs] vassaux[2]. On raconte qu'ils conduisaient avec eux[3] [leurs] équipages de pêche et de chasse, et qu'ils marchaient précédés d'une meute, portant [leur] faucon sur le poing. Ils espéraient atteindre Jérusalem en faisant bonne chère, et montrer à l'Asie le luxe grossier de leurs[4] châteaux.

PRONOMS ADJECTIFS FRANÇAIS QUE L'ON EXPRIME D'UNE MANIÈRE DIFFÉRENTE EN LATIN.

IL, LE, LA, LUI, LEUR; SON, SA, SES, LEUR, LEURS.

RÈGLES.

Vulpes negavit se esse culpæ proximam. *Le renard dit qu'il n'était pas coupable.*

Diogenes jussit se projici inhumatum. *Diogène ordonna qu'on le jetât à la voirie* (1).

Hic philosophus dicebat suâ parvi referre. *Ce philosophe disait qu'il lui importait peu.*

At credo illum mentitum fuisse. *Mais je crois qu'il mentait.*

Pater amat suos liberos, at eorum vitia odit. *Un père aime ses enfants, mais il n'aime pas leurs défauts* (2).

Suum Cæsari gladium restitui. *J'ai rendu à César son épée.*

Mater te orat ut filiolo ignoscas suo. *La mère vous prie de pardonner à son fils.*

Ad amicum scripsi ut mihi negotium committeret suum (3). *J'ai écrit à mon ami de me confier son affaire.*

Te rogabo ut illius commodis inservias. *Je vous prierai de prendre ses intérêts.*

Ejus indoles est optima. *Son caractère est excellent.*

Sua eum commendat modestia. *Sa modestie le rend recommandable.*

Sua hominem perdet ambitio. *L'ambition de cet homme le perdra.*

OBSERVATIONS. — (1) Quand les deux verbes sont à la 3e pers. avec un sujet différent, il peut arriver que l'emploi de *sui, sibi, se* rende le sens douteux, et qu'on ne sache pas lequel des deux sujets il représente. Ainsi, dans la

---

1. *Turris.* — 2. *Vassalus.* — 3. *Tournez : avec soi.* — 4. *Suus.*

phrase : Saül commanda à un soldat de *le* tuer, l'emploi du latin *se* donne lieu à une équivoque ; on peut comprendre que Saül commanda au soldat de *se* tuer. Dans ce cas on remplace *se* par *ipsum* qui ne peut se rapporter qu'au sujet du 1er verbe : *Saul imperavit militi ut ipsum interficeret.* — (2) Toutes les règles de *son, sa, ses* peuvent se résumer ainsi : On emploie *suus* 1° si l'objet possesseur et l'objet possédé sont dans le même membre de phrase ; 2° quand on a deux verbes dont l'un gouverne l'autre, et que le membre de phrase du second verbe contient seulement l'objet possédé, *pourvu que l'objet possesseur soit sujet du premier verbe.* — Dans tous les autres cas, on se sert de *ejus, corum, earum.* — (3) Une équivoque analogue à celle dont nous avons parlé au n° 1 de ces Observations peut résulter de l'emploi de *suus.* Elle s'évite par l'emploi de *ipsius, ipsorum, ipsarum* qui indique que l'objet possédé appartient au sujet du premier verbe.

Exercice 20.

Pisistrate ordonna qu'on le portât tout sanglant sur la place publique. — Les tribuns s'écriaient que les patriciens voulaient les faire périr. — Les matelots avaient cru qu'ils pourraient aborder sans danger. — J'écoutai d'abord les conseils de ces faux amis, mais je m'aperçus bientôt qu'ils voulaient me perdre. — Les ennemis de Tibérius Gracchus étaient réunis sur la place publique, et ils s'écrièrent qu'il demandait le diadème. — Le roi Saül commanda à un de ses officiers de le tuer. — Le chef rebelle résolut d'envoyer au roi un parlementaire, qui demandât grâce pour lui et pour ses soldats. — Philippe retira des villes grecques toutes ses garnisons, et livra tous ses vaisseaux. — Platon se servit de la plus belle langue de l'univers, et il ajouta à sa beauté. — Les Athéniens faisaient à Thésée un crime de ses exploits et de ses malheurs. — Dans les armées bien disciplinées, le chef exige que les soldats obéissent à tous ses ordres. — Je vous envoie un homme intelligent et laborieux ; je vous exhorte à profiter de son zèle. — Sa figure est noble et douce. — Son rare mérite lui attira l'admiration de tous. — La prudence d'Auguste lui donna l'empire. — Chaque membre a ses fonctions. — La Grèce était redoutable par sa situation, la multitude de ses villes et le nombre de ses soldats. — Coriolan avait perdu son père dès sa plus tendre jeunesse ; [ce fut] sa mère Véturie, femme d'une austère vertu, [qui] l'éleva. — La grandeur de Rome se manifestait dans ses édifices publics. — César et ses lieutenants passèrent en Bretagne. — Ses flots sont purs comme le cristal. — Le vainqueur ordonna aux citoyens d'ouvrir sur-le-champ les portes de leur ville.

Thème 15.

DE L'UTILITÉ DES LETTRES.

Écrasée sous le poids de ses propres divisions et de la puissance romaine, la Grèce sentit bien qu'elle n'était pas tout à fait déchue; elle comprit qu'il lui restait une souveraineté, et qu'elle l'imposerait facilement à ses vainqueurs. Son goût pour les lettres, la philosophie et les arts la vengea de sa défaite, et ses lumières soumirent à leur tour l'orgueil des Romains : ils devinrent ses disciples. Des orateurs qui charmaient déjà Rome par leur éloquence, allèrent puiser en Grèce un goût fin et délicat, qui donna une nouvelle force à leur génie. Dans les écoles de philosophie, ils apprenaient à respecter les Grecs; ils communiquaient à leurs concitoyens leur admiration, et Rome rendait son joug plus léger; elle songeait qu'elle ne devait pas abuser de sa victoire, et qu'il lui importait, au contraire, de protéger une nation dépositaire de tous les trésors de la science. Aussi les Romains, par leurs bienfaits, distinguèrent-ils toujours la Grèce des autres provinces qu'ils avaient soumises. Quelle gloire pour les lettres, d'avoir épargné au pays qui les a cultivées, des maux dont ses législateurs, ses magistrats et ses capitaines n'avaient pu la garantir !

PRONOMS ADJECTIFS ÉQUIVALENTS EN FRANÇAIS ET EN LATIN.

TEL.

RÈGLES.

Non is sum qui tu. *Je ne suis pas tel que vous.*	Quidam hodie rident qui cras flebunt. *Tel rit aujourd'hui qui pleurera demain.*
Is *ou* talis fuit pater meus. *Tel a été mon père.*	Qui pater est, is est filius, *ou*

qualis pater est, talis filius. *Tel père, tel fils.*

Ea esse debet liberalitas, ut nemini noceat. *La libéralité doit être telle, qu'elle ne nuise à personne.*

Quis hujusmodi puerulos non amet? *Qui n'aimerait de tels enfants?*

Quis istiusmodi homines non oderit? *Qui ne haïrait de telles gens.*

Exercice 21.

Les Athéniens permirent à Solon d'établir tel gouvernement qu'il lui plairait. — A Pompéies, la vie privée des anciens s'offre à nous telle qu'elle était. — Les plus grands artistes trouvent souvent que leur œuvre n'est pas telle qu'ils l'avaient voulu. — Mon frère n'est pas tel que moi. — Cette tour n'est pas telle qu'elle vous paraît de loin. — Les Grecs crurent être libres, parce que les Romains les déclarèrent tels. — Tel était l'usage du lac Mœris. — Telles étaient les mœurs des anciens Egyptiens. — Telle est mon opinion. — Telles étaient les lois de Lycurgue. — Tels sont les principaux temples de la Grèce. — Tel cherche à tromper autrui, qui se prend souvent à ses propres piéges. — Tel vous pousse à livrer bataille, qui vous abandonnera au milieu du danger. — Tel prétend diriger les autres, qui ne peut se diriger lui-même. — Telle était hier mon opinion, telle elle est encore aujourd'hui.—Tel maître, tel valet. — Tel avait été Amilcar, tel fut son fils Annibal.— Tel avait été Tibérius Gracchus, tel fut son frère Caïus. — Telles étaient les dispositions d'Hortensius pour l'éloquence, que, à l'âge de dix-huit ans, il acquit la réputation d'excellent orateur.—L'injustice des Athéniens fut telle, qu'Aristide se vit condamné par eux à l'exil. — Je ferai mes lois de telle manière, que les citoyens connaîtront qu'il est utile de les observer et préjudiciable de les violer. — Pouvez-vous faire société avec de tels hommes? — Nous devons vénérer de tels maîtres. — Il faut imiter de tels exemples. — Ne commettez jamais de telles fautes.

Thème 16.

QUEL EST LE PLUS ANCIEN DES PEUPLES [1]?

Les Egyptiens s'étaient toujours crus le plus ancien peuple de la terre. Le roi Psammétichus voulut s'assurer s'ils avaient raison de vouloir passer pour tels. Il prit deux enfants nouveau-nés, et les fit élever à la campagne, avec des chèvres pour nourrices. Le berger qui les gardait, avait reçu l'ordre d'exercer autour de leur cabane une telle surveillance, que personne ne pût s'y introduire, et de ne jamais prononcer une seule parole devant eux. Quand ces enfants furent parvenus à l'âge de deux ans, ils s'écrièrent un jour, en étendant les mains vers leur père nourricier : Bécos, Bécos. Surpris d'un tel langage, le berger en donna avis au roi. Psammétichus se fit apporter aussitôt les petits enfants, et tel avait été leur jargon devant le berger, tel il fut encore en présence du monarque. Dès lors on se mit à chercher à quelle langue appartenait ce mot, et l'on trouva que tel était le nom du pain chez les Phrygiens. Les Egyptiens furent obligés de convenir que l'ancienneté de leur race n'était pas telle qu'ils l'avaient cru, et ils reconnurent que les Phrygiens étaient leurs aînés. Tel est le récit d'Hérodote.

MÊME.

RÈGLES.

Non idem es erga me qui fuisti olim. *Vous n'êtes pas le même à mon égard que vous avez été autrefois.*	Eum ne vidi quidem (1). *Je ne l'ai pas même vu.*
Idem homo. *Le même homme.*	Illum perinde amo ac si esset frater meus (2). *Je l'aime de même que s'il était mon frère.*
Homo ipse. *L'homme même.*	Non item de Romanis (3). *Il n'en est pas de même des Romains.*
Avarus sibi ipse nocet. *L'avare se nuit à lui-même.*	Causa bona est, imò optima. *La cause est bonne, et même très-bonne.*
Vetustas ferrum ipsum exedit. *Le temps ronge le fer même.*	

---

1. Devant ces sortes de titres les Latins sous-entendent *dicam* (je vais dire), et considèrent le mot interrogatif comme placé entre deux verbes.

Observations. — (1) Placez entre *ne* et *quidem* le mot sur lequel tombe la négation. — (2) Après *de même que si, comme si,* l'imparfait et le plus-que-parfait de l'indicatif français s'expriment par les mêmes temps du subjonctif latin, si le premier verbe est au passé ; mais si le premier verbe est au présent ou au futur, on met le présent du subjonctif au lieu de l'imparfait, et le parfait du subjonctif au lieu du plus-que-parfait. Il faut donc dire : *Illum amo perinde ac si* sit *frater meus.* — (3) L'exemple donné par Lhomond est incorrect : *Item* et *non item* ne peuvent se placer qu'à la fin de la phrase. Ajoutons que pour mettre le nom ou pronom au cas qui lui convient, il faut examiner le rôle qu'il joue dans la phrase, en remarquant qu'il y a un verbe sous-entendu, et que ce verbe est le même que celui du membre de phrase précédent. Ex. : Cela me plaît à moi ; il n'en est pas de même des autres, *id mihi placet, cæteris non item,* m. à m. *Cela me plaît à moi, (mais) ne (plaît) pas de même aux autres.*

Exercice 22.

Pendant leur lutte avec les Romains, les Perses montrèrent dans les négociations la même habileté que dans la guerre. — Socrate fut traité par les Athéniens de la même manière que les criminels. — Je serai toujours envers votre ami le même que je suis en ce moment. — Vous me répétez toujours la même chose. — Les mêmes généraux ne remportent pas toujours les mêmes victoires. — Il parle toujours avec le même talent. — Les oiseaux même fuyaient cette île sauvage. — Ce roi tira un immense avantage du malheur même de ses alliés. — Les côtes même qui paraissent les plus stériles, produisent souvent des fruits délicieux. — Les lauriers forment d'eux-mêmes de gracieux berceaux. — Cincinnatus conduisait lui-même la charrue. — Les Romains perdirent leur discipline militaire, et ils abandonnèrent même leurs armes. — Ces murs même peuvent avoir des yeux. — Le sage se suffit toujours à lui-même. — Le présomptueux se décerne à lui-même les plus beaux éloges. — Les triumvirs proscrivent Cicéron lui-même. — Les Gaulois firent longtemps trembler tous les peuples et les Romains eux-mêmes.

Exercice 23.

Ne parlez mal de personne, pas même de vos ennemis.
— Après la bataille de Cannes, il ne fut pas permis
même aux femmes de verser des larmes. — Vous n'avez
pas même un ami. — Cet avare se prive du nécessaire,
de même que s'il était le plus pauvre des hommes. —
Vous agissez ici de même que si vous étiez le maître. —
Les Perses prirent la fuite de même que s'ils étaient chassés
par quelque divinité. — Les soldats de Xerxès étaient
énervés par la mollesse; il n'en était pas de même des
Grecs. — Titus mérita d'être appelé les délices du genre
humain; il n'en fut pas de même de Domitien, son frère.
— Les Athéniens avaient condamné Socrate à boire la
ciguë; il en fut de même de Phocion. — Je n'ai pas encouragé votre paresse, et même je l'ai toujours sévèrement
punie. — Le travail ne me fatigue pas, et même il me
procure une distraction agréable. — Denys le Jeune fut
obligé de quitter la Sicile, et même de se faire maître
d'école à Corinthe.

Thème 17.

FONDATION DE CONSTANTINOPLE.

Constantin avait résolu de donner une seconde capitale
à l'empire. Il songea d'abord à rebâtir la superbe Troie,
parce que le souvenir de cette antique cité était toujours
cher aux Romains. Lui-même d'ailleurs se sentait attiré
par la célébrité de ces rivages, que la poésie d'Homère
avait encore plus embellis que la nature même. Les travaux étaient déjà commencés, et même les murailles sortaient de terre, quand l'ordre arriva d'abandonner l'entreprise : Constantin avait préféré l'emplacement de Byzance.
En effet, cette ville, située dans un isthme, sur la limite
même de l'Europe, en face de l'Asie, dont elle est séparée
par un détroit qui n'a pas même sept stades de largeur,
était vraiment faite pour devenir la capitale d'un grand
empire. La configuration du sol était la même qu'à Rome,

et Constantin eut soin de conserver cette ressemblance :
Rome était assise sur sept collines, il en fut de même de
la nouvelle cité. Les monuments furent aussi les mêmes :
les courtisans de l'empereur montèrent au Capitole, et
allèrent s'asseoir au Cirque, de même que s'ils étaient à
Rome.

AUTRE.

RÈGLES.

Non alius est quàm erat olim. *Il n'est pas autre qu'il n'était autrefois.*
Quivis alius populus ac romanus despondisset animum. *Tout autre peuple que le peuple romain eût perdu courage.*
Longè alius es atque eras. *Vous êtes tout autre que vous n'étiez.*
Quære uter utri insidias fecerit. *Examinez lequel des deux a dressé des embûches à l'autre.*
Alii ludunt, cantant alii. *Les uns jouent, les autres chantent.*
Alter ou unus ait, negat alter. *L'un dit oui, l'autre dit non.*
Alii aliis rebus delectantur. *Les uns aiment une chose, les autres une autre.*

Exercice 24.

Dieu a fait l'homme autrement que le reste des animaux,
pour qu'il puisse contempler le ciel. — Nul autre peuple
que le peuple romain n'aurait survécu à ce désastre. —
Quel autre que Dieu pourrait avoir opéré ces merveilles?—
Je ne veux rien autre que votre amitié. — Tout autre
qu'Annibal eût échoué dès le commencement de la guerre.—
Toute autre cuirasse que celle [1] du roi eût été traversée par
ce coup terrible. — Le distrait songe continuellement à
toute autre chose qu'à ce qu'il fait. — Socrate demanda
aux juges un tout autre sort que celui qui l'attendait. —
Les Romains, sous les empereurs, établirent des usages
tout autres que ceux qui les avaient rendus maîtres de
l'univers. — Vous auriez dû m'accueillir tout autrement

---

1. *Traduisez :* que la cuirasse...

que vous ne l'avez fait. — Lequel des deux chassera
l'autre? — Je voudrais savoir lequel de ces deux enfants a
donné des coups à l'autre? — Lequel des deux oubliera
l'autre? — Lequel des deux aura besoin de l'autre? — Les
uns se tenaient aux portes du palais, les autres demeu-
raient auprès de la personne [1] du roi. — L'un est percé
d'un javelot, l'autre abattu d'un coup de massue, un
troisième est jeté à bas de son cheval, et ceux qui les
suivaient prennent la fuite. — Lorsqu'une province était
ravagée, les Barbares passaient dans une autre. — Tibère
et Sévère se laissèrent gouverner, l'un par Séjan, l'autre
par Plautien. — Quand l'un arrive, l'autre s'en va. — L'un
part d'un endroit, l'autre d'un autre. — Les uns écrivent
ce mot d'une manière, les autres d'une autre.

AUTRE — (*Suite*).

LE PREMIER, LE SECOND. — CELUI-CI, CELUI-LA.

RÈGLES.

Neuter alterum amat. *Ils ne s'ai-*
ment ni l'un ni l'autre.
Uterque alterum odit (1). *Ils se*
haïssent l'un l'autre.
Alterutrum ad te mittam (2).
Je vous enverrai l'un ou l'au-
tre, l'un des deux.
Cœpit vesci singulis. *Il se mit*
à les manger l'une après l'au-
tre.
Prior semper ridebat, posterior
indesinenter (3) flebat. *Le pre-*
mier riait toujours, le second
pleurait sans cesse.
Hic semper ridebat, ille indesinenter flebat. *Celui-ci riait*
toujours, celui-là pleurait sans
cesse.
Uter sententiam demutaverit
pecuniâ mulctabitur. *Celui*
des deux qui se dédira paiera
l'amende.

OBSERVATIONS. (1) *Les uns les autres* s'exprime par *alii* répété; on met
une fois *alii* au cas du sujet, et la seconde fois on le met au cas du régime, sans exprimer *nous, vous, se.* Ex. : Les hommes doivent se rendre
service les uns aux autres, *homines alii aliis prodesse debent.* (2) Quand il
est question d'objets qui vont toujours deux par deux, au lieu *d'alteruter,* on
emploie *alter.* Ex. : Etre privé de l'un des deux yeux, *altero oculo carere.*
(3) *Indesinenter* ne se trouve pas dans les bons auteurs.

---

1. *Tournez :* auprès du roi lui-même...

Exercice 25.

Ils se soutiennent l'un l'autre. — Ils se flattent l'un l'autre. — Aimez-vous les uns les autres. — Ils ne se recherchent ni l'un ni l'autre. — Examinez ces coupes, je veux vous donner l'une ou l'autre. — Voilà deux épées : choisissez l'une des deux. — Cette statue a l'une des deux mains brisée, et l'un des deux pieds a bien souffert des ravages du temps. — César interrogea les prisonniers l'un après l'autre. — Quand on veut surmonter les difficultés, il faut les aborder les unes après les autres. — Alexandre et César passèrent les premières années de leur jeunesse d'une manière bien différente : le premier montra le plus grand éloignement pour les plaisirs ; le second s'y plongea tout entier. — Démosthène et Cicéron furent tous deux bannis de leur patrie ; le premier pour avoir vendu son éloquence, le second pour l'avoir consacrée au salut de la République. — Entre le premier, le second et le troisième, il n'y a qu'une légère différence. — La première sort la tête de l'eau et s'enfuit ; la seconde s'approche davantage, la troisième saute sur le soliveau, et les autres l'imitent bravement. — Démétrius et Antoine aimaient les plaisirs : celui-ci négligea sa gloire pour s'y livrer ; mais celui-là les fit toujours passer après les choses sérieuses. — Celui des deux peuples qui sera le vainqueur entreprendra bientôt de nouvelles guerres. — Celui des deux qui arrivera le premier recevra une couronne.

Thème 18.

UNE MISSION IMPORTANTE.

Il y a aujourd'hui cent quatre-vingt-cinq ans, Louvois demanda à un jeune seigneur s'il ne voulait pas rendre au roi Louis XIV un service signalé. Il ne s'agissait de rien autre que d'arriver à Bâle un certain jour, de rester sur le pont depuis six heures du matin jusqu'à midi, de noter soigneusement tout ce qu'il y verrait, et de revenir à toute bride. Joyeux de cette marque de confiance, le courtisan va s'établir au poste indiqué, s'attendant à voir apparaître une flottille sur le fleuve ou une armée à la tête du pont, et surpris de n'apercevoir ni l'une ni l'autre. A six heures, passent deux paysans ; le premier est ivre, et le second l'aide à marcher ; à sept, un meunier et un âne, l'un portant l'autre ; à huit, un cheval boiteux ; à neuf, passent des femmes qui crient, des enfants qui pleurent.

Thème 19.

UNE MISSION IMPORTANTE. — (*Suite.*)

A dix heures paraît un baladin habillé de rouge et de jaune, qui jette des pierres dans l'eau pour faire des ronds ; à onze heures et à midi, des gens pressés qui viennent, les uns d'un côté, les autres d'un autre, et qui se rendent à leurs affaires. Sa mission finie, le jeune seigneur retourne en toute hâte auprès du ministre, et lui énumère l'une après l'autre les choses qu'il a vues. Il peut à peine dissimuler son dépit, certain que Louvois attend de tout autres nouvelles. Celui-ci écoute néanmoins son message avec la plus grande attention, et, avant qu'il n'ait fini de lire ses notes, il lui saute au cou, l'embrasse, et, demandant sa voiture, part comme l'éclair. L'homme jaune et rouge n'était autre chose que le signal convenu pour annoncer à Louis XIV un fait important : les Français pouvaient se présenter devant Strasbourg ; on les attendait pour leur en ouvrir les portes.

QUEL QUE... — QUI QUE CE SOIT QUI... — QUELQUE... QUE...

RÈGLES.

Quantacunque est ejus memoria, multa tamen obliviscitur (1). *Quelle que soit sa mémoire, il oublie cependant bien des choses.*

Utracunque pars vicerit, tamen perituri sumus (2). *Qui que ce soit des deux partis qui remporte la victoire, nous périrons.*

Quodcunque consilium ceperis, vituperabere. *Quelque parti que vous preniez, vous serez blâmé.*

Quotcunque apud ingratum officia posueris, nunquam satis multa contuleris. *Quelques services que vous rendiez à un ingrat, vous ne lui en rendrez jamais assez.*

Quantumvis sit doctus, multa tamen ignorat (3). *Quelque*

savant qu'il soit, il ignore cependant bien des choses.
Quanticunque æstimanda est | doctrina..... *Quelque estimable que soit la science....*

OBSERVATIONS. (1) Après *quelque, qui que ce soit qui, quelque... que,* il faut généralement l'indicatif. Cependant on met de préférence le subjonctif dans les phrases générales, dont le sujet est indéterminé, ou dont le verbe marque une simple possibilité. (2) Après ces pronoms, comme après la conjonction *si,* on met le futur ou le futur passé de l'indicatif, quand le verbe principal est au futur. (3) *Quantumvis* est peu employé. Mettez plutôt *licét* ou *quamvis* (avec le subjonctif).

Exercice 26.

Quels que soient tes chagrins, fais le bien et tu seras heureux. — Quel que soit son talent, l'homme qui se loue lui-même indispose ses auditeurs. — Quelle que fût la rigueur du froid, Phocion marchait toujours nu-pieds et sans manteau. — Qui que ce soit qui vous conseille de mal faire, n'abandonnez jamais la bonne voie. — Qui que ce soit des deux candidats qui réussisse, Sextus lui sera contraire. — Qui que ce soit des deux orateurs que vous préfériez, convenez qu'ils ont l'un et l'autre un grand génie. — Quelque violence ou quelque injustice que la patrie nous fasse, disait Socrate à Criton, nous devons tout subir sans murmurer [1]. — Quelques grands services qu'il eût rendus à sa patrie, Cicéron avait tort de les vanter sans cesse. — Quelque affaire qu'on eût à démêler, Cincinnatus avait pour chacun beaucoup de [2] douceur et de bonté. — Quelques nombreux soldats que possède une nation, elle sera vaincue, si la discipline est mal observée. — Quelque habile que fût Annibal, il finit par être vaincu. — Quelque estimables que fussent les qualités de Miltiade, Athènes les méconnut. — Quelque petit que soit un insecte, la structure de son corps est admirable. — Quelque grande que soit votre puissance, et quelque petite que soit la mienne, je ne vous reconnais pas le droit de me commander.

---

1. *Tournez :* avec résignation. — 2. *Tournez :* une grande douceur.

Thème 20.

LE LOUP MOURANT.

Près de rendre le dernier soupir, un loup examinait sa conscience. « Quelques fautes que j'aie commises, s'écriait-il, il n'est pas difficile de trouver des coupables qui auront à rendre un compte plus terrible que moi. J'ai fait du mal, il est vrai ; mais aussi il m'est arrivé souvent de faire le bien. Un jour, je m'en souviens, un agneau écarté de la bergerie, passa en bêlant auprès de moi ; je pouvais l'égorger : cependant quelque grande que soit ma méchanceté, j'eus la générosité d'épargner sa faiblesse. Une autre fois, j'écoutai sans colère les injures d'une brebis, quelque sanglantes qu'elles fussent : patience [1] admirable, car je n'avais rien à craindre des chiens : ils dormaient paisiblement. » — « Je puis attester tous ces faits, interrompit un renard qui veillait au chevet du malade ; toutes les circonstances, quelles qu'elles soient, en sont encore présentes à ma mémoire ; c'était à l'époque où tu avais dans le gosier cet os dont la grue te délivra. »

PRONOMS FRANÇAIS QUI NE S'EXPRIMENT PAS EN LATIN.

RÈGLES.

Credo oportere. *Je crois qu'il faut.*

Animi dotes corporis dotibus longè præstant. *Les qualités de l'âme sont bien préférables à celles du corps.*

Sic locutus est. *C'est ainsi qu'il parla.*

Non quòd approbem (1), sed quòd. *Ce n'est pas que j'approuve, mais c'est que...*

Non quò mihi sit alter altero carior. *Ce n'est pas que l'un me soit plus cher que l'autre.*

Non quin existimem. *Ce n'est pas que je ne pense.*

Quamvis improbos salutaverim, non continuò sum improbus. *Quoique j'aie salué des méchants, ce n'est pas à dire pour cela que je sois méchant.*

Valetudo patris me potissimùm

NOTES. — 1. Ce substantif est mis en apposition avec la phrase précédente. Cette construction n'est pas admise en latin. Il faut donc, ou rattacher étroitement les mots *patience admirable* avec ce qui précède, ou tourner de telle manière qu'ils forment une phrase nouvelle.

sollicitat. *Ce qui me chagrine le plus, c'est la mauvaise santé de mon père.*

Illud spero me futurum immor- | talem. *Ce que j'espère, c'est que je vivrai éternellement.*

Errat qui putat. *C'est se tromper que de croire.*

OBSERVATION. (1) Après *non quòd, non quò*, il faut mettre le subjonctif, mais après *sed quòd, sed quò*, il faut toujours l'indicatif.

Exercice 27.

Pensez-vous qu'il soit nécessaire de partir aujourd'hui? — Je crains qu'il ne pleuve; aussi je crois qu'il vaut mieux remettre notre voyage à demain. — Avez-vous vu votre frère? Il s'ennuie beaucoup de votre absence. — Cet enfant est d'un excellent naturel: il a pitié des malheureux. — L'ouvrage de Justin est l'abrégé de celui de Trogue-Pompée. — La langue de Sénèque est bien inférieure à celle de Cicéron. — L'armée des Grecs était mieux exercée que celle des Perses. — Les Romains d'Orient refusèrent une flotte à ceux d'Occident, à cause de leur alliance avec les Vandales. — Chez les Romains, les légions d'Europe valaient mieux que celles d'Asie. — C'est à la maison paternelle que la joie est la plus vive et la plus pure. — C'est toi, divine poésie, qui consoles la douleur, qui encourages la vertu et qui flétris le vice. — C'est Thalès qui, le premier des Grecs, enseigna que l'âme est immortelle. — C'est en vain que vous préparez le baume pour des plaies que vous ne pouvez guérir. — Est-ce ainsi que vous tenez vos promesses?

Exercice 28.

Ce n'est pas que Camille désirât la ruine de sa patrie; mais c'est qu'il pensait qu'elle aurait besoin de lui dans le danger, et qu'elle le rappellerait de l'exil. — Ce n'est pas que vous soyez inférieur à votre collègue; mais c'est qu'il est moins honnête que vous. — Je ne vous approuve pas d'agir ainsi: ce n'est pas que vos sentiments ne me paraissent fort louables, mais c'est que je crois que bien des gens abuseront de votre bonté. — De ce que vous avez remporté une victoire, il ne s'ensuit pas que vous soyez capable d'être toujours vainqueur. — Ce qui, à mon avis,

forma ce grand homme, ce furent ses nombreux voyages.
— Ce qu'il préférait au plaisir de vaincre, c'était le plaisir de pardonner. — Ce que je redoute, c'est de ne pas assez bien faire. — Ce qui me chagrine, c'est que vous ne venez plus me voir. — C'est être fou que de vouloir imposer à tous les peuples ses lois et ses coutumes. — Voyager à pied, c'est voyager comme Thalès, Platon et Pythagore. — C'est être un sot que de tout attribuer au hasard.

Thème 21.

MITRANE ET CHOSROÈS.

« Prince, » dit un jour Mitrane au roi de Perse Chosroès, « depuis que je suis ton ministre, tu m'as toujours comblé de faveurs. Mais, bien que je doive en garder une reconnaissance éternelle, est-ce à dire pour cela qu'il me faille renoncer à l'accomplissement du plus grand des devoirs, celui d'élever mon fils? Permets-moi donc de quitter ta cour pour me consacrer tout entier à l'éducation de mon enfant. » — «Je te le permets, répondit Chosroès, mais à une condition : c'est que tu instruiras mon fils avec le tien dans la retraite, au sein de l'innocence et de la vertu. De tous ceux qui m'entourent, c'est toi qui es le plus digne d'éclairer et de former l'âme d'un jeune prince. Rends à tes concitoyens ce dernier service : c'est bien mériter des hommes que de leur donner un bon maître. »

Thème 22.

MITRANE ET CHOSROÈS. — (*Suite.*)

Mitrane partit avec les deux enfants, et, cinq ans après, il revenait avec eux auprès de Chosroès; mais le jeune prince n'était pas égal en mérite au fils de Mitrane. Le roi, qui s'aperçut de cette différence, s'en plaignit à son ancien ministre. « Est-ce ainsi, lui dit-il, que tu as tenu parole? » — « O roi! répondit Mitrane, il est vrai, mon fils est supérieur au tien. Ce n'est pas que j'aie soigné son éducation plus que celle de ton fils; mais c'est qu'il a fait un meilleur usage des leçons que j'ai données à l'un et à l'autre. J'ai partagé également entre eux mon affection et mon zèle ; mais ce que mon fils savait, c'est qu'il aurait besoin du secours des hommes, et ce que je n'ai pu cacher au tien, c'est que les hommes auraient besoin de son appui. »

DES PARTICIPES.

PARTICIPES FRANÇAIS QUI MANQUENT EN LATIN. — PARTICIPES FRANÇAIS QUI S'EXPRIMENT EN LATIN PAR UNE PRÉPOSITION ET UN NOM.

RÈGLES.

Quum Cicero esset consul, detecta fuit conjuratio. *Cicéron étant consul, la conjuration fut découverte.*
Mus elephanto quum occurrisset. *Un rat ayant rencontré un éléphant.*
Quum Deus ei favisset, consilium perfecit suum. *Étant favorisé de Dieu, il vint à bout de son entreprise.*
Quum latrones eum persecuti essent, evasit. *Ayant été poursuivi des voleurs, il s'échappa.*
Pro tuâ prudentiâ. *Ayant autant de prudence que vous en avez.*

Exercice 29.

Tibère, étant le beau-fils d'Auguste, fut choisi par ce prince pour lui succéder. — Cincinnatus, ayant abdiqué la dictature, retourna à ses bœufs et à sa charrue. — Les anciens ne pouvaient pas naviguer en pleine mer, les astres étant leurs seuls guides. — L'ennemi, ayant désespéré de nous vaincre à force ouverte, eut recours à la ruse. — César étant tombé en sortant de son navire, interpréta ce présage en sa faveur et s'écria : « Je te tiens, Afrique. » — Dioclétien, ayant renoncé à l'empire, se retira à Salone. — Pompée, étant descendu dans la barque, fut aussitôt mis à mort. — Cet enfant, ayant été trop admiré, est d'un orgueil insupportable. — La témérité du chef ayant été imitée des soldats, l'armée fut bientôt entourée et vaincue. — Les monuments de l'Egypte, ayant été étudiés avec ardeur, nous ont enfin livré les secrets de leurs inscriptions. — La langue grecque, ayant été oubliée des peuples de l'Occident, ne reprit sa place dans leurs écoles qu'après la prise de Constantinople. — Etant aussi riche que vous l'êtes, vous ne pouvez refuser des secours à ce malheureux. — Ayant autant d'éloquence que vous en avez, vous ne devez pas rester muet.

Thème 23.

BON MOT D'ANNIBAL.

Annibal, étant à la cour d'Antiochus, n'oubliait pas la haine implacable qu'il avait jurée aux Romains; et, ayant compris qu'il pourrait facilement entraîner dans son parti le roi qui lui donnait asile, il ne cessait d'exciter ce prince contre Rome. Il ne tarda pas à obtenir ce qu'il désirait, et un jour Antiochus, ayant levé une armée, la réunit dans une vaste plaine; puis, suivi des principaux officiers, parmi lesquels se trouvait Annibal, il alla passer la revue de ces troupes qu'il voulait conduire en personne au pied du Capitole. A la vue de son armée, le roi ne put s'empêcher de pousser un cri d'admiration, et, ayant fait approcher Annibal : « Voyez, lui dit-il, quelles brillantes cohortes! Comme l'or et l'argent étincellent sur les armures! Regardez ces éléphants chargés de tours, ces chars armés de faux, ces colliers précieux, ces freins ciselés, ces rênes de pourpre! » Ayant autant d'expérience de la guerre qu'il en avait, Annibal ne conçut pas une haute idée de ces soldats de parade; et le roi ayant ajouté d'un air satisfait : « Nous pouvons être sans crainte; en voilà, je pense, assez pour les Romains. » — « Oui, » répondit le rusé Carthaginois, en songeant au butin que ces troupes laisseraient sur les champs de bataille, « oui, c'en est assez pour les Romains, quelle que soit leur avidité. »

RÉCAPITULATION

DES PRONOMS ET DES PARTICIPES.

Exercice 30.

Nous avons besoin des mêmes conseils que vous. — Admirez les plantes qui naissent de la terre : leurs espèces et leurs vertus sont innombrables. — Vous ne connaissez pas même de nom les grands écrivains de la Grèce et de Rome. — La patrie d'Annibal l'aurait livré à la haine des Romains. — La populace avait pleuré Néron : il en fut de même de Commode. — On rencontre parfois des gens qui veulent donner des conseils aux autres, et qui ne savent pas se conduire eux-mêmes. — Catilina disait que le peuple romain était un corps sans tête, et que lui serait cette tête. — On dit que l'Australie est presque aussi grande[1] que[2] l'Europe. — Telle était la scélératesse de Catilina, qu'il résolut de mettre le feu aux quatre coins de Rome. — On enseignera toujours le latin et le grec aux jeunes gens qu'on destinera aux carrières libérales. — Il n'est pas étonnant que je sois tel que mon père. — On respecte toujours un peuple, quand on sait qu'on ne peut le vaincre qu'après une longue résistance. — Tel se croit un homme de génie, qui la plupart du temps n'est qu'un sot.

Exercice 31.

Les règles que l'on vous enseigne ne sont pas difficiles à comprendre, quand on veut les étudier avec attention. — On avait honte d'un tel abaissement. — On étudie toujours l'histoire avec plaisir. — On poursuivit l'ennemi jusque dans ses retranchements. — Dans certains cantons de la Bretagne, les paysans se servent encore aujourd'hui d'une autre langue que nous. — Deux chemins conduisent à la ville : vous pouvez prendre l'un ou l'autre. — Lucius et Valérius aiment leurs enfants ; mais celui-ci les perd

---

1. Aussi grand, *tam magnus, a, um.* — 2. Que, *quàm.*

par une trop grande indulgence, et celui-là par une excessive sévérité. — Quel que fût notre courage, nous fûmes obligés de céder au nombre. — Quelque mince que soit le mérite de Muréna, il est encore supérieur au vôtre. — Le royaume des Perses et celui de Syrie ne furent jamais si forts que celui des Parthes. — C'est se rendre à charge aux autres que de parler toujours de soi-même. — A quelque illustre famille qu'on appartienne, on n'arrive pas à la gloire, si l'on n'en est pas digne.

Exercice 32.

Toute autre cité qu'Athènes se fût bien gardée d'exiler Aristide. — Qui que ce soit qui se présente de votre part, je l'accueillerai toujours avec empressement. — Ce n'est pas que ces vers de Virgile me soient difficiles à comprendre, mais c'est que je me recueille pour les méditer. — Le perfide Séjan eut une fin tout autre que celle qu'il avait espérée. — Le père ayant été trop indulgent, son fils commit bientôt de nouvelles fautes. — Lequel des deux deviendra le maître de l'autre? — De ce que je suis venu plusieurs fois à votre secours, est-ce à dire pour cela que je doive toujours vous aider. — Les uns nuisent aux autres. — Ce que je vous défends, c'est de fréquenter les mauvais élèves. — Le crime ayant été avoué, nous pouvons prononcer la peine sans scrupule. — Des deux consuls, l'un fut tué, l'autre blessé. — Étant aussi heureux que vous l'êtes, vous ne devez pas vous plaindre. — César et Pompée se défiaient l'un de l'autre. — Ces hommes se soutiennent les uns les autres.

DES ADVERBES

QUE ADVERBE.

RÈGLES.

Quid *ou* cur moraris? *Que tardez-vous?*	Quin *ou* cur non huc advolas? *Que n'accourez-vous ici?*

Quanti tibi constitit hæc domus? *Que vous a coûté cette maison?*
Utinam tecum loqui possim. *Que ne puis-je vous entretenir!*
Laus virtuti tantummodo (1) *ou* soli virtuti debetur. *La louange n'est due qu'à la vertu.*
Nihil aliud nisi togam sumpsit. *Il n'a pris que sa robe.*
Sapiens nihil affirmat quod non probet. *Le sage n'assure rien qu'il ne prouve.*

Non hinc proficiscar, quin *ou* nisi *ou* priusquam te viderim (2). *Je ne partirai pas d'ici que je ne vous aie vu.*
Quantùm te diligo! *Que je vous aime!*
Quanta esset mea lætitia! *Que ma joie serait grande!*
Quantula est hæc schola! *Que cette classe est petite!*
Quot et quantas calamitates hausit! *Que de malheurs n'a-t-il pas essuyés!* (3).

OBSERVATIONS. — (1) N'employez jamais *solummodo,* donné par Lhomond. Il n'y a de ce mot que de fort rares exemples. — (2) Cet exemple doit être corrigé ainsi : *Non hinc proficiscar quin te viderim,* ou *nisi* ou *priusquam te videro.* — Après *nisi* et *priusquam* on met le futur passé quand le premier verbe est au futur. — (3) Il faudrait cependant exprimer la négation, si elle donnait à la phrase un sens négatif, comme dans cet exemple : Que de gens ne sont pas heureux!

Exercice 33.

Que partez-vous si vite? — Que n'obéissez-vous aux conseils de vos maîtres? — Que coûte ce livre? — Que valait le denier romain? — Que ne suis-je assise à l'ombre des forêts! — Que je voudrais vivre ainsi loin du tumulte des villes! — Varron n'avait été élevé au consulat que pour mortifier la noblesse. — Quand les Romains furent en décadence, ils n'eurent guère que de la cavalerie. — Un empire fondé par les armes ne peut se soutenir que par les armes. — Tous les règlements de Cécrops ne respiraient que la sagesse et l'humanité. — Jamais Bias ne soutint une cause qu'il ne la crût juste. — Je ne reçois personne que vous ne connaissiez. — Je ne puis parler que vous ne cherchiez à me contredire. — Nous ne cesserons de demander cette faveur, que nous ne l'ayons obtenue. — Cette plante ne fleurira pas que vous ne l'ayez exposée au soleil. — Que j'admire votre patience! — Par un soleil d'été que les Alpes sont belles! — Que la jeunesse est légère ! —Que la philosophie est supérieure aux autres sciences !— Que de soldats Xerxès réunit contre la Grèce ! — Que de talent vous avez déployé ! — Que j'estime l'homme que rien ne peut détourner de son devoir ! —Que la terre est petite, si je la compare à ce vaste univers ! — Que l'empire romain était grand ! — Que de difficultés n'ai-je pas rencontrées ! — Que de pays n'avons-nous pas parcourus !

Thème 24.

EXEMPLES DE LACONISME.

Les Lacédémoniens exprimaient leurs pensées en peu [1] de mots, et ne laissaient échapper aucune parole qui ne renfermât un sens profond. « Que vos épées sont petites ! » dit un Athénien au roi Agis. — « C'est cependant avec ces épées que nous atteignons nos ennemis, » répondit le prince. — « Que n'établis-tu à Sparte le gouvernement populaire ? » disait quelqu'un à Lycurgue. — « Commence par l'établir dans ta maison, » répondit-il. On lui demandait pourquoi il n'avait prescrit que des victimes de peu [2] de valeur. « C'est, dit-il, pour que nous ayons toujours de quoi honorer les dieux. » — « Que n'entoures-tu Lacédémone de murailles ? » lui disaient ses concitoyens. — « Une ville n'est sans murailles, » répondit-il, « que lorsqu'il lui manque de vaillants défenseurs. » « Que j'admire l'équité des Éléens aux jeux olympiques ! » disait quelqu'un devant Agis. — « Belle merveille, » répondit-il, « que les Éléens soient justes un jour tous les cinq ans ! » — « Que je voudrais pouvoir vivre parmi vous ! » s'écriait un étranger. « Aussi, dans mon pays, m'appelle-t-on l'ami des Lacédémoniens. » — « Mieux vaudrait, » répliqua Théopompe, « qu'on vous appelât l'ami de vos concitoyens. » Des hommes allaient à la campagne en litière : un Spartiate les aperçut et dit : « Que ma honte serait grande, si j'étais assis comme eux à une place d'où je ne pourrais me lever devant un vieillard ! »

---

1. *Pauci.* — 2. *Tournez :* d'un prix peu élevé (*parvus*).

ADVERBES DE QUANTITÉ.

DEVANT UN NOM DE CHOSES QUI NE SE COMPTENT PAS. — DEVANT UN NOM PLURIEL DE CHOSES QUI SE COMPTENT. — DEVANT UN ADJECTIF OU UN ADVERBE.

RÈGLES.

Quantùm aquæ. *Que ou combien d'eau.*

Tantillùm aquæ. *Un peu d'eau.*

Leviter vulneratus. *Un peu blessé.*

Quanta doctrina. *Que ou combien de science.*

Quot ou quàm multi libri. *Que ou combien de livres.*

Vides quàm multi hìc adsimus. *Vous voyez combien nous sommes ici.*

Quàm *ou* ut modestus est! *Que ou combien il est modeste!*

Exercice 34.

Annibal recevait peu [1] de secours de Carthage. — Les forêts voisines nous fournissent beaucoup de bois. — L'année dernière nos pommiers ont eu assez de fleurs, mais la gelée est survenue, et ils nous ont donné peu de fruits ; cette année-ci sera plus satisfaisante : nos arbres ont eu à la vérité moins de fleurs, mais le temps est resté beau, et j'espère que nous aurons plus de pommes. — Ce port est vaste, mais la mer y amoncelle trop de sable. — Il faut beaucoup de travail pour atteindre vos condisciples. — La cavalerie était peu nombreuse chez les premiers Romains : elle ne formait que la onzième partie de la légion. — Attila ne faisait jamais la guerre quand la paix pouvait lui procurer assez d'avantages. — Vos paroles m'avaient un peu froissé. — Un peu de prudence est nécessaire. — Buvez peu de vin. — Mangez peu de viande. — Scipion Émilien disait qu'il n'avait jamais assisté à un combat avec autant de plaisir. — La cavalerie faisait beaucoup de mal aux assiégeants. — Vous avez montré trop de timidité : vous n'avez pas assez d'audace. — Tant de malheurs ne vous ont donc pas ému? — Après tant de siècles, la terre est toujours féconde.

---

1. Voyez page 70, au N° (1) des OBSERVATIONS.

Exercice 35.

Cinquante-huit mille hommes marchèrent au combat, et il en revint très-peu à Carthage.—Combien d'espèces d'animaux n'apercevons-nous pas sur la terre! — La Grèce compte beaucoup de philosophes.— Je n'ai jamais vu autant de roses. — Les Grecs purent opposer assez de vaisseaux à la flotte du roi de Perse. — Darius avait dans son armée trop d'hommes et pas assez de soldats. — Combien y a-t-il d'ouvrages qui soient sans défauts! — Combien en ai-je vu, qui, à notre approche, abandonnaient lâchement leur drapeau! — Que ces vers sont admirables! — Si le soleil était plus grand, il embraserait tout le monde; s'il était moins grand, la terre serait glacée. — L'esprit des Lacédémoniens était trop fier, trop austère et trop impérieux. — Vous n'avez pas travaillé assez soigneusement. — Ces élèves sont peu tranquilles.—Ce maître est peu sévère.—César se vengea bien cruellement de Vercingétorix. — Je n'ai pas osé entreprendre cet ouvrage : la difficulté en était si grande! — Cette nation résista d'abord aux Romains, mais elle finit par succomber ; elle était si petite, et elle luttait contre un si grand empire!

Thème 25.

LE MULOT ET LA FOURMI.

Un mulot qui avait dans ses greniers assez de blé, d'orge et de seigle, se promenait tranquillement au milieu des champs qu'il avait dévastés. La saison était fort avancée, le vent déjà un peu froid annonçait l'approche de l'hiver, et les fourmis montraient plus d'activité: elles craignaient que les gelées ne vinssent trop tôt suspendre leur travail. Que de dédain leurs efforts inspiraient au mulot! « Eh quoi! se disait-il, ne serais-je pas la plus misérable des créatures, si le sort m'avait condamné à une vie pareille, s'il m'avait contraint à supporter tant de fatigues! Il faut que ces fourmis se donnent bien du mal, pour amasser des provisions qui me nourriraient à peine un jour entier. Avouons que mon existence est digne d'envie! Combien y a-t-il d'animaux à qui la fortune ait prodigué plus de faveurs! Peu vivent comme moi à l'abri de l'indigence; et, pour remplir mes greniers, quelques jours de travail me suffisent. J'ai moins de fatigue et plus de richesses; et souvent je recueille une moisson nouvelle, avant que toutes mes provisions soient épuisées. »

DEVANT UN COMPARATIF OU UN VERBE D'EXCELLENCE. — DEVANT UN VERBE ORDINAIRE. — DEVANT UN VERBE DE PRIX. — DEVANT UN VERBE D'ESTIME.

RÈGLES.

Quantò doctior est! *Qu'il est ou combien il est plus savant!*
Quantò ante! *Combien auparavant!*
Quàm *ou* quantùm *ou* ut amatur! *Que ou combien il est aimé!*
Tuâ magis interest. *Il vous importe plus.*
Quanti æstimatur! *Que ou combien il est estimé!* (1).
Meâ magni refert. *Il m'importe beaucoup.*
Eum pejùs oderam. *Je le haïssais plus.*

OBSERVATION. — (1) Lhomond réunit à tort dans une même règle les verbes de prix (comme *coûter, valoir, acheter, vendre, payer*, etc.), et les verbes d'estime (comme *estimer, apprécier, faire cas de*). — Avec les verbes de prix, *que ou combien, tant* et les *comparatifs* prennent la terminaison du génitif : *quanti, tanti, minoris, pluris*; les *positifs* et les *superlatifs* prennent celle de l'ablatif : *parvo, magno, minimo, plurimo, nimio*.

Exercice 36.

Que Sophocle est supérieur à Euripide! — La science est bien préférable à la richesse. — Tant Cicéron l'emportait sur son adversaire! — L'idolâtrie avait commencé peu après le déluge. — Ésope vivait bien avant Phèdre. — Le peuplier se plaît davantage aux bords des rivières. — Les Romains redoutaient beaucoup les éléphants de Pyrrhus. — Je ne me suis jamais autant amusé. — Vous avez trop travaillé. — L'histoire nous montre combien les habitants de Platée haïssaient les Thébains. — Il importait davantage aux Carthaginois de combattre sur mer. — Il importait moins à la populace que Néron pérît. — La cire et le miel des abeilles coûtent peu au métayer. — Combien vaut le vin de Chio? Il coûte assez cher cette année. — Horace estimait peu les auteurs anciens. — Les Grecs et les Romains estimaient davantage les exercices du corps.—J'estime moins cet ouvrage depuis que je le connais mieux.—Vous faites trop de cas de ce poëte. — Il importait beaucoup à Sylla de diriger l'expédition contre Mithridate. — Il m'importe peu que vous m'approuviez ou non.—Je haïssais déjà beaucoup les flatteurs, mais maintenant je les hais encore davantage. — Fuyez la volupté plus que tous les fléaux. — Les hommes qui s'occupent de cultiver la terre, gagnent beaucoup moins, mais leurs profits sont plus sûrs.

Thème 26.

LE MULOT ET LA FOURMI. — (*Suite.*)

Le mulot examinait ainsi combien sa condition était préférable à celle des autres animaux, lorsqu'une fourmi, apercevant un grain de blé, et ne songeant pas que ce fardeau était bien au-dessus de ses forces, essaya de le traîner jusqu'à la fourmilière. Elle ne put en venir à bout; mais plusieurs de ses compagnes avaient vu son embarras : elles vont chercher du secours, et peu après une multitude de fourmis arrivent de toutes parts. La troupe laborieuse se partage, entoure le grain de blé, le pousse en tous sens, et, après les plus grands efforts, le fait avancer un peu. «Pauvres fourmis ! s'écria alors le mulot d'un ton de compassion, que je vous plains ! Que je vous trouve misérables ! Pourquoi travailler tant ! C'est trop vous fatiguer, c'est acheter trop cher la possession d'un fêtu. Ah! combien vous seriez surprises, si vous voyiez mes provisions !» — « Si elles sont plus grandes que tes besoins, répondit une fourmi, l'homme qui t'aime peu devrait te haïr encore davantage, et il lui importe beaucoup de te poursuivre dans ton trou, de vider tes greniers et de punir de mort ton avarice et tes rapines. »

QUE APRÈS PLUS, MOINS; APRÈS AUTANT, AUSSI.

RÈGLES.

Plus fortitudinis quàm prudentiæ. *Plus de courage que de prudence.*

Tantùm modestiæ quantùm doctrinæ. *Autant de modestie que de science.*

Tot fructus quot flores. *Autant de fruits que de fleurs.*

Tam prudens est quàm fortis. *Il est aussi prudent que brave.*

Tantùm te amo quantùm me amas. *Je vous aime autant que vous m'aimez.*

Tanti te facio, quanti me facis (1). *Je vous estime autant que vous m'estimez.*

Tuâ tam magni refert, quàm parvi meâ (2). *Il vous importe autant qu'il m'importe peu.*

OBSERVATIONS. — (1) Quand l'un des deux verbes est un verbe de prix ou d'estime, et que l'autre est un verbe ordinaire, il faut exprimer *tant* et *que* comme le demande chaque verbe. Ex. : Je vous estime autant que je vous admire, *te tanti facio, quantùm admiror.* — (2) Cette règle doit être corrigée de la manière suivante : Quand *que* est suivi de *peu*, il s'exprime par *quàm*, et *peu* se traduit de différentes manières, selon le mot auquel il est joint ; dans ce cas, on doit exprimer *autant, aussi* par *tam multùm, tam magnus, tam multi*, etc. et non par *tantùm, tantus, tot*, etc., parce que ces derniers mots ne peuvent être suivis de *quàm*.

Exercice 37.

Il n'y a pas de plus cruelle tyrannie que celle que l'on exerce à l'ombre des lois. — Tant que les lois de Dracon furent en vigueur, il n'était pas moins dangereux de voler un fruit que de commettre un meurtre. — Craignez les douceurs du repos plus que les écueils qui ont brisé votre navire. — La grandeur contente moins les passions qu'elle ne les irrite. — Nos pères mettaient dans leurs armées moins de troupes auxiliaires que de Romains. — Bien des gens font plus de cas des richesses que de la vertu.—Versez dans cette coupe autant d'eau que de vin. — Tarquin montra autant de cruauté que d'orgueil. — Cet enfant a autant d'amis que de condisciples. — Quand ces oiseaux s'abattent sur une contrée, les arbres en sont couverts : on dirait qu'il y en a autant que de feuilles.—Achas, aussi aveugle qu'impie, immola des victimes aux fausses divinités. — Ces vastes forêts paraissent aussi anciennes que le monde.—

Le public admire votre talent autant que vous admirez celui de votre rival. — Evitez la prodigalité autant que l'avarice. — Je fais autant de cas de Démosthène que de Cicéron. — J'admire le talent de cet écrivain autant que j'aime peu son caractère. — J'aime autant Annibal que j'estime peu les Carthaginois. — Je fais autant de cas de cet ouvrage que j'en aime peu l'auteur.

Thème 27.

TURENNE.

La douceur et l'humanité procurent aux conquérants une gloire plus solide que les victoires les plus brillantes. Jamais général ne fit la guerre avec plus de ménagement que Turenne; et, dans toutes ses campagnes, il montra autant de modération que de talent. Il comptait dans son armée autant d'amis que de soldats; mais, ce qui est encore plus recommandable, ses ennemis eux-mêmes avaient conçu pour lui la vénération la plus touchante. Les paysans d'outre-Rhin[1], dont il faisait respecter les moissons, les prisonniers de guerre, dont il soulageait l'infortune, louaient sa justice et son humanité, autant que les chefs, ses rivaux, estimaient son rare génie militaire. Aussi, quand il mourut, les Allemands le pleurèrent non moins que les Français, et ils décidèrent qu'on ne labourerait jamais la place où il avait été tué, comme si, par l'impression de son corps, cet endroit était devenu sacré. La terre y est encore en friche, et les paysans croiraient commettre une profanation, s'ils abattaient un arbre fort vieux qui ombrage ce terrain, et au pied duquel le corps de Turenne mourant fut un moment déposé.

---

1. *Tournez :* habitant au delà du Rhin.

AUTANT QUE. — AUTANT, AUSSI, A LA FIN D'UNE PHRASE. — AUSSI, AUTANT, PLUS QU'HOMME DU MONDE. — AUTANT RÉPÉTÉ.

RÈGLES.

Quantùm prospicere possum. *Autant que je puis prévoir.*

Habes multùm otii, non habeo tantumdem. *Vous avez beaucoup de loisir, je n'en ai pas autant.*

Tam prudens est quàm qui maximè. *Il est aussi prudent qu'homme du monde.*

Tam piger est quàm quum maximè. *Il est aussi paresseux que jamais.*

Senectus tantùm honorabatur Lacedæmone, quantùm ubi maximè. *La vieillesse était aussi honorée à Lacédémone qu'en aucun lieu du monde.*

Tanti fit, quanti qui plurimi. *Il est autant estimé qu'homme du monde.*

Quantùm doctrinæ in eo adolescente, tantùm modestiæ inerat. *Autant ce jeune homme avait de science, autant il avait de modestie.*

Exercice 38.

Autant que vous le pourrez, choisissez pour ami quelqu'un un peu plus âgé que vous. — Les plaines produisent beaucoup de blé, les pays de montagnes n'en produisent pas autant. — Cicéron était fort éloquent, Hortensius ne l'était pas autant. — La gloire que donnent les conquêtes coûte cher aux peuples; cherchez-en une qui ne coûte pas autant. — Solon aimait autant que personne les divertissements, pourvu qu'ils fussent honnêtes. — Les pièces de théâtre déplaisaient à ce philosophe autant que quoi que ce fût. — Après ce désastre, les Romains se montrèrent aussi confiants que jamais dans les destinées de leur ville. — Bien qu'il m'ait offensé, je l'aime autant que jamais. — Eschyle, Sophocle et Euripide étaient aussi estimés à Rome qu'en aucun lieu du monde. — Autant les Romains déchus avaient négligé l'art militaire, autant les Perses l'avaient cultivé. — Autant l'esprit des Thébains était lourd, autant celui des Athéniens était fin et délicat. — Autant il y avait de genres d'exercices, autant on décernait de couronnes. — Autant Carthage l'emportait sur mer, autant sur terre Rome lui était supérieure. — Autant il m'importait de ne pas quitter Paris il y a deux mois, autant il m'importe peu d'y rester maintenant. — Autant vous estimez ce philosophe, autant je le méprise.

Thème 28.

PHILIPPE.

Philippe régna vingt-quatre ans sur la Macédoine, et, autant ses commencements avaient été humbles, autant la seconde partie de son règne fut glorieuse. A son avénement, l'indépendance de la Macédoine était plus menacée que jamais : il bat les Illyriens qui ne cherchaient qu'à l'asservir, et se rend maître d'une foule de cités importantes. Ensuite il se mêle autant qu'il peut aux affaires de la Grèce, punit les Phocidiens qui ont pillé le temple de Delphes, prend l'oracle sous sa protection, et figure au conseil amphictyonique à la place des sacriléges qu'il a vaincus. Dès lors estimé autant que personne pour sa modération, sa valeur et son génie, il commande à la Grèce entière qui s'est rangée volontairement sous ses lois ; et, n'ayant plus rien qui l'empêche d'exécuter un projet conçu depuis longtemps, il entreprend de détruire l'empire des Perses, qui, pendant tant d'années, avait été la terreur des villes grecques. Déjà ses armées passaient en Asie, quand la mort vint l'interrompre au milieu de ses grands desseins. Mais tout ne périt pas avec lui ; il laissait à son successeur de nombreuses ressources ; et, si Alexandre, au début de son règne, n'en eût pas trouvé autant, aurait-il conquis si vite la monarchie persane ?

D'AUTANT DEVANT PLUS, MOINS QUE. — PLUS OU MOINS RÉPÉTÉS.

RÈGLES.

Eò modestior est, quò doctior. | Id eò mirabilius visum est. quòd
Il est d'autant plus modeste | a nemine exspectabatur. *Cela*
qu'il est plus savant. | *a paru d'autant plus surpre-*

nant, qu'on ne s'y attendait pas.
Quò doctior, eò modestior est. *Plus il est savant, plus il est modeste.*
Quò quis vitiosior, eò miserior est. *Plus on est vicieux, plus on est malheureux.*
Fatentur omnes, quò quid diffi-

cilius sit (1), eò majorem ad id adhibendam esse curam. *Tout le monde convient que, plus une chose est difficile, plus il faut y apporter de soin.*
Ut quisque vitiosissimus, ita miserrimus est. *Plus on est vicieux, plus on est malheureux.*

OBSERVATION. — (1) Remarquez qu'il y a *sit* et non pas *est*, parce que toute incidente qui dépend d'un *que* retranché, a son verbe au subjonctif. Voy. page 169 le chapitre intitulé DISCOURS INDIRECT.

Exercice 39.

Les objets nous paraissent d'autant plus petits qu'ils sont plus éloignés de nous. — Vous serez d'autant plus aimé de la foule, que vous aurez plus flatté ses passions. — Le vin coûte d'autant plus cher qu'il est plus vieux. — Le mérite est d'autant plus estimé qu'il se cache davantage. — J'ai entendu d'autant moins distinctement l'orateur, que mes voisins n'ont cessé de causer entre eux. — L'homme acquiert de l'expérience à proportion qu'il vieillit. — Plus Alexandre conquérait de nations, plus il en voulait soumettre. — Plus je l'examine, plus je trouve qu'il ressemble au vaillant Achille. — Plus vous me connaîtrez, plus vous m'estimerez. — Moins vous cultiverez votre mémoire, plus elle deviendra ingrate. — Plus les vrais héros sont redoutables dans le combat, plus ils se montrent humains dans la victoire. — Plus on est heureux, plus on est en butte à l'envie. — Plus on déchire les entrailles de la terre, plus elle est libérale. — Plus les victoires sont rapides, moins les fruits en sont durables. — Sachez que plus on confie de grains à la terre, plus elle vous rend d'épis. — Vous croyez à tort que plus une chose coûte cher, plus elle est utile. — Moins on est brave, plus on veut le paraître. — Plus on est vertueux, plus on devrait être estimé.

Thème 29.

UN TOUR DE SORCIER.

Un riche seigneur avait une longue et belle avenue devant son château; mais au milieu se trouvait par malheur une misérable cabane de paysan qui lui bouchait la vue, et qu'il aurait bien voulu jeter par terre. A plusieurs reprises, il avait demandé à l'acheter; mais on tient d'autant plus aux choses qu'on possède, que les autres paraissent les désirer davantage, et, plus le seigneur offrait d'argent au maître de la masure, plus celui-ci refusait de la vendre. Ne sachant comment faire, le propriétaire de l'avenue eut recours à la ruse, et voici de quelle manière il s'y prit. Comme notre paysan était tailleur de son métier, il l'envoie chercher, et lui raconte qu'il est demandé à la cour, pour y remplir des fonctions considérables. « Toute ma maison a besoin d'habits, lui dit-il, je vous les donne à faire; mais il faut que vous soyez exact. Vous savez comme moi que, plus on a de liberté, plus on est tenté de s'en servir, et, par conséquent, moins on travaille. Consentez donc à rester au château jusqu'à ce que votre ouvrage soit fini. Cela vous est d'autant plus facile que vous n'avez chez vous ni femme, ni enfants. Vous serez bien couché, bien nourri et payé largement. »

LE PLUS, LE MOINS.

RÈGLES.

Omnium doctissimus *ou* maximè doctus. *Le plus savant de tous.*

Omnium minimè doctus. *Le moins savant de tous.*

Illum maximè diligo. *C'est lui que j'aime le plus.*

Puer quem plurimi omnium facio. *L'enfant que j'estime le plus.*

Puer quem minimi omnium facio. *L'enfant que j'estime le moins.*

Esto quàm facillimus (1). *Soyez le plus indulgent que vous pourrez.*

Esto quàm minimè facilis. *Soyez le moins indulgent que vous pourrez.*

Adhibuit quàm plurimùm potuit diligentiæ, *ou* quàm pluri-

mam potuit diligentiam. *Il a employé le plus de diligence qu'il a pu.*
Adhibuit quàm minimùm potuit diligentiæ, *ou* quàm minimam potuit diligentiam. *Il a employé le moins de diligence qu'il a pu.*
Quàm plurimos potuit libros le-

git. *Il a lu le plus de livres qu'il a pu.*
Quàm paucissimos potuit libros legit. *Il a lu le moins de livres qu'il a pu.*
Est omnium quos novi doctissimus. *Il est le plus savant que je connaisse.*

OBSERVATION. — (1) On pourrait dire aussi : *Esto quàm poteris facillimus.*

Exercice 40.

Démosthène est le plus grand des orateurs grecs. — Homère est le plus illustre de tous les poëtes. — Les deux Corneille cultivèrent la poésie; le plus jeune est le moins célèbre. — Ceux qui approchent des princes leur conseillent toujours ce qui leur est agréable, et souvent ce qui leur est le moins avantageux. — Lucrèce et Virgile sont deux grands poëtes : Virgile est celui que j'admire le plus. — Laquelle de ces deux maisons achèterez-vous? Celle qui coûte le moins. — Diogène disait que les choses que nous estimons le moins sont ordinairement les plus utiles. — De tous vos livres, voilà celui dont je fais le plus de cas. — Artabaze proposa de lever le camp le plus vite qu'on pourrait. — Les Béotiens, les plus épais de tous les Grecs, prenaient le moins de part qu'ils pouvaient aux affaires générales. — Partez au plus vite. — Avec de telles gens, soyez le moins confiants que vous pourrez. — Rendez à autrui le plus de services que vous pourrez. — Appelez auprès de vous le plus d'honnêtes gens que vous pouvez, et conservez dans votre palais le moins de flatteurs possible. — Londres est la plus grande ville que j'aie jamais vue. — Les Géorgiques renferment les plus beaux vers que Virgile ait écrits.

Thème 30.

UN TOUR DE SORCIER. — (*Suite.*)

Le tailleur accepte, vient s'établir au château, et, pendant qu'il travaille, des ouvriers prennent avec le plus grand soin qu'ils peuvent le plan de sa maison, notent exactement la position des moindres meubles, démolissent les murailles avec des précautions infinies, afin de conserver le plus d'anciens matériaux possible, et reconstruisent la cabane, telle qu'elle était, en dehors de l'avenue. Les habits terminés, notre homme se prépare à retourner chez lui; mais le seigneur le retient le plus longtemps qu'il peut, l'amuse jusqu'à la nuit noire, le paye et le congédie. Voilà notre paysan le plus heureux des hommes; il s'engage dans l'avenue, et ne tarde pas à la trouver longue. Au moment où il s'y attend le moins, il s'aperçoit qu'il est arrivé au bout, et il revient sur ses pas en se moquant de sa sottise. Il marche et regarde, s'arrête, se frotte les yeux et regarde encore : point de maison. « C'est bien l'aventure la plus singulière que je connaisse, s'écrie-t-il; il faut que l'argent que j'ai reçu m'ait tourné la tête ! » Et il recommence ses recherches. La nuit se passe à cet exercice. Le jour arrive, et notre homme aperçoit du côté où il regardait le moins, à une assez grande distance de l'avenue, une maison qui ressemble à la sienne. Il s'en approche, reconnaît sa demeure, ouvre la porte, retrouve tout à la même place, et est convaincu que c'est un tour de sorcier.

TANT QUE... SI QUE...

RÈGLES.

Non in eo inest tantùm doctrinæ, quantùm arrogantiæ. *Il n'a pas tant de science que de présomption.*

Non sunt tot fructus quot flores. *Il n'y a pas tant de fruits que de fleurs.*

Tantò pejùs; tantò meliùs. *Tant pis; tant mieux.*

Tot plagas accepit, ut mortuus sit. *Il a reçu tant de coups qu'il en est mort.*

Donec eris felix, multos numerabis amicos. *Tant que vous serez heureux, vous compterez beaucoup d'amis.*

Philosophi, tum veteres, tum recentiores, *ou* quum veteres, tum recentiores. *Les philosophes tant anciens que modernes.*

Ad te scribo, non tam ut te laudem, quàm ut tibi gratuler. *Je vous écris, non pas tant pour vous louer, que pour vous féliciter.*

Exercice 41.

La Grèce ne produisit pas tant de peintres que de statuaires. — Ce général n'eut pas tant de talent que de ruse. — Ce jardin ne coûte pas tant que vous le pensez. — Je ne hais rien tant que l'hypocrisie. — Ce discours fit tant d'impression sur les Athéniens, qu'ils prirent aussitôt les armes. — Mégaclès fit tant par ses belles paroles, que les coupables vinrent se livrer eux-mêmes. — Je fais tant de cas de vos conseils, que je veux savoir votre opinion sur cette affaire, avant de la conclure. — Tant que le père vécut, son autorité retint ce jeune homme dans le devoir. — Cyrus acquit une gloire immortelle, tant par sa générosité et sa justice, que par le bonheur de ses armes. — Xénophon s'est rendu célèbre, tant par ses écrits, que par la belle retraite qu'il conduisit en personne. — On a dit que César avait fait la guerre aux Gaulois, non pas tant pour donner à Rome une nouvelle province, que pour se créer une armée dévouée à ses intérêts.

TANT QUE... SI QUE... — *(Suite.)*

RÈGLES.

Adeo rara est fidelis amicitia. *Tant est rare une amitié fidèle.*

Tantò præstat divitiis sapientia. *Tant la sagesse l'emporte sur les richesses.*

Deus est tam bonus, ut amet homines. *Dieu est si bon qu'il aime les hommes.*

Tanti fit, ut... *Il est si estimé que..*

Tanta est Dei bonitas, ut nos amet. *La bonté de Dieu est si grande qu'il nous aime.*

Stella hæc tantula est, ut perspici non queat. *Cette étoile est si petite qu'on ne peut la voir.*

Non tanta est terra, quantus sol. *La terre n'est pas si grande que le soleil.*

Hæc schola non tantula est, quantula est nostra. *Cette classe n'est pas si petite que la nôtre.*

Exercice 42.

Il me sembla que je voyais Achille, tant Néoptolème en avait les traits, les regards et la démarche. — Les Romains ne désespérèrent pas du salut de la république ; tant ils se sentaient supérieurs aux Carthaginois! — Les citoyens décorèrent Cicéron du beau titre de Père de la patrie ; tant ils estimaient les services qu'il leur avait rendus ! — Léonidas, avec trois cents Spartiates, tint longtemps en échec l'immense multitude des Perses ; tant il est vrai que ce n'est pas le nombre, mais le courage qui fait la force ! — Pompée n'était pas si habile dans l'art militaire que César, son rival. — Je ne veux pas partir si tard que vous. — Rien ne fait paraître les hommes si petits que la vanité. — Les pauvres étaient si endettés, qu'on les adjugeait comme esclaves à leurs créanciers.— Pittacus était si sobre qu'il ne buvait jamais que de l'eau. — Les navires sont si nombreux dans ce port, qu'à peine peut-on découvrir la mer qui les porte. — Le blé coûtait si cher que les pauvres ne pouvaient plus avoir de pain. — La chaleur était si grande que Thalès mourut subitement. — Myrmécide, artiste de Milet, faisait des chars si petits, que l'aile d'une mouche pouvait couvrir et la voiture et les chevaux.— Ce jeune homme ne sera pas si grand que son père. — Nous n'avons pas d'oiseaux si petits que le roitelet.

Thème 31.

COURAGE DES LACÉDÉMONIENS.

Je ne puis m'empêcher d'admirer chez les Lacédémoniens ce courage héroïque, qui ne se démentit jamais, tant que les lois de Lycurgue furent en vigueur, cette fermeté inébranlable, et ce mépris de la mort qu'ils montrèrent tous, tant les femmes que les hommes, aux différentes époques de leur histoire. Un soldat perse se moquait de ce que l'armée des Grecs n'était pas si considérable que la vingtième partie des troupes de Xerxès, et il disait par bravade : « Nous lancerons tant de flèches qu'ils ne verront pas le soleil. » — « Tant mieux ! s'écria un Spartiate, nous nous battrons à l'ombre. » Un homme condamné par les Ephores à la peine capitale, marchait au supplice d'un air si gai, qu'un de ses ennemis lui cria : « Est-ce que tu méprises les lois de Lycurgue? » — « Non, répondit-il, je leur rends grâces, au contraire, de m'avoir condamné à une amende que je puis payer sans emprunt. » Enfin une mère, apprenant que son fils avait été tué dans une bataille, s'écria : « Je l'avais mis au monde, non pas tant pour consoler ma vieillesse, que pour défendre son pays au prix de son sang. » Tant à Lacédémone l'amour de la patrie étouffait tous les autres sentiments !

ASSEZ… POUR… — TROP… POUR…

RÈGLES.

Estne tibi tantùm otii, ut etiam fabulas legas? *Avez-vous assez de loisir pour lire même des fables ?*

Non sum tam insolens, ut regem esse me putem. *Je ne suis pas assez insolent pour me croire roi.*

Non tanti fit, ut ei confidam. *Il n'est pas assez estimé pour que je me fie à lui.*

Non sum tam insolens, qui regem esse me putem. *Je ne suis pas assez insolent pour me croire roi.*

Inest in me tam parum ambitionis, ut honores despiciam. *J'ai assez peu d'ambition pour mépriser les honneurs.*

Plus veneni hausit, quàm ut *ou* quàm qui sanitati restituatur. *Il a avalé trop de poison pour recouvrer la santé.*

Plura admisit scelera, quàm ut illius *ou* quàm cujus judices misereat. *Il a commis trop de crimes pour que les juges aient pitié de lui.*

Major sum. quàm ut mihi *ou* quàm cui fortuna nocere possit. *Je suis trop élevé pour que la fortune puisse me nuire.*

Pluris te facio, quàm ut te vituperem. *Je vous estime trop pour vous blâmer.*

Minùs habet ingenii, quàm ut rem gerat. *Il a trop peu d'esprit pour conduire cette affaire.*

Pauciores habebat milites, quàm ut vinceret. *Il avait trop peu de soldats pour vaincre.*

Minoris æstimabatur, quàm ut… *Il était trop peu estimé pour…*

Exercice 43.

Les Béotiens n'avaient pas assez d'esprit pour qu'il fût facile aux orateurs de les agiter. — Télémaque comprit qu'il y a peu de rois assez fermes pour résister à leur propre puissance, et pour rejeter la flatterie. — César estimait assez les talents militaires de Labiénus, pour lui confier cette expédition. — Vous m'êtes assez supérieur pour n'avoir rien à craindre de moi. — Vous nous estimez donc assez peu, pour nous croire capables de vous abandonner dans le malheur? — Avez-vous assez peu de courage pour reculer devant l'ennemi ? — Ce changement de conduite est trop prompt pour que je le croie sincère. — Périclès connaissait trop bien sa nation, pour ne pas fonder ses espérances sur le talent de la parole. — Le peuple athénien est assez pénétrant, pour saisir les projets qu'on lui communique, et trop léger pour en prévoir les suites. — Les soldats d'Alexandre avaient trop de courage pour que les Perses pussent leur résister. — Les armées perses traînaient à leur suite trop de bagages, pour se mouvoir avec facilité. — Cette maison se vend trop cher pour que je l'achète. — Annibal avait trop peu de troupes pour mettre des garnisons dans les villes et assiéger des places. — Je n'ai pas assez de patience pour supporter de semblables injustices. — On ne faisait pas assez de cas du talent de Sextus pour lui donner le commandement.

Thème 32.

CHARLES VI DANS LA FORÊT DU MANS.

L'an 1392, au commencement d'août, par une chaleur étouffante, le roi Charles VI traversait la forêt du Mans. Tout à coup un homme de haute taille, la tête et les pieds nus, s'élance du milieu d'un épais taillis, saisit par la bride le cheval du roi, et crie d'une voix terrible: « Noble roi, ne sois pas assez imprudent pour continuer ta route, retourne, tu es trahi. » Il avait l'air d'un pauvre fou, et l'on fit assez peu de cas de ses paroles pour négliger de l'interroger. Cependant le roi était devenu sombre; sa tête était assez faible pour qu'il fût troublé de cette apparition. On continua à marcher, et on arriva dans une grande plaine de sable, où la chaleur était intolérable. Un des pages du roi s'endormit, et sa lance, tombant sur un casque, fit sourdement retentir l'acier. Au bruit, le roi tire son épée, pousse son cheval et frappe tous ceux qu'il rencontre, en criant :

« Mort aux traîtres ! Quelque nombreux qu'ils soient, ils sont encore trop peu pour me faire peur. » Chacun s'écarte en toute hâte ; pas assez tôt cependant pour que quelques-uns ne fussent tués .On le laissait courir çà et là et se fatiguer en poursuivant tantôt l'un, tantôt l'autre : car il était trop en fureur pour qu'on se risquât à le désarmer. Enfin, quand il fut las, son chambellan s'approcha par derrière, et le saisit à bras le corps. Aussitôt on lui ôta son épée et on le ramena à la ville sans mouvement et sans parole.

ADVERBES DE TEMPS.

RÈGLES.

Vix advenit, quum in morbum incidit. *A peine fut-il arrivé qu'il tomba malade.*

Simul ut advenit, in morbum incidit. *Aussitôt qu'il fut arrivé, il tomba malade, ou il ne fut pas plutôt arrivé qu'il tomba malade.*

Maturiùs solito surrexit. *Il s'est levé plus tôt qu'à l'ordinaire.*

Citiùs venit quàm putabant. *Il est arrivé plus tôt qu'on ne pensait.*

Depugna potiùs quàm servias. *Combattez plutôt que de devenir esclave* (1).

Proximè quum te vidi. *La dernière fois que je vous vis.*

Quàdam die quum tecum essem. *Un jour que j'étais avec vous.*

Diu est quum te exspecto. *Il y a longtemps que je vous attends.*

Veniet ou erit tempus quum. *Un jour viendra que...*

Duo anni effluxére ex quo mortuus est. *Il y a deux ans qu'il est mort.*

OBSERVATION. — (1) Le verbe qui suit *quàm* se mettrait au même mode que celui qui précède, si ces deux verbes étaient au même mode dans le français. Ex. : Il faut combattre plutôt que d'être esclave, *oportet depugnare potiùs quàm servire*, ou *depugnandum est potiùs quàm serviendum.*

Exercice 44.

A peine la sédition fut-elle apaisée, qu'il en survint une autre. — L'Italie et l'Afrique furent à peine conquises, qu'il fallut les reconquérir. — A peine Alexandre eut-il prononcé ces paroles, que les soldats confus rentrèrent dans l'obéissance. — A peine avait-il fauché l'herbe des prairies, qu'il se hâtait d'enlever les dons de Cérès. — Aussitôt que Marius arriva, la discipline fut rétablie dans le camp. — Aussitôt que Périclès fut mort, les Athéniens se repentirent de leur injustice. — Alexandre n'eut pas plutôt rendu le dernier soupir, que ses généraux se disputèrent les lambeaux de sa puissance. — Ce malade est sorti plus tôt qu'il ne fallait. — Nous arriverons à la ville plus tôt que vous ne le croyez. — Nabuchodonosor voulut plutôt se faire adorer comme un Dieu que commander comme un roi. — Une nuit que Brutus était couché dans sa tente, il aperçut un fantôme d'une taille plus qu'humaine. — La première fois que je parlai à Pompée, je me sentis entraîné vers lui. — Il y avait longtemps que Rome et Carthage brûlaient[1] de se faire la guerre. — Un jour viendra qui verra[2] tomber Troie, la cité sainte, et Priam et le peuple du belliqueux Priam. — Aujourd'hui que Corneille et Racine ne sont plus, nous devons nous estimer heureux de posséder un tel poëte. — Il y a quatre ans que nous avons porté nos aigles victorieuses jusqu'aux limites du monde.

Thème 33.

MILON DE CROTONE.

Milon de Crotone, un des plus célèbres athlètes de l'antiquité, se plaçait sur un palet qu'on avait huilé pour le rendre plus glissant, et les plus fortes secousses ne pouvaient l'ébranler. D'autres fois il empoignait une grenade, et, sans l'écraser[3], la tenait assez serrée, pour que les plus vigoureux athlètes ne pussent lui écarter les doigts, et la lui arracher. Un jour qu'il était aux jeux olympiques, il parcourut le stade en portant un bœuf sur ses épaules. Une autre fois qu'il se trouvait dans une maison avec les disciples de Pythagore, un craquement se fait entendre : la colonne qui soutient le plafond menace de s'écrouler. Aussitôt chacun se précipite hors de sa place en poussant des cris ; tous veulent sortir à la fois, et autour de la porte règne un tumulte affreux. Déjà des pierres se détachent de la voûte, quand Milon, plutôt que de songer à fuir, court à la colonne, et l'étreint dans ses bras vigoureux. A peine l'at-il saisie, que soudain ce lourd pilier s'arrête dans sa chute ;

---

1. A l'imparfait de l'indicatif. — 2. *Tournez :* où tomberont. — 3. *Tournez :* ne l'écrasant pas.

l'édifice paraît consolidé, et tous les compagnons de l'athlète ont le temps de vider la salle. Cependant il vint un jour que sa force le trahit. Affaibli par les années plus tôt qu'il ne le pensait, il voulut finir de diviser un tronc d'arbre, en partie fendu avec des coins. Mais il n'en eut pas plutôt écarté les deux moitiés, qu'elles se rapprochèrent tout à coup et lui écrasèrent les mains. Le malheureux athlète, vaincu par la douleur plutôt encore que par l'âge, ne put se dégager, et l'on raconte qu'il fut dévoré par un lion.

RÉCAPITULATION DES ADVERBES.

Exercice 45.

Les Carthaginois avaient plus d'expérience sur mer que sur terre. — Babylone était trop accoutumée à vaincre pour craindre les ennemis qui voulaient l'asservir. — L'Italie produisait trop peu de blé pour nourrir tous ses habitants. — Les riches Romains avaient tant de clients qu'ils ressemblaient à des chefs d'armée, quand ils descendaient avec eux au forum. — Nous supportons d'autant moins la douleur, que nous l'avons éprouvée moins souvent. — Cette nation possède moins de soldats, mais plus de marins. — Je vous estime autant que j'estime peu votre frère. — Combien êtes-vous dans cette classe? — Que ne disiez-vous la vérité? — Le petit jardin produisait assez de légumes pour nourrir toute la famille. — Que me coûtera ce vêtement? — Hâtez-vous le plus que vous pourrez. — La France produit beaucoup d'excellents vins, les autres contrées n'en produisent pas autant. — La santé de mon frère est un peu meilleure. — César était aussi instruit que qui que ce fût. — Polycrate faisait grand cas de Pythagore. — Ce feuillage ne donne pas assez d'ombre. — Ce sol ingrat produit un peu de gazon.

Exercice 46.

Il vous importe beaucoup de renoncer à l'oisiveté. — Ne faites aucune dépense que vous ne puissiez payer. — La bravoure était aussi estimée à Sparte qu'en aucun lieu du monde. — Autant le premier avait de prudence, autant le second montre de témérité. — Tant que Moïse tenait les bras levés vers le ciel, les Israélites étaient vainqueurs. — Rien n'est si difficile que de se connaître soi-même. — Lépide était si inférieur à ses deux collègues, qu'ils le méprisaient ouvertement. — Plus on est vertueux, moins on est porté à s'en vanter. — Le jeune général avait autant de talent que d'audace. — Tibère trouva toujours des juges prêts à condamner autant de gens qu'il en soupçonna. — Les Romains avaient à peine dompté les Carthaginois qu'ils attaquèrent de nouveaux peuples. — Nous avons bravé la tempête, plutôt que de rester un jour de plus dans un pays détesté. — On n'eut pas plutôt appris cette victoire, qu'on s'empressa d'envoyer des renforts.

PRÉPOSITIONS FRANÇAISES.

DE. — A.

RÈGLES.

Ex omnibus vitiis, nullum majus est superbiâ. *De tous les vices, il n'en est pas de plus grand que l'orgueil.*

Tempus orandi (1). *Le temps de prier.*

Contremiscebat timore, ne deprehenderetur. *Il tremblait de crainte d'être surpris.*

Summâ perfunditur lætitiâ quòd primas teneat (2). *Il a une grande joie d'être le premier.*

Pergratum mihi feceris, si ad eum scripseris. *Vous me ferez plaisir de lui écrire.*

O te infelicem, qui ultro ad necem cucurreris! *Que vous êtes malheureux d'avoir couru de vous-même à la mort!*

Nihil habebam quod ad te scriberem. *Je n'avais rien à vous écrire.*

Hunc si loquentem audias, dicas... *A l'entendre parler, vous diriez...*

Ut verum dicam; ne mentiar. *A dire vrai; à ne pas mentir.*

Non is sum, qui pedem referam. *Je ne suis pas homme à reculer.*

Non ea est tua mater, quæ liberos suos malè instituat. *Votre mère n'est pas femme à élever mal ses enfants.*

Thesauri quilibet illius avaritiam satiare non possunt. *Tous les trésors du monde ne sont pas capables de satisfaire son avarice.*

7.

OBSERVATIONS. — (1) Quand *de* est accompagné du parfait de l'infinitif, on tourne en latin par le participe passé passif, que l'on met au génitif en le faisant accorder avec un nom. Ex. : Le soupçon d'avoir conspiré, *suspicio factæ conjurationis*; d'avoir tué Clodius, *Clodii interfecti*. — (2) Voy. p. 91, au N° (3) des OBSERVATIONS.

Exercice 47.

De tous les peuples du monde, le plus grand est le peuple romain. — La façon de donner vaut mieux que ce qu'on donne. — Je ne serai pas tourmenté à ma dernière heure par le regret d'avoir mal agi. — Je revendique l'honneur d'avoir sauvé la patrie. — La crainte d'avoir fait une erreur m'avait rendu presque malade. — La surprise qu'il eut d'être nommé à ces fonctions nous montra combien il était modeste. — Je vous serai reconnaissant de ne point abandonner ce pauvre homme. — Je vous sais gré d'avoir défendu mon ami. — Quel bonheur j'ai eu d'échapper à ce danger ! — Que je vous plains d'être obligé de faire un métier si fatigant ! — J'ai un livre nouveau à vous montrer. — Vous avez, m'a-t-on dit, quelque chose à me remettre. — Les sénateurs les plus illustres, à ne regarder que l'extérieur, différaient peu des paysans. — A voir Poéménis, on eût dit que c'était la jeune Diane, sortie de l'île flottante où elle naquit. — Je tremble qu'Athalie, à ne vous rien cacher, ne vous fasse arracher vous-même de l'autel. — Fabricius n'était pas homme à trahir son pays. — Agrippine n'était pas femme à renoncer jamais au pouvoir. — Régulus n'était pas capable de mentir à son serment. — Les dangers les plus grands ne sont pas capables d'arrêter l'impétuosité de nos soldats. — Les plus habiles calomnies ne furent pas capables de faire entrer le doute dans l'esprit de mon frère.

Thème 34.

PRÉSENCE D'ESPRIT DE L'ASTROLOGUE THRASYLLE.

De tous les devins dont Tibère aimait à s'entourer, aucun ne possédait sa confiance au même degré qu'un certain Thrasylle. A en croire l'historien Tacite, voici quelle était l'origine de cette faveur. Du vivant d'Auguste, Thrasylle promit un jour l'empire à Tibère, et celui-ci eut une peur extrême d'avoir laissé pénétrer son ambition, et d'être dénoncé au prince. Aussi, pour s'éclairer sur le talent de l'astrologue, il lui demanda s'il avait fait son propre horoscope, s'il savait ce qui lui arriverait dans le courant de l'année, et ce jour-là même. Thrasylle n'était pas homme à perdre contenance ; sentant qu'il était soumis à quelque terrible épreuve, il observe de nouveau l'état du ciel, hésite et pâlit : « Ma surprise est grande, s'écrie-t-il, d'apercevoir dans le ciel un signe funeste que je n'avais pas vu. Plus je poursuis mes calculs, plus je découvre que j'ai un grand malheur à redouter. Le moment est critique ; à en juger par la position des astres, ma dernière heure est venue. » — « Tu es un habile homme d'avoir deviné ce péril, » lui dit aussitôt Tibère. En même temps, il l'embrasse et le rassure ; et, regardant comme un oracle la prédiction que Thrasylle lui a faite, il l'admet dès ce jour dans sa plus intime confiance.

POUR.

RÈGLES.

Meum in te studium. *Mon zèle pour vous.*

Amor libertatis nobis est innatus. *L'amour pour la liberté nous est naturel.*

Pro gladio *ou* loco gladii fustem sumpsit. *Pour une épée, il prit un bâton.*

Illum propter modestiam amo. *Je l'aime pour sa modestie.*

Id libenter illius causâ, tuâ causâ faciam. *Je ferai volontiers cela pour lui, pour vous.*

Omnem curam in valetudinem confer. *Employez tous vos soins pour votre santé.*

Vitæ tuæ metuebam. *Je craignais pour votre vie.*

Surrexit ad respondendum, *ou* ut responderet, *ou* respondendi causâ, *ou* responsurus. *Il se leva pour répondre.*

Otiare, quò meliùs labores. *Reposez-vous pour travailler mieux.*

Ne vobis tædium afferam. *Pour ne pas vous ennuyer.*

Misit hominem qui me moneret. *Il m'envoya quelqu'un pour m'avertir.*

Quamvis improbos salutaverim, non continuò sum improbus. *Pour avoir salué des méchants, ce n'est pas à dire pour cela que je sois méchant.*

Si vel minimùm cogitare volueris,

rem percipies (1). *Pour peu que vous vouliez réfléchir, vous comprendrez la chose.*

mano litteræ. Il avait beaucoup de littérature pour un Romain.

Ego verò sum paratus. *Pour moi, je suis prêt.*

Pro ætate satis est eruditus. *Il est assez savant pour son âge.*

In eo erant multæ ut in homine ro-

OBSERVATION. — (1) *Pour peu que* se tourne par *si même très-peu*, et l'on exprime *très-peu* de différentes manières selon le mot auquel il est joint.

Exercice 48.

L'amitié d'Oreste pour Pylade est passée en proverbe.— Mon affection pour cet ingrat a considérablement diminué. — Ce sont les habitants des montagnes qui montrent le plus d'amour pour leur pays. — Pour palais, ce roi barbare n'avait qu'une misérable hutte. — L'innocent paye quelquefois pour le coupable. — Amis, nous combattons pour une juste cause. — On cultive certains arbres pour leurs fruits, d'autres pour leurs fleurs, et d'autres pour leur feuillage. — C'est pour vous que je suis venu dans ce pays. — Je ferai pour mes amis tout ce qu'il me sera possible de faire. — Décius se dévoua pour sa patrie. — Ne négligez rien pour l'instruction de vos enfants. — Nos pommes, nos poires, confits au miel de nos abeilles, étaient durant l'hiver, pour nos enfants, les déjeuners les plus exquis. — O mon cher Hippias, je ne vis encore que pour rendre les derniers devoirs à ta cendre. — Il ne me restait pour tout bien qu'un pot de bois grossièrement travaillé, et quelques habits déchirés, dont j'enveloppais ma plaie pour arrêter le sang.

Exercice 49.

Les Athéniens ne connaissant pas de meilleur remède pour apaiser les divisions, consentirent d'avoir pour maître celui qui passait pour l'homme le plus sage de toute la terre. — Il s'élança au milieu des ennemis pour y trouver la mort. — Certains peuples se font sur le visage des dessins bizarres, pour paraître plus effrayants. — Pour mieux dérober sa marche à l'ennemi, César eut recours à un stratagème. — Pour ne pas être surpris, Scipion disposa des sentinelles tout autour du camp. — Les Carthaginois envoyèrent un parlementaire pour demander la paix. —

Pour avoir cédé une fois à vos caprices, ce n'est pas à dire pour cela que je veuille toujours les satisfaire. — Pour peu que le vent continue, notre navire entrera aujourd'hui dans le port. — Pour les vrais amis, il faut les choisir avec précaution. — Pour peu que vous m'estimiez, prenez ma défense. — Pour Annibal, il lui importait de prendre le chemin le plus court. — Les projets d'Alcibiade furent trop vastes pour le bonheur de sa patrie. — Ce parc a été vendu fort cher pour le temps. — Pour un Scythe, Anacharsis parlait fort bien la langue grecque.

Thème 35.

RUSE DES ARABES POUR S'EMPARER DE LA VILLE D'ÉDESSE.

Douze Arabes viennent un jour trouver le gouverneur d'Edesse. Ils avaient pour escorte cinq cents cavaliers, et étaient suivis d'autant de chameaux chargés chacun de deux grandes caisses. C'étaient, disaient-ils, des présents pour l'Empereur, et ils allaient les porter à Constantinople, pour rendre hommage au prince et se concilier ses bonnes grâces. Le gouverneur leur fit un excellent accueil, et donna pour eux une fête des plus brillantes ; mais trouvant que, pour des ambassadeurs chargés de paroles de paix, ils étaient trop bien escortés, il refusa pour leur suite la permission d'entrer dans la ville. Pendant qu'ils étaient à table, un pauvre Arménien, étant allé au camp des Arabes pour y chercher quelque aumône, entendit, en rôdant çà et là, une des caisses qui s'entretenait avec sa voisine. Il retourne aussitôt à la ville, pour faire part de sa découverte au gouverneur. Celui-ci comprenant que, pour peu qu'il tarde à les surprendre, les ennemis auront le temps de préparer quelque piége, laisse à table ses convives, et se transporte au camp avec sa garde.

Thème 36.

RUSE DES ARABES POUR S'EMPARER DE LA VILLE D'ÉDESSE.—
(*Suite.*)

Les cavaliers étaient dispersés pour aller au fourrage ; le gouverneur fait ouvrir les caisses : pour tout présent, on trouve dans chacune un soldat, ce qui faisait mille hommes, qui, joints aux cinq cents cavaliers, devaient pendant la nuit se rendre maîtres de la ville. A l'ouverture de chaque caisse, on tue le soldat qui s'y trouve. Pour les cinq cents cavaliers, ils reviennent au camp les uns après les autres, et ont le même sort. Le gouverneur retourne ensuite au palais, où il retrouve les douze ambassadeurs, que, pour mieux cacher son entreprise, il avait laissés continuer gaiement leur festin. Mais, pour avoir différé leur châtiment, il n'était pas pour cela disposé à leur pardonner : il les met à mort, et n'en épargne qu'un seul, à qui il fait couper les mains, le nez et les oreilles, et qu'il renvoie dans son pays pour rendre compte à ses concitoyens du succès de sa députation.

SANS. — APRÈS.

RÈGLES.

Exiit, nec fores clausit. *Il est sorti sans fermer la porte.*

Nemo fit doctus, quis potest fieri doctus quin multa legat? *Personne ne devient, qui peut devenir savant sans lire beaucoup ?*

Non proficiscar, priusquam tibi vale dixerim (1); sine lacrimis. *Je ne partirai pas sans vous avoir dit adieu ; sans pleurer.*

Noctem insomnem ducere. *Passer la nuit sans dormir.*

Dissimulanter. *Sans faire semblant de rien.*

Remoto joco. *Sans rire.*

Post prandium. *Après le dîner.*

Secundùm Ciceronem *ou* à Cicerone est oratorum facilè princeps. *Après Cicéron, il est sans contredit le premier des orateurs.*

Sub eas litteras, recitatæ sunt tuæ. *Après cette lettre, on lut la vôtre.*

Postquam legi, scribo. *Après avoir lu, j'écris.*

Postquam legeram, scribebam. *Après avoir lu, j'écrivais.*

Postquam legi, scripsi. *Après avoir lu, j'ai écrit.*

Postquam legero, scribam. *Après avoir lu, j'écrirai.*

OBSERVATION. — (1) Voyez l'OBSERVATION 2 de la page 126.

Exercice 50.

Périclès consacra ses premières années à l'étude de la philosophie, sans se mêler aux affaires publiques. — Alcibiade, réprimandé par Socrate, pleurait sur ses erreurs et

se laissait humilier sans se plaindre. — Le vainqueur força
l'ennemi à repasser la rivière, sans lui faire un seul prisonnier. — L'homme ne doit jamais rien dire ni rien faire,
sans avoir consulté sa raison. — On ne peut voir la vertu
sans l'aimer, et l'on ne peut l'aimer sans être heureux. —
Le fils d'Ulysse ne put voir la flamme dévorer le corps
d'Hippias, sans répandre d'abondantes larmes. — Sauverons-
nous notre patrie, sans renoncer à notre honteuse indo-
lence? — Je ne descendrai pas de cette tribune, sans vous
avoir instruits de tous les périls que vous courez. — Le
malade resta dix jours sans parler. — J'ai fait toutes ces
réparations sans rien dépenser. — Si cet homme vous cherche querelle, levez-vous et allez-vous-en sans répondre. —
Il était sociable sans être familier. — Les soldats passèrent
deux jours sans manger. — Vous m'avez fait tort sans le
savoir. — Sans y prendre garde, Eurydice posa le pied sur
un serpent.

Exercice 51.

J'ai fait ce travail sans me donner de peine. — Sans
jeter ses javelots la troupe marche l'épée haute à l'ennemi. — Les habitants de la Bétique vivent tous ensemble
sans partager leurs terres. — Pourquoi êtes-vous parti sans
m'attendre? — Cela s'est fait sans que je le voulusse. — J'ai
dû revenir sans avoir été reçu. — Cinquante ans après Terpandre, Alcée et Sapho florissaient à Mytilène. — Après César, c'est Annibal qui est le plus grand capitaine de l'antiquité. — Après la course à pied et la course des chars, nous
vîmes la lutte et le pugilat. — Après avoir entendu le jugement qui le condamnait à mort, Phocion conserva le
même visage que quand il sortait de l'assemblée, pour aller
se mettre à la tête de l'armée. — Après avoir imploré la
pitié du vainqueur, le vaincu se retire accablé de honte et
de douleur. — Après avoir travaillé, j'allais faire une pro-
menade dans la campagne. — César, après avoir défait les
lieutenants de Pompée en Espagne, alla en Grèce le chercher lui-même. — Après avoir mûrement réfléchi à cette
affaire, je vous ferai connaître ma décision.

Thème 37.

CAPTIVITÉ DE VALÉRIEN.

Après avoir été battu par Sapor, roi des Perses, l'empereur Valérien lui fit demander la paix. Le vainqueur déclara qu'il ne voulait rien accorder, sans avoir vu l'empereur en personne, et Valérien fut assez imprudent pour se rendre au camp du roi, sans emmener une bonne escorte avec lui; aussi les Perses, profitant de sa sottise, massacrèrent ses gardes et le retinrent captif. Depuis ce jour, Sapor ne sortait point sans le traîner partout à sa suite, et, lorsqu'il voulait aller à cheval, il fallait que l'infortuné Valérien, revêtu de la pourpre impériale, se courbât jusqu'à terre, afin que son maître insolent, lui mettant le pied sur le dos, s'en servît pour monter. Après neuf années d'humiliations et de souffrances, Valérien mourut. Sapor ordonna de l'écorcher, et, après avoir teint sa peau en rouge, de la garnir de paille, pour lui conserver la forme humaine; puis il la fit suspendre en cet état dans un temple, comme un monument éternel de la honte des Romains; et jamais dans la suite il ne reçut les ambassadeurs de Rome, sans leur montrer ce hideux trophée, afin qu'ils apprissent à rabattre de leur orgueil.

AVANT. — AU LIEU DE.

RÈGLES.

Lego, legam, antequam scribam. *Je lis, je lirai avant d'écrire.*

Legebam, legi, legeram, antequam scriberem. *Je lisais, j'ai lu, j'avais lu avant d'écrire.*

Infecto negotio profectus est. *Il est parti avant d'avoir terminé l'affaire.*

Pro gladio *ou* loco gladii fuste usus est. *Au lieu d'épée, il se servit d'un bâton.*

Quum legere deberet (1), ludit. *Au lieu de lire, il joue.*

Quum posset ludere, legit. *Au lieu de jouer, il lit.*

Lege, non autem nugare (2). *Lisez, au lieu de badiner.*

Legit ille, tu verò nugaris. *Il lit, au lieu que vous badinez.*

Vix me aspicit, nedum amet. *Bien loin de m'aimer il me regarde à peine.*

OBSERVATIONS. — (1) Il faut corriger ainsi : *quum legere debeat, ludit.* — *Quùm* signifie *quoique*, et veut le présent du subj., quand l'autre verbe est au présent ou au futur. — Même remarque pour l'exemple suivant. — (2) Il faut dire *ne autem nugeris,* conformément à la règle *ne insultes miseris.*

Exercice 52.

Avant de prendre leur repas, les Lacédémoniens se livraient à quelque exercice violent. — Avant de parler, réfléchissez toujours à ce que vous voulez dire. — Avant de mourir, j'ai voulu revoir encore une dernière fois cette terre qui m'est si chère. — Avant de livrer bataille, Annibal avait eu soin de choisir une position favorable. — Le général dut revenir avant d'avoir vaincu l'ennemi. — Les hommes paresseux laissent croître les ronces et les épines au lieu des vendanges et des moissons. — Romulus prit le bouclier des Sabins qui était large, au lieu du petit bouclier dont les Romains se servaient. — Au lieu de chercher à ramener les esprits par des mesures sages et modérées, Licinius semble redoubler d'efforts pour s'aliéner tous les cœurs. — Au lieu de se préparer à la lutte, Antiochus ne songeait qu'à ses plaisirs. — Au lieu de vivre dans l'oisiveté, il se livra avec passion à l'étude de la philosophie.— Au lieu de faire la description d'un pays d'après les récits des voyageurs, l'historien scrupuleux tient à le visiter, et à le juger lui-même. — Taisez-vous, au lieu de parler pour ne rien dire. — J'ai couru de grands dangers sur terre et sur mer, au lieu que vous êtes resté tranquille à Athènes. — Les enfants de Pygmalion, au lieu d'être son espérance, sont le sujet de sa terreur. — Bien loin de s'enfuir à l'approche de l'homme, le lézard paraît le regarder avec complaisance. — Loin de s'engager dans le filet, le sanglier s'arrêta, et parut disposé à se défendre.

Thème 38.

FACÉTIES DE L'EMPEREUR GALLIEN.

L'empereur Gallien, au lieu de faire la guerre aux barbares, perdait son temps dans les plaisirs et dans les amusements les plus frivoles. Dans des jeux qu'il donna un jour au peuple, on vit paraître un taureau de haute taille, poursuivi par un chasseur, qui devait le tuer à coups de flèches. Ce chasseur vida son carquois avant d'avoir atteint l'animal, et l'empereur, loin de le railler sur sa maladresse, lui décerna la couronne. Comme les spectateurs murmuraient de voir donner cette récompense à qui la méritait si peu, Gallien ordonna au héraut de crier à haute voix : « Tuer un taureau avec dix flèches, rien n'est plus aisé ; au lieu qu'il est fort difficile de le manquer tant de fois. » Un autre jour, un marchand avait, au lieu d'émeraudes, vendu des pierres fausses à l'impératrice. Gallien ordonna qu'on le menât dans l'arène, et le malheureux s'attendait à être déchiré par un lion. Mais avant de prononcer la sentence, l'empereur avait dit quelques mots à l'oreille du bourreau, et, au lieu de lâcher un lion sur le condamné, on se contenta d'envoyer un coq. Comme tout le monde se mettait à rire : « Il a trompé, dit l'empereur, je le trompe à mon tour. »

CONJONCTIONS FRANÇAISES.

SI. — COMME.

RÈGLES.

Id si faceres, si fecisses causâ meâ. *Si vous le faisiez, si vous l'aviez fait pour l'amour de moi.*

Si voluisses et potuisses. *Si vous aviez voulu et que vous eussiez pu.*

Hunc librum si leges, lætabor. *Si vous lisez ce livre, j'en serai charmé.*

Nisi caves. *Si vous ne prenez garde.*

Si non homines, at certè Deum time. *Si vous ne craignez pas les hommes, au moins craignez Dieu.*

Quem si arcessebam, abibat. *Si je l'appelais, il s'en allait.*

Nihil ei, nisi gloria, ou præter gloriam, restat. *Il ne lui reste que sa gloire.*

Interrogavit an esset latior bove. *Elle demanda si elle était plus grosse que le bœuf (1).*

Nescio utrùm dormiat an audiat. *Je ne sais s'il dort ou s'il écoute.*

Ut *ou* quemadmodum ignis aurum probat, sic *ou* ita miseria fortes viros. *Comme le feu éprouve l'or, de même l'adversité éprouve l'homme courageux.*	Quum ad supplicium duceretur, nulla spes supererat. *Comme on le conduisait au supplice, il n'y avait plus d'espoir.* Quum ita se res habeat. *Comme la chose est ainsi.*

Observation. — (1) Voy. l'observation de la page 95.

Exercice 53.

Si les différents peuples de la Grèce avaient été unis, ils n'auraient pas perdu leur liberté. — Si vous aimiez la campagne, vous comprendriez le bonheur que j'y goûte. — Si vous êtes puissant, et qu'un honnête homme implore votre protection, ne la lui refusez pas. — Si vous m'aviez écrit, et que vous m'eussiez annoncé cette nouvelle, je serais accouru sur-le-champ auprès de vous. — Si vous tardez, vous ne pourrez plus rencontrer le médecin. — Si vous travaillez avec ardeur, vous surpasserez bientôt tous vos condisciples. — Si je ne t'aimais, j'aimerais ta valeur. — Socrate, qui prévit de bonne heure qu'Alcibiade serait le plus dangereux citoyen d'Athènes, s'il n'en devenait le plus utile, rechercha son amitié, l'obtint et ne la perdit jamais. — Alcibiade se fût montré le plus vertueux des hommes, s'il n'avait jamais eu l'exemple du vice. — Si vous n'aimez pas le jeu, au moins promenez-vous. — S'ils n'ont pas de richesses, du moins ils ont le bonheur. — A Sparte, si un enfant paraissait mal constitué, on le mettait à mort aussitôt après sa naissance.

Exercice 54.

Si la terre était plus dure, l'homme ne pourrait en ouvrir le sein pour la cultiver : que si elle était moins dure, elle ne pourrait le porter. — Si le soleil était plus grand, il embraserait tout le monde ; mais si, à la même distance, il était moins grand, la terre serait toute glacée. — S'il était plus voisin de nous, il nous enflammerait ; si, au contraire, dans la même grandeur, il était plus éloigné de nous, nous ne pourrions subsister dans le globe terrestre, faute de chaleur. — Nous serons vainqueurs, à moins que l'ennemi ne reçoive des renforts. — Ces animaux n'ont peur de rien, si ce n'est du feu. — Alexandre ne respecta aucun édifice, si ce n'est la maison de Pindare. — Je doute si ce caractère pourra jamais devenir plus traitable. — Examinez si ces fleurs promettent des fruits. — Le monarque demanda au philosophe s'il était content de son sort. — Je ne puis pas encore vous dire si je viendrai ou non. — Comme l'eau, si elle devenait plus subtile, deviendrait une espèce d'air qui ferait mourir les poissons, de même l'air nous empêcherait de respirer, s'il devenait plus épais et plus humide. — Comme je traversais le forum, je rencontrai Milon. — Comme vous avez envahi notre pays, nous emploierons tour à tour la ruse et la force pour vous en faire sortir.

Thème 39.

LA GÉNÉROSITÉ.

Sentant sa fin prochaine, un père de famille fit venir ses enfants et leur dit : « Comme mes forces diminuent de jour en jour, et que la mort vient à grands pas, j'ai voulu, avant de vous quitter, régler la succession que je vous laisse. Je n'ai pas besoin de vous dire si j'ai fait les parts égales : vous connaissez trop bien ma justice. Mais voici un diamant précieux que je n'ai pas compris dans le partage ; je le destine à celui d'entre vous qui saura le mériter par une action généreuse. Allez, et dans deux mois je vous attends ici. » Deux mois s'écoulent, les trois frères se présentent devant leur juge, et l'aîné commence en ces termes : « Forcé de quitter précipitamment le pays, un étranger me confia toute sa fortune. Si j'avais été un malhonnête homme, et que j'eusse voulu nier le dépôt, j'aurais pu garder ses richesses. Comme, pour toute garantie, il n'avait que ma parole, je n'avais absolument rien à redouter. Mais je lui ai remis fidèlement la somme entière. » — « Mon fils, dit le père, si tu n'eusses pas rendu cette fortune, tu aurais été, comme tu le dis, un malhonnête homme. Ce que tu as fait est donc un trait de probité ; ce n'est pas une action généreuse. »

RÉCAPITULATION DES PRÉPOSITIONS ET DES CONJONCTIONS.

Exercice 55.

Réconcilions-nous franchement, au lieu de nous bouder ainsi. — Que vous êtes aimable de bien vouloir m'accompagner! — S'ils ne vivent pas dans de riches palais, du moins ils ont, pour charmer leurs regards, le spectacle d'une nature incomparable. — Achas, bien loin d'imiter la piété de son père, se plongea dans l'idolâtrie. — A vous l'avouer, je ne pensais pas que votre ouvrage aurait eu autant de succès. — Si Caligula avait appris qu'un citoyen possédait une grande fortune, il le faisait périr pour s'emparer de son bien. — Vous pouvez jouer, à moins que vous n'ayez votre devoir à faire. — Le vice entraînait Alcibiade, sans jamais l'asservir. — Phocion regardait les richesses comme un fardeau incommode pour le sage qui sait s'en passer. — Pouvez-vous lire l'histoire de la seconde guerre punique, sans admirer profondément l'audace et le génie d'Annibal? — Les magistrats ne sortaient pas de charge sans avoir rendu leurs comptes. — Les Athéniens n'aspirèrent à l'empire de la mer que pour usurper celui du continent. — Avant de partir, j'irai vous dire adieu. — Emmenez avec vous un esclave pour porter votre valise. — La peur d'être mis en prison lui fit prendre la fuite. — Les Athéniens avaient un goût extraordinaire pour les beaux-arts. — Les Spartiates durent partir avant d'avoir fait la moisson. — Cet élève doit être puni pour sa paresse. — Le lieutenant livra bataille sans en avoir reçu l'ordre. — Solon, après avoir quitté Crésus, se rendit en Cilicie.

DIFFÉRENTES LOCUTIONS FRANÇAISES.

ALLER, DEVOIR, IL FAUT, FAIRE, SUIVIS D'UN INFINITIF.

RÈGLES.

Mox profecturus sum. *Je vais* ou *je dois partir.*

Urbs cras diripienda est (1). *La ville doit être pillée demain.*

Comprimendæ sunt libidines. *Il faut réprimer ses passions.*

Is ad laborem est incitandus. *Il a besoin d'être excité au travail.*

Serviendum est Deo, *ou* debemus *ou* oportet Deo servire. *Il faut servir Dieu.*

Tantùm abest ut te oderit, ut contra te amet, *ou* adeò non te odit, ut contra te amet, *ou* te amat, nedum oderit. *Tant s'en faut qu'il vous haïsse, qu'au contraire il vous aime.*

Parùm abest quin sim miserrimus (2). *Peu s'en faut que je ne sois très-malheureux.*

Tantùm non *ou* pænè cecidit. *Peu s'en est fallu qu'il ne tombât; il a pensé, il a failli tomber; il a manqué de tomber.*

Multùm abest ut tuos superes discipulos. *Il s'en faut beaucoup que vous surpassiez vos condisciples.*

Mene ita miserum esse! *Faut-il que je sois si malheureux!*

Fac *ou* da operam ut sciam. *Faites-moi savoir.*

Ex tuis litteris cognovi. *Votre lettre m'a fait connaître.*

Mori me cogis. *Vous me faites mourir.*

Jussit eum occidi. *Il le fit tuer.*

Id me impulit, ut crederem. *Cela m'a fait croire.*

Modo advenit. *Il ne fait que d'arriver.*

Perpetuò nugatur. *Il ne fait que badiner.*

In gratiam redire cum aliquo. *Faire sa paix avec quelqu'un.*

Aliquem in spem inducere.... *Faire espérer à quelqu'un que...*

Bonam sui *ou* de se spem concitare. *Faire concevoir une bonne opinion de soi.*

OBSERVATIONS. — (1) Cet exemple n'est correct que s'il s'agit de marquer l'obligation : *Il faut piller la ville.* Si l'on veut marquer le futur, on doit ou tourner par l'actif, ou employer la locution *in eo esse ut* avec le subjonctif. Ex. : *Urbs in eo est ut diripiatur,* la ville est sur le point d'être pillée. — (2) *Parùm* signifie *trop peu,* et doit être remplacé par *non multùm.*

Exercice 56

Avant de paraître en public, Périclès s'avertissait en secret qu'il allait parler à des hommes. — Mon frère doit revenir le mois prochain. — Je vais lire la lettre que vous m'avez remise. — On voyait flotter autour de son cou, plus blanc que la neige, ses longs cheveux noirs, qui allaient être réduits en cendres. — Il faut repousser les mauvais conseils. — Il faut encourager les enfants. — On doit aimer la vertu. — L'esprit a parfois besoin d'être détendu. — Plusieurs fois les soldats d'Alexandre eurent besoin d'être sévèrement réprimandés. — On doit favoriser les gens de bien. — Il faut obéir à ceux qui ne nous donnent que de bons conseils et de bons exemples. — Tant s'en faut que l'ennemi ait été vainqueur, qu'au contraire nous l'avons complétement mis en déroute. — Tant s'en faut que cette pluie soit nuisible, qu'au contraire les plantes souffraient beaucoup de la sécheresse. — Bien loin de vous donner tort, je vous remercie d'avoir considéré ma maison comme la vôtre. — Peu s'en faut que toutes les récoltes ne soient perdues. — Peu s'en fallait que nous ne périssions tous. — Il ne tint à rien que l'imprudence d'Alexandre ne lui coûtât la vie. — Il s'en fallut peu que les Gaulois ne s'emparassent du Capitole. — Codrus faillit en mourir de dépit. — Le général manqua d'être désarçonné. — J'ai pensé mourir de douleur.

Exercice 57.

Il s'en fallait beaucoup que Pompée fût aussi habile que César. — Combien s'en faut-il que vous ayez fait ce que vous m'aviez promis ! — Faut-il que j'aie cédé à vos conseils ! — Faut-il que nous n'ayons pas prévu ce désastre ! — Cyrus fit ôter à Crésus les chaînes dont il était chargé. — Faites achever ces travaux au plus vite. — Les prières de Véturie firent reprendre à Coriolan le chemin de l'exil. — Cette déclaration fit connaître trop tard aux Carthaginois la ruse et la perfidie des Romains. — Je veux vous faire connaître les beautés d'Homère. — Alexandre fit mettre le feu au bagage de ses soldats. — Les violences des Romains avaient fait émigrer les peuples du midi au nord. — On voyait dans le côté la blessure profonde qui l'avait fait descendre dans le sombre royaume de Pluton. — Le seul éloge que je mérite, dit Périclès mourant, c'est de n'avoir fait prendre le deuil à aucun citoyen. — Je ne fais que d'envoyer ma lettre. — Les fleurs ne font que de paraître. — Ce paresseux ne fait que se promener toute la journée. —Les Étoliens virent qu'ils n'avaient fait que se donner des maîtres. — Le printemps fait taire les vents glacés. — O dieux cruels, vous prolongiez ma vie, pour me faire voir la mort d'Hippias! — La douleur que causait sa mort, faisait oublier les défauts qu'une jeunesse impétueuse lui avait donnés.

Thème 40.

LA GÉNÉROSITÉ — (*Suite*).

« J'étais, dit le second fils, à quelque distance d'un fleuve rapide et profond, quand tout à coup des cris d'alarme me font hâter le pas : un jeune enfant allait disparaître au milieu des flots. Il s'en faut beaucoup que je sois un excellent nageur; cependant je n'hésitai pas à le secourir. Je ne faisais que de quitter la rive, quand, me sentant tout à coup entraîné vers un gouffre, je faillis renoncer à mon entreprise. Mais les cris de l'infortuné me firent aussitôt souvenir de mon devoir, et, luttant avec vigueur contre la force des eaux, je fus assez heureux pour saisir l'enfant, et le rendre sain et sauf à sa mère. » — «Mon fils, dit le père, je suis bien éloigné de rabaisser le mérite de ton action; mais tout homme de cœur eût agi de même. Il n'y a là que de l'humanité. » Le plus jeune prit enfin la parole : « Pendant le voyage que je viens de faire, j'eus le malheur de m'attirer la haine d'un homme puissant. Il ne faisait que m'accabler de railleries et de vexations, et, quand il ne le pouvait pas lui-même, il me faisait tourmenter par ses amis : il me fallut quitter la ville. En partant, j'aperçus mon ennemi implacable profondément endormi sur le bord d'un précipice. Tant s'en fallait que je souhaitasse sa mort, qu'au contraire je le réveillai avec précaution et lui sauvai la vie. » — « Ah! mon fils, c'est toi qui mérites le diamant. La vraie générosité consiste à faire du bien à ses ennemis. »

VENIR DE ET VENIR A DEVANT UN INFINITIF FRANÇAIS. — ÊTRE PRÈS OU SUR LE POINT. — NE MANQUER PAS DE. — LAISSER DEVANT UN INFINITIF. — S'OCCUPER A, SE METTRE A, SE MÊLER DE ... — AVOIR LA FORCE DE... LA HARDIESSE DE... — NE SERVIR QU'A... DEVANT UN INFINITIF. — SAVOIR DEVANT UN INFINITIF. — IL ME TARDE DE... JE SUIS DANS L'IMPATIENCE DE...

RÈGLES.

Modò profectus est. *Il vient de parlir.*

Id si rescierit. *S'il vient à savoir cela.*

Ne existimes *ou* noli existimare. *N'allez pas vous imaginer.*

Mox *ou* jamjam oppido potiturus erat, *ou* in eo erat ut oppido potiretur. *Il était sur le point de prendre la ville.*

Ad illum profectò scribam. *Je ne manquerai pas de lui écrire.*

Memento ut illum moneas. *Ne manquez pas de l'avertir.*

Cantus tui non sinunt me dormire. *Vos chants ne me laissent pas dormir.*

Quanquam te ipsum exspecto, da tamen epistolam. *Quoique je vous attende vous-même, ne laissez pas de donner une lettre.*

Legit. *Il s'occupe à lire.*

Flere cœpit. *Il se mit à pleurer.*

Sustinuisti *ou* ausus es id negare? *Avez-vous bien eu la force de nier cela ?*

Hoc dolorem meum exulcerat. *Cela ne sert qu'à aigrir ma douleur.*

Eà occasione usus est (1). *Il sut profiter de cette occasion.*

Nihil mihi longius est, quàm ut te videam (2). *Il me tarde de vous voir.*

OBSERVATIONS. — (1) Quand *savoir* signifie *être habile*, il s'exprime par *scire*. — (2) *Tarder à*, devant un infinitif, se tourne par *tardivement* et se rend par *tardé, lenté, seró*; *ne pas tarder à* se tourne par *bientôt*, et se rend par *mox, brevi.*

Exercice 58.

Je viens de terminer la tâche qui m'avait été donnée. — Nous venions de le quitter, quand vous l'avez vu. — L'infortuné venait de mourir, quand son innocence fut reconnue. — Pompée venait d'être assassiné, quand César débarqua en Égypte. — Si mon père vient à apprendre ce désastre, il en mourra de chagrin. — J'étais chez Quintus, quand on vint à parler de l'éloquence. — Si vous venez à mettre ce tableau en vente, prévenez-moi. — Émue par le discours de Pisistrate, la populace était sur le point de prendre les armes en sa faveur. — Si nous venons à éprouver ce malheur, nous nous efforcerons de le supporter courageusement. — Nous étions sur le point de partir, au moment où vous êtes entré. — L'armée était sur le point de renoncer à son projet, quand Arbacès annonça que les astres promettaient la victoire. — Nous étions près de vaincre, quand l'ennemi reçut de nouveaux renforts. — Ne manquez pas de tenir exactement tout ce que vous avez promis. — Les Parthes ne manquaient pas de brûler tout derrière eux. — Je ne manquerai pas de suivre les sages conseils que vous me donnez. — Ne manque pas de prévenir Paul du danger qui le menace. — Les rois fainéants se laissaient gouverner par leurs ministres. — Les remords ne laissent jamais dormir ceux qui se sont souillés d'un crime. — Les Samnites laissèrent les Romains s'engager dans les défilés. — Quoique je paraisse rassuré, je ne laisse pas d'être encore inquiet. — Bien que notre promesse ait été imprudente, nous ne laisserons pas de l'accomplir.

Exercice 59.

Cet enfant s'occupe à relire sa grammaire. — Occupez-vous à chercher une seconde fois dans le dictionnaire les mots que vous avez employés. — Ne vous mêlez jamais de les réconcilier. — C'est à tort que vous vous mêlez de me conseiller. — L'enfant se releva sur-le-champ et se mit à jouer. — Néron paraît dans l'arène, et tous les sénateurs se mettent à l'applaudir. — Un soldat doit avoir la hardiesse de regarder le péril en face. — Je n'aurai jamais la force de me séparer de vous. — Ayez au moins la force de soutenir vos opinions. — Les richesses du monde ne servirent qu'à corrompre Rome. — Ce langage embarrassé ne sert qu'à confirmer nos soupçons. — Savoir se taire est le propre d'un esprit sensé. — Il faut savoir se plier aux circonstances. — Attila savait pardonner ou différer la punition, suivant que cela convenait à ses intérêts. — David savait jouer de la harpe. — Nous savons appliquer cette règle. — Il tardait à Rome et à Albe de connaître l'issue du combat. — Nous étions dans l'impatience de revoir notre patrie. — Il tarde au voyageur de rentrer dans ses foyers. — J'étais dans l'impatience que ce travail fût terminé. — Je ne tarderai pas à vous aller voir. — Vous tarderez tant à partir que Paul vous trouvera encore ici. — Nous ne tarderons pas à finir ce livre.

Thème 41.

LE FEU GRÉGEOIS.

Les Arabes étaient sur le point de s'emparer de Constantinople, quand un Syrien, nommé Callinique, apporta aux Grecs un secours inespéré : c'était le feu grégeois, l'invention la plus meurtrière que les hommes aient su imaginer, avant la poudre à canon, pour la destruction de leurs semblables. Ce feu avait une violence irrésistible ; loin de l'éteindre, l'eau ne servait qu'à le ranimer ; s'il venait à s'attacher à un objet, il ne manquait point de le réduire en cendres ; quelle que fût la matière qu'on opposât à son action, que ce fût de la pierre ou même du fer, il ne laissait pas de la dévorer. Rien n'approchait de sa force destructive, si ce n'est la facilité à le mettre en usage. On pouvait l'employer de plusieurs manières ; dans les batailles navales, on en remplissait de petits bâtiments qu'on poussait sur la flotte arabe ; on disposait, sur la proue des navires, de longs tubes de cuivre, au moyen desquels les marins se mettaient à souffler la matière enflammée sur ceux des vaisseaux ennemis qui avaient la hardiesse d'approcher ; on renfermait aussi le feu grégeois dans des fioles de verre, que les soldats jetaient avec la main, après en avoir allumé la mèche.

IL NE TIENT QU'A MOI. — AVOIR BEAU. — AVOIR DE LA PEINE A... — A FORCE DE... — POUR NE PAS DIRE... — AVOIR LE BONHEUR DE... — AVOIR LIEU, SUJET OU RAISON. — JE VOUDRAIS PARLER. — MALGRÉ. — AU HAUT DE...

RÈGLES.

Per me unum stat quominus id fiat. *Il ne tient qu'à moi que cela se fasse.*

Frustra vociferaris, *ou* quamvis vociferere. *Vous avez beau crier.*

Ægre id impetravit. *Il a eu de la peine à obtenir cela.*

Id facilè fieri potest. *On n'a pas de peine à faire cela.*

Multo labore doctus evasit. *A force de travailler, il est devenu savant.*

Tu puer, ne dicam nugator, es. *Vous êtes un enfant, pour ne pas dire un badin.*

Mihi contigit ut regem viderem. *J'ai eu le bonheur de voir le roi.*

Mihi accidit ut vincerer. *J'ai eu le malheur d'être vaincu.*

Tibi non est timendi locus, *ou* non est quòd timeas. *Vous n'avez pas lieu de craindre.*

Velim dicere. *Je voudrais parler.*

Vix credas *ou* credideris. *Vous ne sauriez croire.*

Id invitus fecit. *Il a fait cela malgré lui.*

Id, illo invito, feci. *J'ai fait cela malgré lui.*

Illum, quamvis clamitaret, interfecit. *Il le tua malgré ses cris redoublés.*

Summa arbor. *Le haut, le sommet d'un arbre.*

Media rupes. *Le milieu d'un rocher.*

Imus mons. *Le bas d'une montagne.*

Extremi digiti. *Le bout des doigts.*

Imum mare. *Le fond de la mer.*

Exercice 60.

Il ne tenait qu'à vous d'empêcher ce malheur. — Il ne tient qu'à moi que vous soyez sévèrement puni. — La mort a des rigueurs à nulle autre pareilles ; on a beau la prier, la cruelle qu'elle est se bouche les oreilles, et nous laisse crier. — L'art a beau être parfait, il est toujours au-dessous de la nature. — Vous avez beau posséder une excellente mémoire, vous n'apprendrez rien sans travailler. — Le geai eut beau se parer des plumes du paon, il se vit reconnu et bafoué. — Rome eut beau exterminer de nombreuses armées barbares, de nouvelles hordes la menaçaient sans

cesse. — Les Romains n'eurent pas de peine à réduire la
Grèce en province. — Rome eut de la peine à comprimer
la révolte des esclaves. — Les hommes devinrent plus
portés à répandre le sang, à force de voir des spectacles de
gladiateurs. — A force de jouer il s'est rendu malade. —
C'est à force de lire que vous vous êtes fatigué la vue. —
Les affranchis étaient aussi puissants, pour ne pas dire plus
puissants que l'empereur Claude. — Louis XIV eut le
bonheur d'être entouré de grands esprits. — Nous avons
eu le bonheur de terminer promptement cette affaire. —
J'ai eu le bonheur de trouver en vous un ami dévoué, pour
ne pas dire un second père. — Les Romains eurent le malheur de passer sous le joug. — L'esclave qui avait le malheur de briser quelque objet, était cruellement fouetté.

Exercice 61.

J'ai tout lieu de croire que nous réussirons. — Nous avons
sujet de penser que vous voulez quitter notre ville. — Les
Romains avaient bien raison de redouter les barbares. —
Nous connaissons le prix du temps, quand nous n'avons
plus lieu d'en profiter. — Examinez si vous avez lieu de
vous réjouir ainsi. — Je voudrais vous persuader que vous
avez tort. — Vous ne voudriez pas faire de peine à vos
parents. — Il aimerait mieux jouer que de travailler. —
On ne saurait croire combien cet élève est paresseux. — Je
pourrais vous citer d'illustres exemples. — Régulus retourna
à Carthage malgré sa femme et ses amis. — Titus renvoya
Bérénice malgré lui et malgré elle. — J'ai cédé malgré moi.
— C'est malgré moi que vous avez pris cette résolution. —
Varron voulut engager le combat, malgré les avertissements de son collègue. — Le général fut vaincu malgré
la bravoure de ses soldats. — Bienheureuse cigale, posée
au sommet d'un arbre, tu chantes comme une reine. — La
ville était assise au haut d'un rocher, comme le nid d'un
aigle. — Le milieu de la montagne est moins abrupt que
le haut, et moins embarrassé de roches et de buissons que
le bas. — Vous ne goûtez à ces mets que du bout des
lèvres. — Le fond du fleuve est couvert de sable. — Dio-

gène vit un enfant qui buvait dans le creux de sa main. —
Des cris se font entendre tout à coup à l'intérieur de la
maison. — L'extérieur des chaumières est tapissé de vigne
sauvage. — Le reste de l'armée prit aussitôt la fuite.

Thème 42.

LE FEU GRÉGEOIS — (*Suite*).

Dans les siéges, on se contentait de lancer du haut des
murs, sur les machines des assiégeants, des javelots de fer
entourés d'étoupes, que l'on avait trempées dans cette matière destructive ; mais la manière la plus terrible de mettre en œuvre le feu grégeois, c'était de le lancer avec les
balistes. On en jetait alors une prodigieuse quantité, qui,
traversant l'air avec un bruit affreux, allait dévorer, malgré l'éloignement, malgré tous les efforts qu'on faisait pour
l'éteindre, des édifices, des bataillons entiers, et toute une
flotte au milieu des eaux. Cette innovation, que les empereurs grecs eurent le bonheur de connaître, au moment où
leur puissance était le plus menacée, et dont ils eurent
grand soin de garder le secret, leur assura une supériorité
décidée sur les assiégeants ; et, malgré leur nombre et leur
bravoure, ils n'eurent pas de peine à les vaincre. Chassés
de devant Constantinople, les Arabes ne renoncèrent pas
pour cela à leur entreprise ; pendant sept années, comptant
venir à bout des Grecs à force de courage et de persévérance, ils renvoyèrent chaque printemps de nouvelles flottes et de nouveaux soldats. Mais ils eurent beau recommencer sept fois cette lutte meurtrière, tous leurs efforts furent
impuissants, et, à la fin, comprenant qu'ils n'avaient pas
sujet d'espérer la victoire, ils se décidèrent à opérer leur
retraite.

DISCOURS INDIRECT

DIFFÉRENCE DU DISCOURS DIRECT ET DU DISCOURS INDIRECT.

On dit que le discours est *direct*, quand on rapporte la pensée ou les paroles de quelqu'un sans les rattacher à ce qui précède au moyen de la conjonction *que* ; ce qui a lieu quand on met, pour ainsi dire, cette personne en scène, et qu'on lui fait exposer elle-même ce qu'elle a dit ou pensé.

Ex. : Bias s'écria : *J'emporte tout avec moi.*

On dit au contraire que le discours est *indirect*, quand le membre de phrase où l'on rapporte la pensée ou les paroles de quelqu'un (1), dépend grammaticalement d'un membre de phrase précédent, auquel il est rattaché par la conjonction *que*.

Ex. : Bias s'écria *qu'il emportait tout avec lui* (2).

RÈGLES CONCERNANT LE DISCOURS INDIRECT EN LATIN.

1. Dans le discours indirect, le verbe qui indique ce qu'une personne a dit ou a pensé, se met en latin à l'infinitif, et le sujet de ce verbe est à l'accusatif, par la règle du *que retranché*.

Ex. : Bias s'écria qu'il emportait tout avec lui, *Bias exclamavit se omnia secum portare.*

2. Toutes les phrases *incidentes* (3), qui dépendent d'un *que retranché*, ont leur verbe au subjonctif.

Ex. : Pline croyait que tout le temps qu'il ne consacrait pas à l'étude était perdu, *Plinius perire omne tempus arbitrabatur, quod studiis non impertiretur.*

OBSERVATIONS. — (1) D'une autre personne, ou de soi-même à une époque antérieure. — (2) On dit encore que le discours est indirect dans les phrases analogues à celle-ci : *Les Indiens attribuent aux éléphants une intelligence presque humaine, parce qu'ils soignent leurs semblables quand ils sont malades.* En effet, cette phrase est l'équivalent de la suivante : *Les Indiens disent que les éléphants sont doués d'une intelligence...*, etc. — (3) On appelle phrase *incidente* un membre de phrase commençant par un relatif, ou par une de ces conjonctions qui influent sur le mode du verbe suivant, comme *parce que, si, pendant que, lorsque, après que*, etc.

Exercice 62[1].

Auguste disait avec un légitime orgueil qu'il[2] laissait toute de marbre une ville qu'il avait trouvée toute de briques. — Frontin rapporte qu'un arbre fruitier, qui était dans l'enceinte d'un camp romain, fut trouvé le lendemain chargé de tous les fruits qu'il portait la veille, avant que les soldats n'eussent campé en cet endroit. — Bias répétait souvent que nous devons haïr nos ennemis avec modération, parce qu'il peut se faire[3] qu'ils deviennent un jour nos amis. — Le même philosophe avait coutume de dire que nous devons tâcher d'acquérir de la sagesse pendant que nous sommes jeunes, parce que c'est la consolation des vieillards. — Un auteur a dit que l'univers est un temple que Dieu remplit de sa[4] gloire et de sa présence. — Rollin enseigne qu'on[5] ne peut trop faire remarquer aux jeunes gens l'admirable simplicité qui règne dans les écrits des anciens. — Cicéron croit que la mort de Clodius doit être attribuée à la juste colère des dieux, qui ont enfin vengé leurs temples profanés par les crimes de cet impie. — Pline nous raconte que le Nil n'ayant point débordé une année, Trajan envoya des blés en abondance aux populations qui n'avaient point de quoi[6] se nourrir. — On dit que l'Arabie Heureuse porte ce nom parce qu'elle produit des plantes très-estimées.

Exercice 63.

Un orateur chrétien a dit que la vertu a des charmes dont un bon cœur a peine à se défendre. — Fénelon pense que l'amitié est imparfaite, quand nous ne mettons pas en commun les biens et les maux. — Un philosophe prétend que l'homme qui ne peut supporter tous les mauvais caractères dont le monde est plein, n'a pas lui-même un

---

1. Nous prévoyons ici le cas où les élèves auraient à traduire ces exercices immédiatement après avoir vu les règles du *que retranché*, et nous annotons toutes les difficultés dont la solution leur serait encore inconnue. — 2. *Soi.* — 3. Se faire que, *fieri ut* et le subj. — 4. *Suus.* — 5. *Tournez :* que les jeunes gens ne peuvent trop être avertis... — 6. *Tournez :* d'où ils se nourrissent (subj. imp.).

fort bon caractère. — Pythagore affirmait que la terre était ronde et placée au milieu du monde ; qu'elle était habitée en tous sens, et, par conséquent, qu'il y avait des antipodes qui marchaient les pieds opposés aux nôtres ; que l'air qui l'environnait était grossier et presque immobile, et que, pour cette raison, tous les animaux qui habitaient la terre étaient mortels et sujets à la corruption ; qu'au contraire, l'air qui se trouvait au haut des cieux était très-subtil et dans une agitation perpétuelle, et que, pour ce motif, tous les animaux qui le remplissaient étaient immortels, et, par conséquent, divins ; qu'ainsi le soleil, la lune et tous les astres étaient des dieux, parce qu'ils étaient placés au milieu de cet air subtil qui est le principe de la vie. — Le célèbre Atticus, se promenant un jour avec Cicéron dans une île fort agréable, lui assurait que la magnificence des plus superbes maisons de campagne, ces pavés de marbre, ces lambris dorés qui faisaient l'admiration des autres, que tout cela lui paraissait mesquin et méprisable, toutes les fois qu'il le comparait avec cette île si riante, où il se promenait avec ses amis.

Thème 43.

TRANSFORMATIONS DIVERSES DE PYTHAGORE.

Pythagore, pour persuader tout le monde de sa doctrine de la métempsycose, disait qu'il avait été autrefois Æthalides, que Mercure lui avait alors accordé la faveur de ne jamais rien oublier, et que depuis ce temps il savait exactement tout ce qui était arrivé sur la terre ; qu'après[1] avoir été Æthalides, il devint Euphorbe ; qu'il se trouva au siége de Troie, où il fut dangereusement blessé par Ménélas ; qu'ensuite son âme alla habiter le corps d'Hermotimus ; et que, dans ce temps-là, pour convaincre tout le monde du don que Mercure lui avait fait, il s'en alla dans le pays des Branchides ; qu'il entra dans le temple d'Apollon, et fit voir son bouclier tout pourri, que Ménélas, en revenant de

---

1. *Tournez :* après qu'il avait été...

Troie, avait consacré à ce dieu pour marque de sa victoire. Il ajoutait que, après[1] avoir été Hermotimus, il devint le pêcheur Pyrrhus, puis le coq de Mycile, puis le paon de je ne sais qui, et enfin Pythagore. Il assurait que, dans les voyages qu'il avait faits aux enfers, il avait remarqué l'âme du poëte Hésiode, attachée avec des chaînes à une colonne où elle se tourmentait fort ; qu'il avait vu aussi celle d'Homère, pendue à un arbre, où elle était environnée de serpents, à cause de toutes les faussetés qu'il avait inventées et attribuées aux dieux.

RÉCAPITULATION GÉNÉRALE.

Thème 1.

CYRUS.

Cyrus doit être regardé comme le conquérant le plus sage et le prince le plus accompli dont il soit parlé dans l'histoire profane. Presque aucune des qualités qui forment les grands hommes ne lui manquait : sagesse, modération, courage, grandeur d'âme, libéralité, noblesse de sentiments, clémence, bonté, connaissance parfaite de l'art militaire, autant que son temps le comportait ; vaste étendue d'esprit, soutenue d'une prudente fermeté, pour former et exécuter de grands desseins. Ce prince n'était pas de ces héros qui ne brillent que dans les combats, et qui sont des sujets très-médiocres dans d'autres situations. Cyrus paraissait toujours le même, c'est-à-dire toujours grand, toujours élevé, toujours supérieur à lui-même.

Thème 2.

CRÉSUS.

Le nom seul de Crésus, qui a tourné en proverbe, porte l'idée de grandes richesses. Il paraît en effet que Crésus

---

1. *Même tournure.*

était extrêmement riche. Les trésors de ce prince étaient le fruit de plusieurs mines qu'il avait dans ses États, aussi bien que du Pactole qui roulait un sable d'or. Ces richesses, chose assez rare, n'amollirent point son courage. Il jugeait indigne d'un roi de passer ses jours dans une molle oisiveté. Toujours les armes à la main, il fit plusieurs conquêtes, et ajouta à ses États la Pamphylie, la Phrygie, la Mysie, et plusieurs autres provinces voisines. Mais ce qui est encore plus étonnant, quoique ce prince fût riche et guerrier, les lettres et les sciences faisaient son plus grand plaisir. Sa cour était le séjour ordinaire de plusieurs de ces savants, si connus dans l'antiquité sous le nom des Sept Sages de la Grèce.

Thème 3.

TÉRENCE.

Carthage, où naquit Térence, doit moins être regardée comme sa patrie, que Rome où il fut élevé, et où il puisa cette pureté de style, cette délicatesse, cette élégance, qui l'ont rendu l'admiration de tous les siècles. On conjecture qu'il fut enlevé encore enfant, ou du moins fort jeune, par les Numides, dans les courses qu'ils faisaient sur les terres des Carthaginois, pendant la guerre qu'eurent ensemble ces deux peuples, depuis la fin de la seconde guerre punique jusqu'au commencement de la troisième. On le vendit comme esclave à Térentius Lucanus, sénateur romain, qui, après l'avoir fait élever avec beaucoup de soin, l'affranchit et lui fit porter son nom, selon la coutume. Il fut uni depuis d'une amitié très-étroite avec Scipion l'Africain le second, et avec Lélius. C'était un bruit public à Rome que ces deux grands hommes lui aidaient à composer ses comédies. Il ne nous en reste que six. On dit qu'à son retour de Grèce, il perdit cent huit pièces qu'il avait traduites de Ménandre, et qu'il ne put survivre à cette perte. Il mourut l'an de Rome 594, sous le consulat de Cn. Cornélius Dolabella et de M. Fulvius, à l'âge de trente-cinq ans, et, par conséquent, il était né l'an de Rome 560.

Thème 4.

LE CANAL DE LA MER ROUGE A LA MÉDITERRANÉE.

Le canal qui faisait la communication des deux mers, la mer Rouge et la Méditerranée, n'est pas un des moindres avantages que le Nil procurait à l'Égypte. Sésostris, ou, selon d'autres, Psammétichus, fut le premier qui en forma le dessein, et qui commença l'ouvrage. Néchao, successeur du dernier, y employa des sommes immenses et un grand nombre de troupes. Il abandonna cet ouvrage, effrayé par un oracle, qui lui avait répondu que c'était ouvrir aux étrangers un chemin dans l'Égypte. L'ouvrage fut recommencé par Darius, fils d'Hystaspe ; mais ce prince le quitta aussi. Enfin, il fut achevé sous les Ptolémées, qui, par le moyen des écluses, tenaient le canal ouvert ou fermé, selon leurs besoins. Ce canal avait cent coudées de largeur ; de profondeur, autant qu'il en faut pour porter les plus grands vaisseaux, et de longueur, plus de mille stades, c'est-à-dire, plus de cinquante lieues. Cet ouvrage, qui était d'une si grande utilité pour le commerce, est presque entièrement comblé, et à peine en reste-t-il quelque vestige aujourd'hui.

Thème 5.

CONSTANCE DES GÉNÉRAUX ROMAINS.

Le consul et même le dictateur marchaient à la tête des légions, à pied, parce que la plus grande force des Romains consistaient dans l'infanterie. On crut qu'il fallait que le général demeurât à la tête des bataillons, sans jamais les quitter. Il n'y avait que l'âge et une infirmité réelle qui pussent le dispenser de cette loi ; et alors il s'adressait au peuple qui lui permettait de monter à cheval. Suétone représente Jules-César comme infatigable, marchant à la tête des armées, quelquefois à cheval, mais ordinairement à pied et la tête nue, malgré le soleil ou la pluie. Pline loue Trajan de s'être accoutumé de bonne heure à marcher à pied à la tête des légions qu'il commandait, sans jamais faire usage

ni de char ni de cheval, quoiqu'il eût d'immenses espaces
à parcourir; et il en usa toujours de la sorte, quand il
fut devenu empereur.

Thème 6.

LES ATHÉNIENS.

Les Athéniens avaient un goût exquis pour tous les arts
et pour toutes les sciences. Quelle gloire pour Athènes,
d'avoir formé dans son sein tant d'hommes excellents dans
la science de la guerre, dans l'art de gouverner, dans la philosophie, dans l'éloquence, dans la poésie, dans la peinture,
la sculpture et l'architecture, d'avoir été, en quelque sorte,
l'école et la maîtresse de presque tout l'univers, et de servir encore de modèle à toutes les nations qui se piquent de
bon goût. Enfin, ce qui caractérise les Athéniens, et ce qui se
montre dans toutes leurs actions et dans toutes leurs entreprises, c'est l'amour et le zèle pour la liberté. Quel beau
jour pour Athènes, que celui où, par la bouche d'Aristide,
le peuple répondit aux ambassadeurs du roi de Perse, que
tout l'or et l'argent du monde n'étaient pas capables de le
tenter, et de le porter à vendre sa liberté, ni celle de la Grèce.

Thème 7.

CÉRÉMONIES RELIGIEUSES DES ANCIENS AVANT LE COMBAT.

C'est dans le moment de donner une bataille que les anciens se croyaient le plus obligés de consulter les dieux, et
de se les rendre favorables. Ils les consultaient par le vol
ou par le chant des oiseaux, par l'inspection des entrailles
des bêtes immolées, par la manière dont mangeaient les
poulets sacrés, et par d'autres choses pareilles. Ils tra-
vaillaient à se les rendre propices par les sacrifices, par les
vœux, par les prières. Plusieurs d'entre les généraux, dans
les premiers temps, s'acquittaient de ce devoir de bonne
foi, et avec des sentiments religieux, qu'ils poussaient quelquefois jusqu'à une superstition puérile et ridicule; d'autres
les méprisaient dans le fond, ou s'en moquaient ouvertement. Epaminondas, voyant qu'on voulait l'empêcher

de donner la bataille de Leuctres, en lui annonçant de mauvais augures, répondit par un vers d'Homère, dont le sens est: « Il n'y a qu'un seul bon augure, qui est de combattre pour sa patrie. »

Thème 8.

BELLE CONDUITE DE SOCRATE A LA GUERRE.

C'est une chose assez curieuse de voir un philosophe endosser la cuirasse, et d'examiner comment il se tire d'un combat. Il n'y avait personne dans toute l'armée qui soutînt les fatigues de la guerre comme Socrate. La faim, la soif, le froid étaient des ennemis qu'il était accoutumé à mépriser et à vaincre sans peine. Pendant que les autres soldats, revêtus de bons habits et de peaux très-chaudes, se tenaient dans leurs tentes bien clos et couverts, n'osant paraître à l'air, Socrate sortait sans être plus vêtu qu'à l'ordinaire, et marchait pieds nus. Par sa gaieté et par ses bons mots, il faisait la joie de la table, et invitait par son exemple les autres à boire. Quand on en vint à l'action, il fit merveilleusement bien son devoir. Alcibiade ayant été blessé et jeté par terre, Socrate se mit au-devant de lui, le défendit courageusement, et, à la vue de toute l'armée, empêcha les ennemis de le prendre, et de se rendre maîtres de ses armes.

Thème 9.

LA GLOIRE EST LA PLUS BELLE RÉCOMPENSE DES GRANDES ACTIONS.

Dans les jeux de la Grèce, qu'on célébrait avec tant de magnificence, et qui attiraient de tous côtés une prodigieuse multitude de spectateurs et de combattants, on ne donnait pour toute récompense qu'une simple couronne d'olivier sauvage aux jeux olympiques; de laurier aux jeux pythiques; d'ache vert aux jeux néméens, et d'ache sec aux jeux isthmiques. On est étonné de voir que le prix de la victoire fût si peu de chose; mais on cesse de l'être, quand on fait attention au but que s'étaient proposé les instituteurs de ces jeux. Ils voulaient par là faire entendre que l'honneur seul devait conduire les combattants, et non pas un vil et bas intérêt. C'est sur ce même principe, que Rome ne décerna à celui qui avait sauvé la vie à un citoyen qu'une couronne de feuilles de chêne, n'ayant point voulu, dit Pline, mettre de prix à un service qui, en effet, n'en a point.

Thème 10.

LES OBÉLISQUES D'ÉGYPTE.

Un obélisque est une aiguille quadrangulaire, d'une seule pierre, qui est souvent chargée d'inscriptions ou d'hiéroglyphes. Toute l'Égypte était pleine de ces sortes d'obélisques, qu'on taillait pour l'ordinaire dans les carrières de la Haute Égypte, d'où on les enlevait, par le moyen du Nil, sur des radeaux proportionnés à leur poids. Sésostris avait fait élever dans la ville d'Héliopolis deux obélisques d'une pierre très-dure, tirée des carrières de la ville de Syène, à l'extrémité de l'Égypte. Ils avaient chacun cent vingt coudées de haut, c'est-à-dire trente toises, ou cent quatre-vingts pieds. L'empereur Auguste, après avoir réduit l'Égypte en province, les fit transporter à Rome, où l'un des deux a été brisé depuis. Auguste en laissa un troisième, qui était d'une grandeur énorme. Il avait été dressé par Ramessès, qui avait employé vingt mille hommes à le tailler. Constance le fit transporter à Rome.

Thème 11.

CÉRÉMONIE DU TRIOMPHE.

On partait du Champ de Mars, et l'on entrait ordinairement dans la ville par la porte Capène. On ne peut s'imaginer combien cette pompe était magnifique. Les historiens racontent qu'elle commençait par un grand nombre de chariots chargés de différentes dépouilles et de toutes les richesses conquises sur l'ennemi, et qu'ensuite s'avançaient à pied les officiers, les généraux, souvent même des princes et des rois, qu'on avait faits prisonniers. Après eux venaît le triomphateur, monté sur un char attelé de quatre chevaux. Il était accompagné de ses enfants, qui partageaient avec lui l'honneur du triomphe, ou assis à ses côtés, ou montés à cheval et le suivant de près avec les principaux officiers de l'armée. Le cortége était fermé par les troupes victorieuses, à qui il était permis en ce jour d'entonner toutes les chansons qu'il leur plaisait, et l'on dit que souvent elles ne craignirent pas d'en chanter contre leur général. Le concours du peuple était infini. La pompe traversait la place publique et les plus grandes rues de Rome. Quand elle approchait du Capitole, on conduisait les prisonniers dans la prison, où souvent le jour même on ôtait la vie aux chefs des ennemis. Après avoir satisfait aux devoirs de la religion dans le Capitole, le triomphateur donnait un repas aux principaux sénateurs et aux premiers officiers de l'armée; après quoi il était reconduit en grand cortége dans son logis, au bruit des clairons, des trompettes et de toute sorte d'instruments.

Thème 12.

STRATAGÈME D'ANNIBAL APRÈS LA BATAILLE DE VENOUSE.

L'anneau de Marcellus était tombé au pouvoir d'Annibal avec son corps. Crispinus, craignant qu'il ne s'en servît pour tromper les alliés de la république, écrivit à toutes les villes voisines que son collègue avait été tué, qu'Annibal avait entre les mains le cachet dont Marcellus se servait pendant sa vie, que, par conséquent, il ne fallait ajouter aucune foi aux lettres qui porteraient le nom de Marcellus et l'empreinte de son cachet. La précaution était sage et ne fut pas inutile. A peine le courrier de Crispinus était-il arrivé à Salapie, qu'on y reçut une lettre d'Annibal, mais écrite au nom de Marcellus. Il leur disait qu'il viendrait à Salapie la nuit suivante, et ordonnait aux soldats de la garnison de se trouver prêts à exécuter ses ordres, supposé qu'il eût besoin d'eux [1]. Ceux de Salapie s'aperçurent aus-

---

1. *Tournez :* si par hasard il...

sitôt de la fraude ; et, bien persuadés qu'Annibal, irrité de leur trahison, cherchait l'occasion de s'en venger, ils renvoyèrent le courrier d'Annibal, qui était déserteur romain, afin de pouvoir, sans témoin, prendre toutes leurs mesures contre la tromperie de leur ennemi.

Thème 13.

AVANTAGES DES CAMPS FORTIFIÉS POUR LES ROMAINS.

Les Romains doivent la constance de leurs succès à la méthode dont ils ne se sont jamais départis, de se camper tous les soirs dans un camp fortifié, de ne jamais donner bataille, sans avoir derrière eux un camp retranché pour leur servir de retraite et renfermer leurs magasins, leurs bagages et leurs blessés. La nature des armes, dans ces siècles, était telle, que dans ces camps ils étaient non-seulement à l'abri des insultes d'une armée égale, mais même d'une armée supérieure ; ils étaient les maîtres de combattre ou d'attendre une occasion favorable. Marius est assailli par une armée de Cimbres et de Teutons ; il s'enferme dans son camp, y attend que l'occasion se présente favorable ; il sort alors précédé par la victoire. César arrive près du camp de Cicéron ; les Gaulois abandonnent celui-ci, et marchent à la rencontre du premier : ils sont quatre fois plus nombreux. César prend position en peu d'heures, retranche son camp, y essuie patiemment les insultes et les provocations d'un ennemi qu'il ne veut pas combattre encore ; mais l'occasion ne tarde pas à se présenter belle, il sort alors par toutes les portes : les Gaulois sont vaincus.

Thème 14.

MARIUS FUGITIF.

Pendant que Marius fugitif errait avec sa troupe sur le bord de la mer, n'étant pas loin de Minturnes, ville située près de l'embouchure du Liris, ils aperçoivent une troupe de cavaliers qui venait à eux. Dans le même moment, tournant les yeux vers la mer, ils voient deux vaisseaux marchands, seule ressource pour eux dans un si extrême danger. C'est à qui courra le plus vite vers la mer [1]. Ils se jettent à l'eau, et tâchent de gagner les deux vaisseaux à la nage. Marius était vieux et pesant, et ce ne fut qu'avec beaucoup de peine que deux esclaves, le portant au-dessus de l'eau, atteignirent un des vaisseaux, dans lequel il fut reçu. Cependant les cavaliers étaient arrivés sur le bord, et criaient aux matelots d'amener à terre, ou de jeter dehors Marius, et de s'en aller où ils voudraient. Marius implore avec larmes la pitié des maîtres du vaisseau, qui délibérèrent quelque temps, fort embarrassés, fort incertains du parti qu'ils devaient prendre [2]. Enfin, touchés des larmes d'un si illustre suppliant, ils répondirent aux cavaliers qu'ils ne livreraient pas Marius. Ceux-ci se retirèrent fort en colère.

Thème 15.

MARIUS FUGITIF. — (*Suite*).

Marius se croyait hors de péril. Il ne savait pas qu'il était destiné à se trouver dans de plus cruelles perplexités que toutes celles qu'il avait éprouvées, et à voir la mort encore de plus près. En effet, la générosité de ceux qui lui avaient donné un asile dans leur vaisseau ne fut pas de longue durée; ils eurent peur d'être poursuivis, et, s'étant approchés de la terre, ils jetèrent l'ancre à l'embouchure du Liris. Alors ils lui proposèrent de descendre, pour se reposer un moment après tant de fatigue. Marius, qui ne se défiait de rien, y consentit. On le porte sur le rivage, on le place sur un endroit où il y avait de l'herbe; mais pendant qu'il y était tranquille, et ne songeant à rien moins qu'au malheur qui le menaçait, il voit tout d'un coup lever l'ancre et le vaisseau partir. Ces marchands, comme la plupart des hommes, n'étaient ni assez méchants pour faire le mal, ni assez vertueux pour faire le bien en s'exposant au danger. Ils avaient eu honte de livrer Marius, mais ils ne croyaient pas qu'il fût sûr pour eux de le sauver.

---

1. *Tournez :* ils fuient à l'envi vers la mer. — 2. *Tournez :* fort incertains quel parti ils devaient prendre.

Thème 16.

MARIUS FUGITIF. — (*Suite*).

Quelle fut la désolation de Marius, lorsqu'il se vit sur ce rivage, seul, sans secours, sans défense, abandonné de tout le monde ! Il ne s'abandonna cependant pas lui-même : il se leva ; et, comme le Liris, qui serpente en cet endroit dans les terres, y forme des marais, il aperçut devant lui des fosses pleines d'eau, des terres bourbeuses, qu'il ne craignit pas de traverser, et il arriva enfin à la cabane d'un pauvre bûcheron. Il se jette à ses pieds et le conjure de sauver un homme qui, s'il échappe au danger, peut le récompenser au delà de ses espérances. Le bûcheron, soit qu'il le connût, soit qu'il fût frappé de l'air de fierté et de majesté que ses malheurs ne lui avaient point fait perdre, lui répondit que, s'il n'avait besoin que de repos, il en trouverait dans sa cabane ; mais que, s'il fuyait des ennemis, il lui montrerait une plus sûre retraite. Marius ayant accepté cette dernière offre, le bûcheron le mène près d'un marais, dans un endroit creux, où il le couvre de feuilles, de roseaux et de joncs.

Thème 17.

MARIUS FUGITIF. — (*Suite*).

Bientôt Marius entendit un grand bruit qui venait du côté de la cabane. C'étaient des cavaliers envoyés par Géminius de Terracine, son ennemi, et qui, ayant rencontré le bûcheron, l'interrogeaient, le pressaient, et lui faisaient des menaces sur ce qu'il recélait un ennemi public, condamné à mort par le sénat romain. Marius comprit qu'il ne lui restait plus de ressource. Il sort de sa retraite, se déshabille, et ne craint pas de s'enfoncer dans l'eau noire et bourbeuse de la mare. Ce sale asile ne put l'empêcher d'être découvert. Tous ceux qui le poursuivaient accourent, et, l'ayant tiré de l'eau nu et tout couvert de boue, ils lui mettent une corde au cou, et le traînent sur-le-champ à

Minturnes, où ils le livrent aux magistrats. Un étranger, Gaulois ou Cimbre de naissance, fut envoyé pour tuer Marius, et entra l'épée à la main dans la chambre qui lui servait de prison. Le lit sur lequel reposait Marius était placé dans un enfoncement fort sombre. On raconte que du milieu de cette obscurité, il lança sur le barbare un regard étincelant, et lui cria en même temps d'une voix terrible : « Malheureux, tu ne crains pas de tuer Marius ! » Tel fut alors l'effroi du soldat, que, au lieu de mettre à mort le proscrit, il s'enfuit sur-le-champ, jetant son épée à terre, et criant qu'il ne pouvait tuer Marius.

Thème 18.

DESTRUCTION DE LA BIBLIOTHÈQUE D'ALEXANDRIE.

Amrou, général des Arabes, s'étant emparé d'Alexandrie, attendit les ordres d'Omar, son souverain, pour décider quel serait le sort de cette ville fameuse. Il lui manda qu'il y avait trouvé quatre mille palais, autant de bains publics, et quatre cents cirques. Omar défendit de piller. Il ordonna de recueillir soigneusement tout ce qui se trouverait de précieux, afin de s'en servir à soutenir les frais de la guerre. Les tributs que les Sarrasins tirèrent de cette opulente cité et de l'Égypte entière, rapportèrent des sommes immenses et les mirent en état d'étendre leurs conquêtes ; et l'ordre exact qu'ils rétablirent dans le pays, dont ils respectaient les mœurs et la religion, fit bénir aux Égyptiens la révolution qui leur donnait de nouveaux maîtres. Le seul acte de barbarie que commirent les Sarrasins, mais que fait excuser jusqu'à un certain point leur profonde ignorance, c'est la destruction de la fameuse bibliothèque d'Alexandrie, le plus vaste dépôt des connaissances humaines qu'il y eût dans l'univers.

Thème 19.

DESTRUCTION DE LA BIBLIOTHÈQUE D'ALEXANDRIE. — (*Suite*).

Cette bibliothèque, nommée le Sérapion, contenait, dès le temps de César, environ cinq cent mille volumes, et elle avait été depuis ce temps considérablement augmentée. Un prêtre avait su s'attirer l'amitié d'Amrou, qui, quoique d'une ignorance profonde, ne manquait pas d'esprit naturel : il espéra sauver la bibliothèque, du moins en partie. Il demanda au général qu'il voulût bien lui donner les livres de philosophie, qui ne pouvaient être d'aucun usage aux musulmans. « Tu me demandes une chose dont je ne puis disposer, lui dit Amrou, sans en avoir obtenu la permission de l'empereur des fidèles. » Il écrivit en conséquence au calife, qui lui répondit : « Tu me parles de livres ; s'ils ne contiennent que ce qui est dans le livre de Dieu, ils sont inutiles ; s'ils ne s'accordent pas avec lui, ils sont pernicieux ; ainsi fais-les brûler. » Amrou obéit, quoique à regret, à l'ordre du calife. Il fit distribuer la bibliothèque dans les bains d'Alexandrie, et un auteur arabe raconte que le nombre des livres fut assez considérable pour chauffer les bains pendant six mois.

Thème 20.

L'ÉCOLE DE L'ADVERSITÉ.

Le malheur est beaucoup moins difficile à supporter que l'extrême bonheur : l'un vous fortifie, l'autre vous énerve. Le premier vous éclaire et l'autre vous enivre. Il ne faut que se roidir un peu pour résister à l'infortune ; au lieu qu'on doit, comme Ulysse, fermer ses yeux et boucher ses oreilles, pour triompher de toutes les séductions d'un sort trop prospère. Les succès vous mènent à l'engourdissement, les revers vous ordonnent de vous servir de toutes vos facultés. Je ne sais si le nom de la Grèce serait jamais arrivé jusqu'à nous, si l'Asie, venant fondre sur elle, n'eût forcé ses habitants à faire ces prodiges de valeur qui l'ont rendue si célèbre. Rome ne serait peut-être jamais parvenue à dominer le monde, si, attaquée dans son berceau par toutes les nations voisines, elle ne s'était vue (1) contrainte à faire de son peuple un peuple de héros, toujours prêts à

---

1. *Tournez :* si... elle n'avait pas été contrainte...

sacrifier leur sang et leur fortune au salut et à la gloire de la patrie.

Thème 21.

L'ÉCOLE DE L'ADVERSITÉ. — (*Suite*).

Sans l'incendie du Capitole, sans l'invasion de Pyrrhus et sans celle d'Annibal, rendrions-nous autant d'hommages à l'héroïsme presque fabuleux, à la force colossale des Romains? Sans les malheurs de sa jeunesse errante et persécutée, je doute qu'Henri IV fût devenu le modèle des généraux et des rois. Ce sont de grands malheurs qui ont fait briller toutes les grandes vertus. D'un autre côté, n'avons-nous pas vu les rois et les empires qui ont le mieux résisté aux coups de l'adversité, succomber sous les faveurs de la fortune, ruinés par l'excès de leur prospérité? On sait que Rome perdit sa liberté dès qu'elle fut maîtresse du monde, que le trône de Cyrus corrompit par son trop vif éclat Alexandre comme Xerxès, et que la Grèce, tombant en décadence dès qu'elle n'eut plus l'Orient à craindre, vit ses orateurs vendus à Philippe, ses guerriers courtisans des successeurs d'Alexandre, et que ces républiques ne tardèrent pas à devenir humbles sujettes de Rome.

Thème 22.

ALEXANDRE A JÉRUSALEM.

Lorsque Alexandre, raconte l'historien Josèphe, s'avançait pour exterminer les Juifs, le grand-prêtre, qui se nommait Jaddus, eut recours à Dieu. Il ordonna d'adresser au Seigneur des prières publiques, et offrit des sacrifices pour implorer son secours. Dieu, qui veillait à la conservation de son peuple, apparut en songe au grand-prêtre, et lui commanda de faire répandre des fleurs dans la ville, d'en faire ouvrir toutes les portes, et d'aller lui-même, revêtu de ses habits pontificaux, au-devant d'Alexandre, sans rien craindre de ce prince. Tout fut préparé comme il avait été prescrit dans la vision : on sortit de la ville en grande pompe, on s'avança jusqu'à un lieu élevé, d'où l'on décou-

vrait le temple et la ville de Jérusalem, et on y attendit
l'arrivée d'Alexandre. A la vue du grand-prêtre, le roi fut
saisi d'un tel respect, qu'il s'inclina devant lui et le salua
avec une vénération religieuse. On ne peut exprimer quelle
fut la surprise de tous les assistants. A peine en croyaient-
ils leurs propres yeux ; ils ne comprenaient rien à un changement si peu attendu.

Thème 23.

ALEXANDRE A JÉRUSALEM. — (*Suite*).

Parménion, l'un des confidents du prince, ne put s'empêcher de lui demander pourquoi il adorait le grand-prêtre,
lui qui était adoré de tout le monde ? « Ce n'est pas le grand-
prêtre que j'adore, répondit Alexandre, mais le Dieu dont
il est le ministre. Lorsque j'étais en Macédoine, et que je
méditais la conquête de la Perse, ce même homme, avec
les mêmes habits, m'apparut en songe, et m'assura que
son Dieu marcherait avec moi et me rendrait victorieux des
Perses. Dès que j'ai aperçu ce prêtre, je l'ai reconnu à son
habillement et aux traits de son visage. Je ne puis douter
que cette guerre n'ait été entreprise par les ordres et sous
la conduite du Dieu qu'il adore. » Alexandre embrassa ensuite Jaddus et vint à Jérusalem. Il monta au temple et y
offrit à Dieu des sacrifices. On lui montra les prophéties de
Daniel, qui annonçaient que l'empire des Perses serait détruit par un roi de la Grèce. Alexandre, comblé de joie et
d'admiration, demanda aux Juifs ce qu'ils désiraient,
exauça tous leurs vœux, et permit à ceux d'entre eux qui
voudraient servir dans ses armées, d'y vivre selon leur religion. Il y en eut plusieurs qui s'enrôlèrent, et suivirent ce
prince dans ses expéditions.

Thème 24.

PLATON ET DENYS L'ANCIEN.

A l'âge de quarante ans, Platon alla à la cour de Denys
l'Ancien, qui avait souhaité de le voir. La liberté avec laquelle il parla sur la tyrannie, pensa lui coûter la vie ; et le

tyran l'aurait fait périr, si Dion et Aristomène n'eussent demandé grâce pour lui. Denys le mit du moins entre les mains de Polidès, ambassadeur des Lacédémoniens, qu'il chargea de le vendre comme esclave. Cet ambassadeur le mena à Egine, où il le vendit. Les Eginètes avaient fait une loi, par laquelle il était défendu, sous peine de la vie, à aucun Athénien de passer dans leur île. Ce fut sous prétexte de cette loi qu'un certain Charmander l'accusa : mais, quelques-uns ayant allégué que la loi avait été faite contre des philosophes, on voulut bien se payer [1] de cette distinction, et on se contenta de le vendre. Heureusement pour lui, Annicéris de Cyrène, s'étant trouvé alors dans le pays, l'acheta au prix de vingt mines, et le renvoya à Athènes. Pour Polidès le Lacédémonien, qui l'avait vendu le premier, il fut défait par Chabrias, et périt ensuite dans les flots, en punition [2] de ce qu'il avait fait souffrir au philosophe Platon. Denys l'Ancien, sachant qu'il était retourné à Athènes, eut peur qu'il ne se vengeât de lui en le décriant; il lui écrivit même pour lui demander grâce. Platon lui répondit qu'il pouvait se tenir tranquille là-dessus, et que la philosophie lui donnait trop d'occupation pour lui laisser le temps de penser à Denys.

Thème 25.

LES LOIS SOMPTUAIRES.

Les lois somptuaires réglaient la dépense de tous les citoyens, sans distinguer la naissance, les biens de la fortune, ou les dignités. Rien n'a échappé aux sages législateurs qui établirent de si sévères règlements : ils eurent soin d'y fixer le prix des vêtements, la dépense de la table, le nombre des convives dans un festin, et jusqu'aux frais des funérailles. Qu'on [3] lise la loi Oppia, on verra qu'elle défendait aux dames romaines de porter des habits de différentes couleurs, d'avoir dans leur parure des ornements

---

1. *C'est-à-dire* accepter cette distinction. — 2. *Tournez :* expiant ce qu'il... — 3. *Tournez :* si on lit.

qui excédassent la valeur d'une demi-once d'or, et de se faire porter dans un chariot à deux chevaux, à moins que ce ne fût à plus d'un mille de Rome, ou qu'on n'allât assister à quelque sacrifice. La loi Orchia réglait le nombre de convives qu'on pouvait inviter à un festin, et la loi Phania ne permettait pas d'y dépenser plus de cent as. Enfin la loi Cornélia fixait à une somme encore plus modique la dépense qu'on pourrait faire aux funérailles. Tous ces règlements pourront paraître peu dignes de la grandeur et de la puissance des Romains; mais en éloignant le luxe des familles, ils faisaient la force et la sûreté de l'Etat.

Thème 26.

LE BANQUET DES SEPT SAGES.

On a beaucoup parlé du banquet des Sept Sages, et je ne sais s'ils ont jamais dîné ensemble. Au reste, ces fameux Sages faisaient souvent autant de sottises que les fous. Thalès croyait que l'eau, qui avait détruit le monde, était le principe de toutes choses, sans excepter probablement le feu et le vin. Périandre avait tyranniquement versé le sang des plus riches citoyens de sa patrie, et avait confisqué tous les bijoux des dames de Corinthe, pour en faire une offrande aux dieux, afin d'obtenir pour ses chevaux la victoire aux jeux olympiques. Simonide prouvait admirablement bien à des marchands que le meilleur moyen, pour n'être point volé en route, était de n'y rien porter que sa personne. Pittacus, qui prêchait la liberté, ne craignit pas de se faire tyran dans son pays. Solon, qui avait établi l'égalité dans Athènes, et ordonné de tuer quiconque aspirerait à la tyrannie, entra dans le conseil de Pisistrate. Chilon, qui recommandait la modération aux hommes, mourut de joie du triomphe de son fils, qui avait remporté le prix du pugilat. Qu'attendrons-nous des fous, si les sages se conduisent ainsi?

Thème 27.

INGÉNIEUX APOLOGUE IMAGINÉ PAR LYCURGUE.

A Sparte, on accoutumait les enfants à rester seuls, à marcher dans l'obscurité, pour les habituer à ne rien craindre; on les forçait à rire et à chanter tandis qu'on les fouettait, afin de les former à la constance et au courage. Lycurgue eut beaucoup de peine à persuader à ses compatriotes combien il leur importait de donner aux enfants cette éducation à la fois si forte et si minutieuse, et voici comment il s'y prit pour les convaincre. Il avait élevé deux chiens, tous deux nés du même père et de la même mère, dressant l'un avec dureté, et donnant à l'autre toute la liberté et toute la nourriture qu'il voulait. Un jour, devant l'assemblée du peuple, il ordonna d'apporter ces deux chiens; en même temps, il fit poser à terre une écuelle de soupe, et commanda de lâcher un lièvre : le chien dressé courut au gibier, et le chien gâté au potage. « Voyez, dit le législateur, quel est l'effet de l'éducation : ces animaux sont de même race et de même sang; l'un est gourmand, l'autre chasseur. Tel est le résultat des leçons qu'on leur a données, des habitudes qu'ils ont prises. Soyez certains que vos enfants seront des lâches, si vous négligez les lois que je vous propose; mais, si au contraire vous suivez mes préceptes, ne doutez pas que votre postérité ne se distingue par son courage. » Sparte le crut, et devint la première cité de la Grèce.

Thème 28.

LE PEUPLE DE SYBARIS.

On bannit de Sybaris tous les arts qui pourraient troubler un sommeil tranquille, on donne des prix aux dépens du public à ceux qui peuvent découvrir des voluptés nouvelles. Les citoyens ne se souviennent que des bouffons qui les ont divertis, et ont perdu la mémoire des magistrats qui les ont gouvernés. On y abuse de la fertilité du territoire, qui y produit une abondance éternelle; et les faveurs des dieux pour Sybaris ne servent qu'à encourager le luxe et la mollesse. Les hommes sont si efféminés, leur parure est si semblable à celle des femmes, ils composent si bien leur teint, ils se frisent avec tant d'art, ils emploient tant de temps à se corriger à leur miroir, qu'il semble qu'il n'y ait qu'un sexe dans toute la ville. Bien loin que la multitude des plaisirs donne aux Sybarites plus de délicatesse, leur âme, incapable de goûter les jouissances, ne sent plus que les peines; un citoyen fut fatigué toute la nuit d'une feuille de rose qui s'était repliée dans son lit. La mollesse a tellement affaibli leurs corps, qu'ils ne sauraient remuer les moindres fardeaux; ils peuvent à peine se soutenir sur leurs pieds; les voitures les plus douces les font évanouir; lorsqu'ils sont dans les festins, l'estomac leur manque à chaque instant.

Thème 29.

SIÉGE DE ROME PAR ALARIC.

Alaric, roi des Goths, résolut, en l'année quatre cent huit, de mettre le siége devant Rome. Lorsqu'il traversait l'Italie, pour aller attaquer l'ancienne capitale du monde, un solitaire vint le trouver, et le supplia de renoncer à une entreprise qui allait causer tant de massacres et d'horreurs. « Mon père, répondit Alaric, ce n'est pas ma volonté qui me conduit; j'entends sans cesse à mes oreilles une voix qui me dit : « Marche et va saccager Rome. » La famine et la peste ne tardèrent pas à se mettre dans cette superbe ville, autrefois la reine de l'univers, que cernaient maintenant les bataillons des barbares. Les rues étaient couvertes de cadavres auxquels on ne pouvait donner la sépulture; elle fut contrainte de s'humilier devant Alaric, et de traiter avec son vainqueur. Les députés déclarèrent au roi des Goths que, s'il rejetait leurs propositions, toute la ville sortirait en armes contre lui. Alaric leur répondit avec hauteur : «Plus l'herbe est épaisse dans les prairies, plus il est facile de l'abattre. » Il ajouta qu'il voulait bien accorder la paix, à condition qu'ils lui remettraient tout l'or et l'argent qui était dans la ville, avec leurs meubles précieux et les esclaves de sa nation. « Que nous restera-t-il donc ? » répondirent les députés. — « La vie, » dit Alaric.

Thème 30.

DISPUTE ENTRE UN VOYAGEUR ESPAGNOL ET UN INDIEN.

Un voyageur espagnol avait rencontré un Indien au milieu d'un désert. L'Espagnol qui craignait que son cheval ne pût pas achever la route, parce qu'il était très-mauvais, demanda à l'Indien, qui en avait un jeune et vigoureux, de faire un échange; celui-ci refusa, comme de raison[1]. L'Espagnol irrité lui cherche alors une mauvaise querelle. Ils en viennent aux mains; mais l'Espagnol, bien armé, se saisit facilement du cheval qu'il désirait et continue sa route. L'Indien le suit jusque dans la ville prochaine, et va porter plainte devant le juge. L'Espagnol est obligé de comparaître, et d'amener le cheval; il ne craint pas de traiter l'Indien de fourbe, assurant que le cheval lui appartient et qu'il l'a élevé tout jeune. Il n'y avait point de preuves du contraire, et le juge ne savait que faire, lorsque l'Indien s'écria : « Le cheval est à moi, et je suis sûr de le prouver. » Il ôte aussitôt son manteau, en couvre la tête de l'animal, et s'adressant au juge : «Puisque cet homme, dit-il, assure avoir élevé ce cheval, commandez-lui de dire duquel des deux yeux il est borgne. » L'Espagnol ne veut point paraître hésiter, et répond à l'instant : «De l'œil droit.» Mais l'Indien, découvrant la tête du cheval : « Il n'est borgne, dit-il, ni de l'œil droit ni de l'œil gauche. » Le juge, convaincu par une preuve si ingénieuse et si forte, lui adjugea le cheval, et l'affaire fut terminée.

---

1. *Tournez :* comme il est juste.

DICTIONNAIRE
DES NOMS PROPRES

CONTENUS DANS CET OUVRAGE

A

Abdolonyme. *Abdolonymus, i,* m.
Achaïe. *Achaia, æ,* f.
Achas. *Achas,* ind. m.
Achille. *Achilles, is,* m.
Æthalides. *Æthalides, is,* m.
Afrique. *Africa, æ,* f. || D'Afrique.
   Africus, a, um.
Agamemnon. *Agamemnon, is,* m.
Agathocle. *Agathocles, is,* m.
Agis. *Agis, idis,* m.
Aglaé. *Aglaia, æ,* f.
Agrippine. *Agrippina, æ,* f.
Ajax. *Ajax, acis,* m.
Alaric. *Alaricus, i,* m.
Albe. *Alba, æ,* f.
Alcée. *Alcæus, i,* m.
Alcibiade. *Alcibiades, is,* m.
Alexandre. *Alexander, dri,* m.
Alexandrie. *Alexandria, æ,* f.
Allemagne *Germania, æ,* f.
Allemands (les). *Germani, orum,* m.
Allemand (l'). *Germanica lingua* (la
   langue allemande), f.
Alpes. *Alpes, ium,* f.
Amasis. *Amasis, is,* m.
Amilcar. *Amilcar, is,* m.
Amphictyonique (conseil). *Amphic-*
   tyones, um; acc. *as,* m. pl.
Amrou. *Amrous, i,* m.
Anacharsis. *Anacharsis, is,* m.
Anaxagore. *Anaxagoras, æ,* m.
Anchise. *Anchises, æ,* m.
Ancône. *Ancon, is,* f.

Andalousie. *Andalousia, æ,* f.
Angleterre. *Britannia, æ,* f.
Anna. *Anna, æ,* f.
Annibal. *Annibal, is,* m.
Annicéris. *Anniceris, idis,* m.
Antioche. *Antiochia, æ,* f.
Antiochus. *Antiochus, i,* m.
Antoine. *Antonius, ii,* m.
Apicius. *Apicius, ii,* m.
Apollon. *Apollo, inis,* m.
Appienne (voie). *Appia (via), æ,* f.
Apulie. *Apulia, æ,* f.
Arabe. *Arabs, abis,* m.
Arabie. *Arabia, æ,* f.
Arbacès. *Arbaces, is,* m.
Arbèles. *Arbela, orum,* n. pl.
Arcésilaüs. *Arcesilaus, i,* m.
Archias. *Archias, æ,* m.
Archimède. *Archimedes, is,* m.
Argos. *Argi, orum,* m. pl. || D'Argos
   (avec un nom de ch.). *Argolicus,*
   a, um.
Aristide. *Aristides, is,* m.
Aristomène. *Aristomenes, is,* m.
Aristote. *Aristoteles, is,* m.
Arménie. *Armenia, æ,* f.
Arménien. *Armenius, a, um.*
Arsacides. *Arsacidæ, arum,* m.
Artabaze. *Artabazus, i,* m.
Artaxerxès. *Artaxerxes, is,* m.
Asdrubal. *Asdrubal, is,* m.
Asie. *Asia, æ,* f.
Asie Mineure. *Asia, æ, Minor, is,* f.
Assyrie. *Assyria, æ,* f.
Assyrien. *Assyrius, a, um.*
Astyage. *Astyages, is,* m.

Athalie. *Athalia, æ,* f.
Athènes. *Athenæ, arum,* f. pl.
Athénien. *Atheniensis, e.* || Les Athé-
niens. *Athenienses, ium,* m.
Atrides. *Atridæ, arum,* m.
Atticus. *Atticus, i,* m.
Attila. *Attila, æ,* m.
Attique (l'). *Attica, æ,* f.
Auguste. *Augustus, i,* m.
Aurélien. *Aurelianus, i,* m.
Australie. *Australia, æ,* f.
Autriche. *Austria, æ,* f.

B

Babylone. *Babylon, is,* f.
Babyloniens (les). *Babylonii, orum,* m.
Bacchus. *Bacchus, i,* m.
Bactriane. *Bactria, æ,* f.
Bâle. *Basilia, æ,* f.
Basile. *Basilius, ii,* m.
Béotiens (les). *Bæoti, orum,* m.
Bérénice. *Berenice, es,* f.
Bétique. *Bætica, æ,* f.
Bias. *Bias, antis,* m.
Bible. *Biblus, i,* f.
Bosphore. *Bosphorus, i,* m.
Branchides (les). *Branchidæ, arum,* m.
Bretagne. *Britannia, æ,* f.
Brindes. *Brundisium, ii,* n.
Brutus. *Brutus, i,* m.
Bucéphale. *Bucephalus, i,* m.
Byzance. *Byzantium, ii,* n.

C

Caius. *Caius, ii,* m.
Calaurie. *Calauria, æ,* f.
Caligula. *Caligula, æ,* m.
Callinique. *Callinicus, i,* m.
Callisthène. *Callisthenes, is,* m.
Callistrate. *Callistratus, i,* m.
Cambyse. *Cambyses, is,* m.
Camille. *Camillus, i,* m.
Campanie. *Campania, æ,* f.
Cannes. *Cannæ, arum,* f. pl.
Capène (porte de). *Capena (porta),
æ,* f.
Capitole. *Capitolium, ii,* n.
Capoue. *Capua, æ,* f.
Caracalla. *Caracalla, æ,* m.
Carie. *Caria, æ,* f.
Carthage. *Carthago, inis,* f.
Carthaginois (les). *Carthaginienses,*

ium, ou *Pœni, orum,* m. || Cartha-
ginois (avec un nom de ch.). *Puni-
cus, a, um.*
Catilina. *Catilina, æ,* m.
Caton. *Cato, onis,* m.
Cécrops. *Cecrops, opis,* m.
Cenchrées. *Cenchreæ, arum,* f. pl.
Cérès. *Ceres, eris,* f.
César. *Cæsar, is,* m.
Céthégus. *Cethegus, i,* m.
Chalcédoine. *Chalcedon, is,* f.
Charles. *Carolus, i,* m.
Charmander. *Charmander, dri,* m.
Chéops. *Cheops, opis,* m.
Chilon. *Chilon, is,* m.
Chio (de). *Chius, a, um.*
Chosroès. *Chosroes, is,* m.
Chrysostome. *Chrysostomus, i,* m.
Cicéron. *Cicero, onis,* m.
Cilicie. *Cilicia, æ,* f.
Cimbres. *Cimbri, orum,* m.
Cimon. *Cimon, is,* m.
Cincinnatus. *Cincinnatus, i,* m.
Cinéas. *Cineas, æ,* m.
Cisalpine (Gaule). *Cisalpina (Gallia),
æ,* f.
Cirta. *Cirta, æ,* f.
Claude. *Claudius, ii,* m.
Clazomène. *Clazomenæ, arum,* f. pl.
Cléobule. *Cleobulus, i,* m.
Clitus. *Clitus, i,* m.
Clodion. *Clodio, onis,* m.
Codrus. *Codrus, i,* m.
Colone. *Colonus, i,* m. || Œdipe à Co-
lone, *Œdipus, i, Coloneus, i,* m.
Colophon. *Colophon, onis,* m.
Commode. *Commodus, i,* m.
Constance. *Constantius, ii,* m.
Constantin. *Constantinus, i,* m.
Constantinople. *Constantinopolis, is,* f.
Corcyre. *Corcyra, æ,* f.
Coriolan. *Coriolanus, i,* m.
Corinthe. *Corinthus, i,* f. || De Co-
rinthe (avec un nom de ch.). *Co-
rinthiacus, a, um.*
Corinthien. *Corinthius, a, um.*
Corneille. *Cornelius, ii,* m.
Cornélia. *Cornelia, æ,* f.
Cornélius. *Cornelius, ii,* m.
Cratippe. *Cratippus, i,* m.
Crémone. *Cremona, æ,* f.
Crésus. *Crœsus, i,* m.
Crète. *Creta, æ,* f.
Crétois (les). *Cretenses, ium,* m.

Crispinus. *Crispinus, i,* m.
Criton. *Crito, onis,* m.
Crotone. *Crotona, æ,* f.
Crotoniate. *Crotoniates, æ.*
Crusoé. *Crusoæus, i,* m.
Ctésiphon. *Ctesiphon, ontis,* f.
Curtius. *Curtius, ii,* m.
Cyaxare. *Cyaxarus, i,* m.
Cyrus. *Cyrus, i,* m.

D

Danube. *Danubius, ii,* m.
Darius. *Darius, ii,* m.
David. *David, idis,* m.
Décius. *Decius, ii,* m.
Délos. *Delos, i,* f.
Delphes. *Delphi, orum,* m. pl. ‖ De
 Delphes, *Delphicus, a, um.*
Démarate. *Demaratus, i,* m.
Démétrius. *Demetrius, ii,* m.
Démocrite. *Democritus, i,* m.
Démosthène. *Demosthenes, is,* m.
Denys. *Dionysius, ii,* m.
Descartes. *Cartesius, ii,* m.
Diane. *Diana, æ,* f.
Dinias. *Dinias, æ,* m.
Dioclétien. *Diocletianus, i,* m.
Diogène. *Diogenes, is,* m.
Diomède. *Diomedes, is,* m.
Dion. *Dion, is,* m.
Dolabella. *Dolabella, æ,* m.
Domitien. *Domitianus, i,* m.
Dracon. *Draco, onis,* m.

E

Edesse. *Edessa, æ,* f.
Egine. *Ægina, æ,* f.
Eginètes (les). *Æginetæ, arum,* m.
Egypte. *Ægyptus, i,* f.
Egyptiens (les). *Ægyptii, orum,* m.
Eléazar. *Eleazar, is,* m.
Eléens (les). *Elei, orum,* m.
Eléphantine. *Elephantis, idis,* f.
Elis. *Elis, idis,* f.
Elzévir. *Elzevirius, ii,* m.
Emile. *Æmilius, ii,* m.
Emilien. *Æmilianus, i,* m.
Enée. *Æneas, æ,* m.
Enéide. *Æneis, idis,* f.
Ennius. *Ennius, ii,* m.
Epaminondas. *Epaminondas, æ,* m.
Ephèse. *Ephesus, i,* f.

Ephores. *Ephori, orum,* m.
Epiménide. *Epimenides, is,* m.
Epire. *Epirus, i,* f.
Eponine. *Eponina, æ,* f.
Eridan. *Eridanus, i,* m.
Eris. *Eris, idis,* m.
Erostrate. *Erostratus, i,* m.
Eschyle. *Æschylus, i,* m.
Esope. *Æsopus, i,* m.
Espagne. *Hispania, æ,* f.
Etoliens (les). *Ætoli, orum,* m
Etrurie (d'). *Etruscus, a, um.*
Eunomie. *Eunomia, æ,* f.
Euphorbe. *Euphorbus, i,* m.
Euphrate. *Euphrates, æ,* m.
Euphrosyne. *Euphrosyna, æ,* f.
Euripide. *Euripides, is,* m.
Europe. *Europa, æ,* f.
Eurydice. *Eurydice, es,* f.
Eutrope. *Eutropius, ii,* m.

F

Fabius. *Fabius, ii,* m.
Fabricius. *Fabricius, ii,* m.
Fénelon. *Fenelo, onis,* m.
Flaminius. *Flaminius, ii,* m.
Flavien. *Flavianus, i,* m.
Florence. *Florentia, æ,* f.
Français (les). *Galli, orum,* m.
Français (le). *Gallica lingua, æ* (la
 langue française), f.
France. *Gallia, æ,* f.
Frédéric. *Fredericus, i,* m.
Frontin. *Frontinus, i,* m.
Fulvius. *Fulvius, ii,* m.
Furius Crésinus. *Furius, ii, Cresinus,
 i,* m.

G

Gadès. *Gades, ium,* f. pl. ‖ De Gadès,
 Gaditanus, a, um.
Galata. *Galata, æ,* f.
Galba. *Galba, æ,* m.
Gallien. *Gallianus, i,* m.
Ganymède. *Ganymedes, is,* m.
Gaule. *Gallia, æ,* f. ‖ Des Gaules,
 Gallicus, a, um.
Gaulois (les). *Galli, orum,* m.
Gaulois (avec un nom de ch.). *Galli-
 cus, a, um.*
Géminius. *Geminius, ii,* m.
Genève. *Geneva, æ,* f.

Génois. *Genuas, atis.*
Géorgiques. *Georgica, orum,* n. pl.
Germanicus. *Germanicus, i,* m.
Germanie. *Germania, æ,* f.
Goths (les). *Gothi, orum,* m.
Gracchus. *Gracchus, i,* m.
Grâces (les). *Gratiæ, arum,* f.
Gracques (les). *Gracchi, orum,* m.
Granique. *Granicus, i,* m.
Grec. *Græcus, a, um.*
Grèce. *Græcia, æ,* f.
Grégeois. *Græcus, a, um.*

H

Haliatte. *Haliattes, is,* m.
Halicarnasse. *Halicarnassus, i,* f.
Halys. *Halys, ys,* m.
Hannon. *Hanno, onis,* m.
Harpagus. *Harpagus, i,* m.
Hébreux (les). *Hebræi, orum,* m.
Hector. *Hector, is,* m.
Hélène. *Helena, æ,* f.
Héliopolis. *Heliopolis, is,* f.
Henri. *Henricus, i,* m.
Héraclite. *Heraclitus, i,* m.
Hercule. *Hercules, is,* m.
Hermotimus. *Hermotimus, i,* m.
Hérodote. *Herodotus, i,* m.
Hésiode. *Hesiodus, i,* m.
Himère. *Himera, æ,* m.
Hippias. *Hippias, æ,* m.
Homère. *Homerus, i,* m.
Honorius. *Honorius, ii,* m.
Horace. *Horatius, ii,* m.
Hortensius. *Hortensius, ii,* m.
Huns (les). *Hunni, orum,* m.
Hystaspe. *Hystaspes, is,* m.

I

Ichthyophages. *Ichthyophagi, orum,* m.
Idoménée. *Idomeneus, i,* m.
Iliade. *Ilias, adis,* f.
Illyriens (les). *Illyrii, orum,* m.
Ilus. *Ilus, i,* m.
Imbros. *Imbros, i,* f.
Inde ou les Indes. *India, æ,* f.
Indien. *Indus, a, um.* || Avec un nom de ch.), *Indicus, a, um.*
Ionie. *Ionia, æ,* f.
Ioniens (les). *Iones, um,* m.

Isocrate. *Isocrates, is,* m.
Israélites (les). *Israelitæ, arum,* m.
Issus. *Issus, i,* m.
Isthmiques (jeux). *Isthmia, orum,* n. pl.
Italie. *Italia, æ,* f.
Italiens (les). *Itali, orum,* m.
Italien (av. un nom de ch.). *Italicus, a, um.*

J

Jaddus. *Jaddus, i,* m.
Jérusalem. *Hierosolyma, æ,* f.
Jésus-Christ. *Jesus* (gén. dat. abl. *u,* acc. *um*). *Christus, i,* m.
Josèphe. *Josephus, i,* m.
Jugurtha. *Jugurtha, æ,* m.
Juifs (les). *Judæi, orum,* m.
Jules. *Julius, ii.* m.
Junon. *Juno, onis,* f.
Jupiter. *Jupiter,* gén. *Jovis,* m.
Justin. *Justinus, i,* m.

L

Labiénus. *Labienus, i,* m.
Lacédémone. *Lacedæmon, is,* f.
Lacédémoniens. *Lacedæmonii, orum,* m.
Latin. *Latinus, a, um.*
Latin (le). *Latina lingua, æ* (la langue latine), f.
Lélius. *Lælius, ii,* m.
Lentulus. *Lentulus, i,* m.
Léon. *Leo, onis,* m.
Léonidas. *Leonidas, æ,* m.
Lépide. *Lepidus, i,* m.
Liris. *Liris, is,* m.
Leyde. *Lugdunum Batavorum,* gén. *Lugduni Batavorum,* n.
Licinius. *Licinius, ii,* m.
Lisbonne. *Olisipo, onis,* f.
Loire. *Liger, eris,* m.
Londres. *Londinium, ii,* m.
Louis. *Ludovicus, i,* m.
Louvois. *Lovesius, ii,* m.
Lucanus. *Lucanus, i,* m.
Lucien. *Lucianus, i,* m.
Lucius. *Lucius, ii,* m.
Lucrèce. *Lucretius, ii,* m.
Lycie. *Lycia, æ,* f.
Lycurgue. *Lycurgus, i,* m.
Lydie. *Lydia, æ,* f.
Lydiens (les). *Lydi, orum,* m.

Lyon. *Lugdunum, i,* n.
Lysandre. *Lysander, dri,* m.

M

Macédoine. *Macedonia, æ,* f.
Macédoniens (les). *Macedones, um,* m.
Mahomet. *Mahometus, i,* m.
Manche. *Britannicum, i, mare, is,* n.
Mans (forêt du). *Cenomanica (silva), æ,* f.
Mantoue. *Mantua, æ,* f.
Marcellus. *Marcellus, i,* m.
Marie. *Maria, æ,* f.
Marius. *Marius, ii,* m.
Mars. *Mars, tis,* m.
Massagètes. *Massagetæ, arum,* m.
Mécène. *Mæcenas, atis,* m.
Mèdes. *Medi, orum,* m.
Médie. *Media, æ,* f.
Médique. *Medicus, a, um.*
Méditerranée. *Mediterraneum, i, mare, is,* n.
Mégaclès. *Megacles, is,* m.
Mégariens (les). *Megarenses, ium,* m.
Ménandre. *Menander, dri,* m.
Ménécrate. *Menecrates, is,* m.
Ménélas. *Menelaus, i,* m.
Mercure. *Mercurius, ii,* m.
Mésopotamie. *Mesopotamia, æ,* f.
Métellus. *Metellus, i,* m.
Milan. *Mediolanum, i,* n.
Milanais (le). *Mediolanensis, is, ager, gri,* m.
Milésiens (les). *Milesii, orum,* m.
Milet, *Miletus, i,* f. || De Milet, *Milesius, a, um.*
Milon. *Milo, onis,* m.
Miltiade. *Miltiades, is,* m.
Minerve. *Minerva, æ,* f.
Minturnes. *Minturnæ, arum,* f. pl.
Mithridate. *Mithridates, is,* m.
Mitrane. *Mitranes, is,* m.
Mitylène. *Mitylenæ, arum,* f. pl.
Mœris. *Mœris, idis,* m.
Moïse. *Moses, is,* m.
Mummius. *Mummius, ii,* m.
Muréna. *Murena, æ,* m.
Muses (les). *Musæ, arum,* f.
Mycènes. *Mycenæ, arum,* f. pl.
Mycile. *Mycilus, i,* m.
Myrmécide. *Myrmecides, æ,* m.
Mysie. *Mysia, æ,* f.
Myson. *Myson, onis,* m.

N

Nabuchodonosor. *Nabuchodonosor* ind. m.
Naples. *Neapolis, is,* f.
Napoléon. *Napoleo, onis,* m.
Néméens (jeux). *Nemea, orum,* n. pl.
Néron. *Nero, onis,* m.
Nestor. *Nestor, is,* m.
Nil. *Nilus, i,* m.
Nitocris. *Nitocris, idis,* f.
Nothus. *Nothus, i,* m.
Numides (les). *Numidæ, arum,* m.

O

Octave. *Octavius, ii,* m.
Œdipe. *Œdipus, i,* m.
Olympie. *Olympia, æ,* f.
Olympien. *Olympius, ii,* m.
Olympiques (jeux). *Olympia, orum,* n. pl.
Omar. *Omarus, i,* m.
Oppia. *Oppia, æ,* f.
Orchia. *Orchia, æ,* f.
Oreste. *Orestes, is,* m.
Orleans (d'). *Aurelianensis, is.*
Ovide. *Ovidius, ii,* m.

P

Pactole. *Pactolus, i,* m.
Padoue. *Patavium, ii,* n.
Palatin (mont). *Palatium, ii,* n.
Palémon. *Palæmon, is,* m.
Palestine. *Palæstina, æ,* f.
Pamphylie. *Pamphylia, æ,* f. || De Pamphylie, *Pamphylius, a, um.*
Pâris. *Paris, idis,* m.
Parménion. *Parmenio, onis,* m.
Parrhasius. *Parrhasius, ii,* m.
Parthes (les). *Parthi, orum,* m.
Pas-de-Calais. *Fretum, i, Gallicum, i,* n.
Patrocle. *Patroclus, i,* m.
Paul. *Paulus, i,* m.
Paul-Emile. *Æmilius, ii, Paulus, i,* m.
Péloponèse. *Peloponesus, i,* f.
Pélops. *Pelops, opis,* m.
Périandre. *Periander, dri,* m.
Périclès. *Pericles, is,* m.
Persan. *Persicus, a, um.*
Persée. *Perses, æ,* m.
Phaéton. *Phaethon, ontis* m.

Phania. *Phania, æ, f.*
Pharaon. *Pharaon, is.* m.
Perse (la), *Persis, idis,* f.
Perses (les). *Persæ, arum,* m.
Phèdre. *Phædrus, i,* m.
Phénicie. *Phænice, es,* f.
Phidias. *Phidias, æ,* m.
Philadelphe. *Philadelphus, i,* m.
Philippe. *Philippus, i,* m.
Philippes. *Philippi, orum,* m. pl.
Philoctète. *Philoctetes, æ,* m.
Philoxène. *Philoxenus, i,* m.
Phocée. *Phocæa, æ,* f.
Phocidiens (les). *Phocenses, ium,* m.
Phocion. *Phocion, is,* m.
Phrygie. *Phrygia, æ,* f.
Phrygien. *Phryx, ygis.* ǁ Avec un nom de ch.), *Phrygius, a, um.*
Picénum. *Picenum, i,* n.
Pierre. *Petrus, i,* m.
Pindare. *Pindarus, i,* m.
Pise. *Pisa, æ,* f.
Pisidie. *Pisidia, æ,* f.
Pisistrate. *Pisistratus, i,* m.
Pison. *Piso, onis,* m.
Pittacus. *Pittacus, i,* m.
Platée. *Platææ, arum,* f. pl.
Platon. *Plato, onis,* m.
Plautien. *Plautianus, i,* m.
Pline. *Plinius, ii,* m.
Plutarque. *Plutarchus, i,* m.
Pluton. *Pluto, onis,* m.
Poéménis. *Poemenis, idis,* f.
Polycrate. *Polycrates, is,* m.
Polydès. *Polydes, is,* m.
Pompée. *Pompeius, ii,* m.
Pompéies. *Pompeii, orum,* m. pl.
Porus. *Porus, i,* m.
Porsenna. *Porsenna, æ,* m.
Portugal. *Lusitania, æ,* f.
Priam. *Priamus, i,* m.
Priène. *Priene, es,* f.
Prussien. *Borussicus, a, um.*
Psammétichus. *Psammetichus, i,* m.
Ptolémée. *Ptolemæus, i,* m.
Pygmalion. *Pygmalion, is,* m.
Pylade. *Pylades, æ,* m.
Pyrénées. *Pyrenæi, orum, montes, ium,* m.
Pyrrhus. *Pyrrhus, i,* m.
Pythagore. *Pythagoras, æ,* m.
Pythagoriciens (les). *Pythagorici, orum,* m.
Pythiques (jeux). *Pythia, orum,* n. pl.

Q

Quinte-Curce. *Quintus, i, Curtius, ii,* m.
Quintilien. *Quintilianus, i,* m.
Quintus. *Quintus, i,* m.

R

Racine. *Racinius, ii.* m.
Ramessès. *Ramesses, is,* m.
Régulus. *Regulus, i,* m.
Rhin. *Rhenus, i,* m.
Robinson Crusoé. *Robinso, onis, Crusoæus, i,* m.
Rollin. *Rollinus, i,* m.
Romain. *Romanus, a, um.*
Rome. *Roma, æ,* f.
Romulus. *Romulus, i,* m.
Rudies. *Rudiæ, arum,* f. pl.

S

Sabins (les). *Sabini, orum,* m.
Sabinus. *Sabinus, i,* m.
Sagontins (les). *Sagontini, orum,* m.
Salamine. *Salamis, inis,* f
Salapie (ceux de). *Salapitani, orum,* m.
Salone. *Salona, æ,* f.
Saltabaren. *Saltabaren, is,* m.
Samnites. *Samnites, ium,* m.
Samos. *Samos, i,* f.
Sapho. *Sappho, ûs,* f.
Sapor. *Sapor, is,* m.
Sardanapale. *Sardanapalus, i,* m.
Sardes. *Sardes, ium,* f. pl.
Sarpédon. *Sarpedon, is,* m.
Sarrasin. *Sarracenus, i,* m.
Saül. *Saul, is,* m.
Scamandre. *Scamander, dri,* m.
Scipion. *Scipio, onis,* m.
Scribonie. *Scribonia, æ,* f.
Scythe. *Scytha, æ.* ǁ Avec un nom de ch.), *Scythicus, a, um.*
Scythie. *Scythia, æ,* f.
Séjan. *Sejanus, i,* m.
Séleucie. *Seleucia, æ,* f.
Sémiramis. *Semiramis, idis,* f.
Sénèque. *Seneca, æ,* m.
Septante. *Septuaginta interpretes, um,* m.
Sérapion. *Serapium, ii,* n.
Sésostris. *Sesostris, is,* m.

Sévère. *Severus, i,* m.
Sextus. *Sextus, i,* m.
Sicile. *Sicilia, æ,* f.
Simonide. *Simonides, is,* m.
Sinope. *Sinope, es,* f.
Smyrne. *Smyrna, æ,* f.
Socrate. *Socrates, is,* m.
Solon. *Solon, is,* m.
Sophocle. *Sophocles, is,* m.
Soter. *Soter, eris,* m.
Spartacus. *Spartacus, i,* m.
Sparte. *Sparta, æ,* f.
Spartiates (les), *Spartiatæ, arum,* m.
Strasbourg. *Argentoratum, i,* n.
Stuart (Marie). *Suartina, æ,* f.
Sybaris. *Sybaris, is,* f.
Syène. *Syene, es,* f.
Sylla. *Sylla, æ,* f.
Syphax. *Syphax, acis,* m.
Syracusains (les). *Syracusani, orum,* m.
Syracuse. *Syracusæ, arum,* f. pl.
Syrie. *Syria, æ,* f.
Syrtes. *Syrtes, ium,* f.

T

Tacite. *Tacitus, i,* m.
Tamise. *Tamesis, is,* m.
Tanaxoare. *Tanaxoares, is,* m.
Tarpeia. *Tarpeia, æ,* f.
Tarquin. *Tarquinius, ii,* m.
Télémaque. *Telemachus, i,* m.
Térence. *Terentius, ii,* m.
Térentia. *Terentia, æ,* f.
Térentius. *Terentius, ii,* m.
Terpandre. *Terpander, dri,* m.
Terracine (de). *Tarracinensis, e.*
Teutons (les). *Teutoni, orum,* m.
Thalès. *Thales, etis,* m.
Thalie. *Thalia, æ,* f.
Thasos. *Thasos, i,* f.
Thèbes. *Thebæ, arum,* f. pl.
Thémistocle. *Themistocles, is,* m.
Théodoric. *Theodoricus, i,* m.
Théodose. *Theodosius, ii,* m.
Théopompe. *Theopompus, i,* m.
Thermopyles. *Thermopylæ, arum,* f. pl.
Thésée. *Theseus, ei,* m.
Thessaliens (les). *Thessali, orum,* m.
Thrasylle. *Thrasyllus, i,* m.
Thucydide. *Thucydides, is,* m.
Tibère. *Tiberius, ii,* m.
Tibérius. *Tiberius, ii,* m.
Tibre. *Tiberis, is,* m.

Timon. *Timon, is,* m.
Tite-Live. *Titus, i, Livius, ii,* m.
Titus. *Titus, i,* m.
Tolède. *Toletum, i,* n.
Trajan. *Trajanus, i,* m.
Trébonius. *Trebonius, ii,* m.
Trogue-Pompée. *Trogus, i, Pompeius, ii,* m.
Troie. *Troja, æ,* f.
Tros. *Tros, ois,* m.
Troyens (les). *Trojani, orum,* m.
Tullia. *Tullia, æ,* f.
Tullianum. *Tullianum, i,* n.
Turcs. *Turcæ, arum,* m.
Turenne. *Turennius, ii,* m.
Turin. *Augusta Taurinorum,* gén. *Augustæ Taurinorum,* f.
Turquie. *Turcia, æ,* f.
Tyriens. *Tyrii, orum,* m.
Tyrtée. *Tyrtæus, i,* m.

U

Ulysse. *Ulysses, is,* m.

V

Valère-Maxime. *Valerius, ii, Maximus, i,* m.
Valérius. *Valerius, ii,* m.
Vandales. *Vandali, orum,* m.
Vandalousie. *Vandalousia, æ,* f.
Varron. *Varro, onis,* m.
Varus. *Varus, i,* m.
Venouse. *Venusia, æ,* f.
Vénus. *Venus, eris,* f.
Vercingétorix. *Vercingetorix, igis,* m.
Vespasien. *Vespasianus, i,* m.
Véturie. *Veturia, æ,* f.
Vienne. *Vindobona, æ,* f.
Virgile. *Virgilius, ii,* m.
Viriathe. *Viriathus, i,* m.

X

Xénophon. *Xenophon, ontis,* m.
Xerxès. *Xerxes, is,* m.

Z

Zénobie. *Zenobia, æ,* f.
Zénon. *Zeno, onis,* m.
Zeuxis. *Zeuxis, idis,* m.
Zopyre. *Zopyrus, i,* m.

TABLE.

PREMIÈRE PARTIE.

SYNTAXE.

DEUXIÈME PARTIE.

—

MÉTHODE.

RÉCAPITULATION GÉNÉRALE.